7

Forum Geschichte

Sachsen-Anhalt

Von den Entdeckungsfahrten bis zur Französischen Revolution

Herausgegeben von
Nicky Born

ONLINE-Angebot

Dein Online-Angebot zum Lehrwerk findest du hier:
www.cornelsen.de/webcodes

Cornelsen

Forum Geschichte

Band 7 wurde erarbeitet von:
Dagmar Bäuml-Stosiek, Nicky Born, Hans-Joachim Cornelißen, Steffi Jahn, Tim Lodemann, Andrea Plötz, Marko Schulz, Josephine Storch, Stefan Weißhampel, Dr. Silvia Wimmer, Andreas Zodel

Redaktion: Andreas Holy
Bildassistenz: Franziska Becker, Berlin
Grafik: Erfurth Kluger Infografik GbR, Berlin
Illustration: Hans Wunderlich, Berlin
Karten: Carlos Borrell Eiköter, Berlin
Technische Umsetzung: zweiband.media, Berlin
Layoutkonzept und Umschlaggestaltung: Ungermeyer – grafische Angelegenheiten, Berlin
Umschlagbild: Nachbau der Santa Maria und der Niña, zwei Schiffe, mit denen Christoph Kolumbus einen westlichen Weg nach Ostasien suchte und 1492 Amerika entdeckte, Foto von Enrique Shore/REUTERS, 1991

www.cornelsen.de

Die Webseiten Dritter, deren Internetadressen in diesem Lehrwerk angegeben sind, wurden vor Drucklegung sorgfältig geprüft. Der Verlag übernimmt keine Gewähr für die Aktualität und den Inhalt dieser Seiten oder solcher, die mit ihnen verlinkt sind.

1. Auflage, 1. Druck 2017

Alle Drucke dieser Auflage sind inhaltlich unverändert und können im Unterricht nebeneinander verwendet werden.

Druck: Mohn Media Mohndruck, Gütersloh

ISBN 978-3-464-64343-3 (Schülerbuch)

ISBN 978-3-06-065667-7 (E-Book)

PEFC
PEFC/04-31-1033

PEFC zertifiziert
Dieses Produkt stammt aus nachhaltig bewirtschafteten Wäldern und kontrollierten Quellen.
www.pefc.de

1 Die europäische Entdeckung der Welt

2 Reformatoren verändern die christliche Welt

3 Herrschaftspraxis und -präsentation in der absoluten Monarchie

4 Fachpraktikum: Für die Spuren des aufgeklärten Absolutismus in Sachsen-Anhalt werben

5 Die Französische Revolution

Anhang

Umschlag

So arbeitest du erfolgreich mit Forum Geschichte

Hier bekommst du einige Hinweise, damit du dich in diesem Buch gut zurechtfindest: wie die Kapitel aufgebaut sind, was die unterschiedlichen Farben bedeuten oder welche Texte, Materialien und Aufgaben es gibt.

Fragen stellen und sich orientieren

Jedes Kapitel beginnt mit der **Auftaktseite.** Sie zeigt, worum es in dem Kapitel geht.

Auf der **Orientierungsseite** erfährst du mehr: Die Zeitleiste gibt dir den Zeitraum an, mit dem du dich beschäftigen wirst. Ereignisse, die in dem Kapitel vorkommen, sind fett gedruckt. Die anderen, nicht-fetten Einträge, verweisen auf Ereignisse davor und danach oder auf gleichzeitige Entwicklungen. Die Karte zeigt dir den Raum, um den es geht. Der Text führt dich in das Kapitelthema ein.

Ein Thema untersuchen

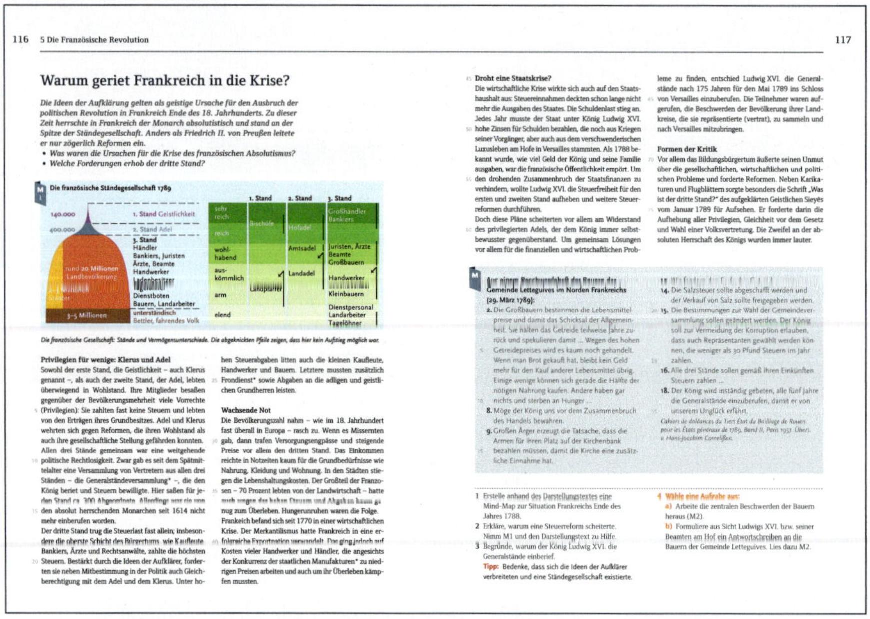

Auf den **Themenseiten** erklärt dir ein kurzer Text unterhalb der Überschrift, um welches Thema es auf der Doppelseite geht. Der Schulbuchtext (= Darstellungstext), die Abbildungen, die blau unterlegten „Quellentexte“ oder Begriffserklärungen helfen dir, ein geschichtliches Thema zu untersuchen. Die Arbeitsaufträge sind vielfältig: Oft kannst du eine Aufgabe **auswählen** oder du findest Hinweise zu **Partner- oder Gruppenarbeit.**

Differenzierung: Unterschiedliche Lernwege auswählen

2 Wähle eine Aufgabe aus:
a) Beschreibe und deute das Bild M4.
Tipp: Nimm M2, M3 und die Arbeitsschritte „Herrscherbild" (siehe S. 154) zu Hilfe.
b) Gestalte ein Gespräch zwischen Ludwig XIV. und Rigaud, in dem der König präzise Anweisungen zum Auftrag des Gemäldes formuliert (Zeichen seiner Macht, beabsichtigte Wirkung) und der Maler seine eigenen Vorstellungen (z. B. Lebensechtheit) darlegt.

Auf vielen Seiten siehst du **„Wähle-aus-Aufgaben"**. Wie der Name schon sagt, darfst du hier **a**, **b** oder **c** auswählen. Die Aufgaben sind unterschiedlich, aber sie beziehen sich auf eine gemeinsame Frage.

3 Erkläre, wie die Eroberer ihr Handeln vor dem Hintergrund ihrer Ideologie begründeten (M3A).
Tipp: Nimm auch den Begriffskasten auf S. 23 zu Hilfe.

Bei manchen Aufgaben findest du **Tipps** zur Lösung. Nutze sie, wenn du möchtest.

Zusatzaufgaben

zu S. 130/131:

M1 Die politischen Ziele der Frauen:
Von 1789 bis 1793 entstanden in Frankreich viele Frauenklubs: Die Anhängerinnen der Girondisten trafen sich in „Patriotischen Frauenklubs", die Jakobinerinnen verkehrten z. B. in der „Gesellschaft der republikanischen und revolutionären Bürgerinnen" in Paris. Allen Klubs war gemeinsam, dass sie für die volle politische Gleichberechtigung der Frauen eintraten. Da Frauen nicht wählen durften, strebten sie mit anderen Mitteln nach politischem Einfluss, z. B. über Petitionen an den Nationalkonvent, als Zuschauerinnen bei seinen Sitzungen, wo sie die Abgeordneten durch Zwischenrufe zu beeinflussen versuchten, oder durch Straßendemonstrationen. Für besonderes Aufsehen sorgte die Schriftstellerin und Journalistin Olympe de Gouges. Sie verfasste 1791 die „Erklärung der Rechte der Frau und der Bürgerin", in der unter anderem stand: „Die Frau hat das Recht, das Schafott* zu besteigen. Sie muss gleichermaßen das Recht haben, die Rednertribüne zu besteigen." Durch die Französische Revolution konnten die Frauen in Frankreich ihre Stellung zunächst verbessern: 1791 stellte ein Gesetz weibliche und männliche Erben gleich, 1792 wurde die Zivilehe eingeführt, die es den Frauen – im Gegensatz zur kirchlichen Eheschließung – ermöglichte, sich scheiden zu lassen. Das Wahlrecht erhielten die französischen Frauen allerdings erst 1946.
Verfassertext

1 Nenne mithilfe von M1 die politischen Aktivitäten von Frauen in der Französischen Revolution

Wenn du dich für weitere Aspekte eines Themas interessierst, findest du manchmal **Zusatzaufgaben** im Anhang. Du kannst sie entweder mit den Informationen der Doppelseite oder mit anderen Materialien lösen.

Wähle-aus-Seiten

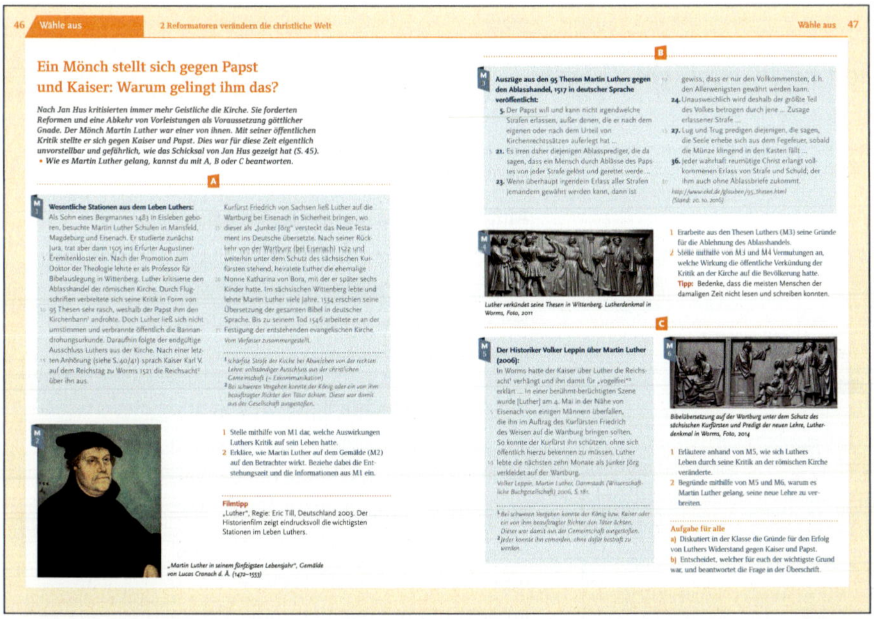
46 Wähle aus — 2 Reformatoren verändern die christliche Welt

Ein Mönch stellt sich gegen Papst und Kaiser: Warum gelingt ihm das?

Nach Jan Hus kritisierten immer mehr Geistliche die Kirche. Sie forderten Reformen und eine Abkehr von Vorleistungen als Voraussetzung göttlicher Gnade. Der Mönch Martin Luther war einer von ihnen. Mit seiner öffentlichen Kritik stellte er sich gegen Kaiser und Papst. Dies war für diese Zeit eigentlich unvorstellbar und gefährlich, wie das Schicksal von Jan Hus gezeigt hat (S. 45).
• Wie es Martin Luther gelang, kannst du mit A, B oder C beantworten.

A

M1 Wesentliche Stationen aus dem Leben Luthers:
Als Sohn eines Bergmannes 1483 in Eisleben geboren, besuchte Martin Luther Schulen in Mansfeld, Magdeburg und Eisenach. Er studierte zunächst Jura, trat aber dann 1505 ins Erfurter Augustiner-Eremitenkloster ein. Nach der Promotion zum Doktor der Theologie lehrte er als Professor für Bibelauslegung in Wittenberg. Luther kritisierte den Ablasshandel der römischen Kirche. Durch Flugschriften verbreitete sich seine Kritik in Form von 95 Thesen sehr rasch, weshalb der Papst ihm den Kirchenbann[1] androhte. Doch Luther ließ sich nicht umstimmen und verbrannte öffentlich die Bannandrohungsurkunde. Daraufhin folgte der endgültige Ausschluss Luthers aus der Kirche. Nach einer letzten Anhörung (siehe S. 40/41) sprach Kaiser Karl V. auf dem Reichstag zu Worms 1521 die Reichsacht[2] über ihn aus. Kurfürst Friedrich von Sachsen ließ Luther auf die Wartburg bei Eisenach in Sicherheit bringen, wo dieser als „Junker Jörg" versteckt das Neue Testament ins Deutsche übersetzte. Nach seiner Rückkehr von der Wartburg (bei Eisenach) 1522 und weiterhin unter dem Schutz des sächsischen Kurfürsten stehend, heiratete Luther die ehemalige Nonne Katharina von Bora, mit der er später sechs Kinder hatte. Im sächsischen Wittenberg lebte und lehrte Martin Luther viele Jahre. 1534 erschien seine Übersetzung der gesamten Bibel in deutscher Sprache. Bis zu seinem Tod 1546 arbeitete er an der Festigung der entstehenden evangelischen Kirche.
Vom Verfasser zusammengestellt.

[1] *schärfste Strafe der Kirche bei Abweichen von der rechten Lehre: vollständiger Ausschluss aus der christlichen Gemeinschaft (= Exkommunikation)*
[2] *Bei schweren Vergehen konnte der König oder ein von ihm beauftragter Richter den Täter ächten. Dieser war damit aus der Gesellschaft ausgestoßen.*

M2
„Martin Luther in seinem fünfzigsten Lebensjahr", Gemälde von Lucas Cranach d. Ä. (1472–1553)

1 Stelle mithilfe von M1 dar, welche Auswirkungen Luthers Kritik auf sein Leben hatte.
2 Erkläre, wie Martin Luther auf dem Gemälde (M2) auf den Betrachter wirkt. Beziehe dabei die Entstehungszeit und die Informationen aus M1 ein.

Filmtipp
„Luther", Regie: Eric Till, Deutschland 2003. Der Historienfilm zeigt eindrucksvoll die wichtigsten Stationen im Leben Luthers.

Wähle aus 47

B

M3 Auszüge aus den 95 Thesen Martin Luthers gegen den Ablasshandel, 1517 in deutscher Sprache veröffentlicht:
5. Der Papst will und kann nicht irgendwelche Strafen erlassen, außer denen, die er nach dem eigenen oder nach dem Urteil von Kirchenrechtssätzen auferlegt hat ...
21. Es irren daher diejenigen Ablassprediger, die da sagen, dass ein Mensch durch Ablässe des Papstes von jeder Strafe gelöst und gerettet werde ...
23. Wenn überhaupt irgendein Erlass aller Strafen jemandem gewährt werden kann, dann ist gewiss, dass er nur den Vollkommensten, d. h. den Allerwenigsten gewährt werden kann.
24. Unausweichlich wird deshalb der größte Teil des Volkes betrogen durch jene ... Zusage erlassener Strafe ...
27. Lug und Trug predigen diejenigen, die sagen, die Seele erhebe sich aus dem Fegefeuer, sobald die Münze klingend in den Kasten fällt ...
36. Jeder wahrhaft reumütige Christ erlangt vollkommenen Erlass von Strafe und Schuld; der ihm auch ohne Ablassbriefe zukommt.
http://www.ekd.de/glauben/95_thesen.html (Stand: 20. 10. 2016)

M4
Luther verkündet seine Thesen in Wittenberg. Lutherdenkmal in Worms, Foto, 2011

1 Erarbeite aus den Thesen Luthers (M3) seine Gründe für die Ablehnung des Ablasshandels.
2 Stelle mithilfe von M3 und M4 Vermutungen an, welche Wirkung die öffentliche Verkündung der Kritik an der Kirche auf die Bevölkerung hatte.
Tipp: Bedenke, dass die meisten Menschen der damaligen Zeit nicht lesen und schreiben konnten.

C

M5 Der Historiker Volker Leppin über Martin Luther (2006):
In Worms hatte der Kaiser über Luther die Reichsacht[1] verhängt und ihn damit für „vogelfrei"[2] erklärt ... In einer berühmt-berüchtigten Szene wurde [Luther] am 4. Mai in der Nähe von Eisenach von einigen Männern überfallen, die ihn im Auftrag des Kurfürsten Friedrich des Weisen auf die Wartburg bringen sollten. So konnte der Kurfürst ihn schützen, ohne sich öffentlich hierzu bekennen zu müssen. Luther lebte die nächsten zehn Monate als Junker Jörg verkleidet auf der Wartburg.
Volker Leppin, Martin Luther, Darmstadt (Wissenschaftliche Buchgesellschaft) 2006, S. 181.

[1] *Bei schweren Vergehen konnte der König bzw. Kaiser oder ein von ihm beauftragter Richter den Täter ächten. Dieser war damit aus der Gemeinschaft ausgestoßen.*
[2] *Jeder konnte ihn ermorden, ohne dafür bestraft zu werden.*

M6
Bibelübersetzung auf der Wartburg unter dem Schutz des sächsischen Kurfürsten und Predigt der neuen Lehre, Lutherdenkmal in Worms, Foto, 2014

1 Erläutere anhand von M5, wie sich Luthers Leben durch seine Kritik an der römischen Kirche veränderte.
2 Begründe mithilfe von M5 und M6, warum es Martin Luther gelang, seine neue Lehre zu verbreiten.

Aufgabe für alle
a) Diskutiert in der Klasse die Gründe für den Erfolg von Luthers Widerstand gegen Kaiser und Papst.
b) Entscheidet, welcher für euch der wichtigste Grund war, und beantwortet die Frage in der Überschrift.

Historische Fragen lassen sich auf verschiedene Weise beantworten. Auf den orangefarbenen **Wähle-aus-Seiten** kannst du dich für ein Material entscheiden: Traust du dir zu, eine längere Textquelle zu bearbeiten? Oder arbeitest du lieber mit Bildquellen? Interessieren dich Zahlen und Statistiken? Wähle aus, was zu dir passt! Bei einer abschließenden **Aufgabe für alle** könnt ihr trotz unterschiedlicher Lösungswege zu einem gemeinsamen Ergebnis kommen.

Mit Methoden arbeiten

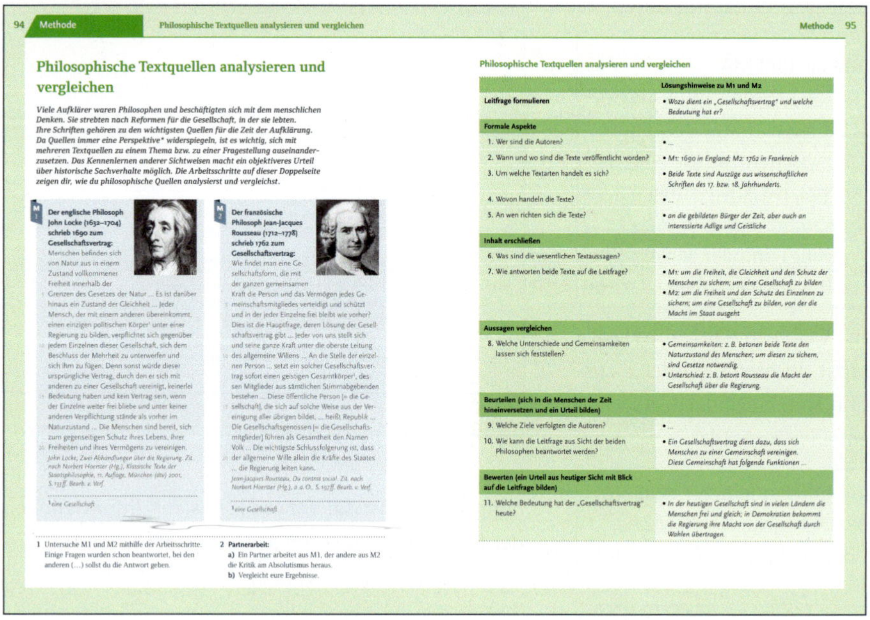
94 Methode Philosophische Textquellen analysieren und vergleichen

Philosophische Textquellen analysieren und vergleichen

Viele Aufklärer waren Philosophen und beschäftigten sich mit dem menschlichen Denken. Sie strebten nach Reformen für die Gesellschaft, in der sie lebten. Ihre Schriften gehören zu den wichtigsten Quellen für die Zeit der Aufklärung. Da Quellen immer eine Perspektive widerspiegeln, ist es wichtig, sich mit mehreren Textquellen zu einem Thema bzw. zu einer Fragestellung auseinanderzusetzen. Das Kennenlernen anderer Sichtweisen macht ein objektiveres Urteil über historische Sachverhalte möglich. Die Arbeitsschritte auf dieser Doppelseite zeigen dir, wie du philosophische Quellen analysierst und vergleichst.*

M1 Der englische Philosoph John Locke (1632–1704) schrieb 1690 zum Gesellschaftsvertrag: Menschen befinden sich von Natur aus in einem Zustand vollkommener Freiheit innerhalb der …

M2 Der französische Philosoph Jean-Jacques Rousseau (1712–1778) schrieb 1762 zum Gesellschaftsvertrag: Wie findet man eine Gesellschaftsform, die mit der ganzen gemeinsamen …

1 Untersuche M1 und M2 mithilfe der Arbeitsschritte. Einige Fragen wurden schon beantwortet, bei den anderen (…) sollst du die Antwort geben.

2 Partnerarbeit:
a) Ein Partner arbeitet aus M1, der andere aus M2 die Kritik am Absolutismus heraus.
b) Vergleicht eure Ergebnisse.

Methode 95

Philosophische Textquellen analysieren und vergleichen

	Lösungshinweise zu M1 und M2
Leitfrage formulieren	• *Wozu dient ein „Gesellschaftsvertrag" und welche Bedeutung hat er?*
Formale Aspekte	
1. Wer sind die Autoren?	• …
2. Wann und wo sind die Texte veröffentlicht worden?	• *M1: 1690 in England; M2: 1762 in Frankreich*
3. Um welche Textarten handelt es sich?	• *Beide Texte sind Auszüge aus wissenschaftlichen Schriften des 17. bzw. 18. Jahrhunderts.*
4. Wovon handeln die Texte?	• …
5. An wen richten sich die Texte?	• *an die gebildeten Bürger der Zeit, aber auch an interessierte Adlige und Geistliche*
Inhalt erschließen	
6. Was sind die wesentlichen Textaussagen?	• …
7. Wie antworten beide Texte auf die Leitfrage?	• *M1: um die Freiheit, die Gleichheit und den Schutz der Menschen zu sichern; um eine Gesellschaft zu bilden* • *M2: um die Freiheit und den Schutz des Einzelnen zu sichern; um eine Gesellschaft zu bilden, von der die Macht im Staat ausgeht*
Aussagen vergleichen	
8. Welche Unterschiede und Gemeinsamkeiten lassen sich feststellen?	• *Gemeinsamkeiten: z. B. betonen beide Texte den Naturzustand des Menschen; um diesen zu sichern, sind Gesetze notwendig.* • *Unterschied: z. B. betont Rousseau die Macht der Gesellschaft über die Regierung.*
Beurteilen (sich in die Menschen der Zeit hineinversetzen und ein Urteil bilden)	
9. Welche Ziele verfolgten die Autoren?	• …
10. Wie kann die Leitfrage aus Sicht der beiden Philosophen beantwortet werden?	• *Ein Gesellschaftsvertrag dient dazu, dass sich Menschen zu einer Gemeinschaft vereinigen. Diese Gemeinschaft hat folgende Funktionen …*
Bewerten (ein Urteil aus heutiger Sicht mit Blick auf die Leitfrage bilden)	
11. Welche Bedeutung hat der „Gesellschaftsvertrag" heute?	• *In der heutigen Gesellschaft sind in vielen Ländern die Menschen frei und gleich; in Demokratien bekommt die Regierung ihre Macht von der Gesellschaft durch Wahlen übertragen.*

Auf den **Methodenseiten** lernst du, gegenständliche und schriftliche Quellen, Bilder oder Karten fachgerecht auszuwerten. Du findest auch Tipps, wie du Sachtexte gut verstehst. In der grünen Tabelle stehen links die Arbeitsschritte, nach denen du vorgehst. In der rechten Spalte gibt es Lösungshinweise zu dem Beispiel auf der Seite.

Geschichte darstellen und Geschichte heute

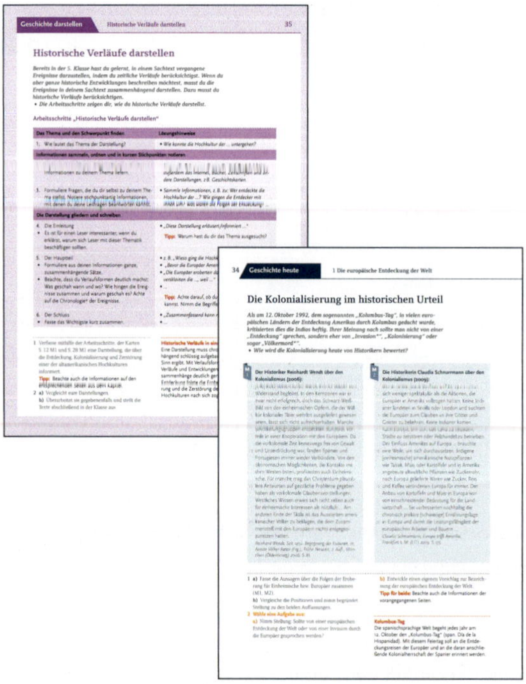
Geschichte darstellen Historische Verläufe darstellen 35

Historische Verläufe darstellen

34 Geschichte heute 1 Die europäische Entdeckung der Welt

Die Kolonialisierung im historischen Urteil

Auf den **Geschichte-darstellen-Seiten** und bei den **Geschichte-darstellen-Aufgaben** lernst du, wie du Ereignisse oder Handlungen aus der Vergangenheit mündlich oder schriftlich darstellen kannst – du lernst, Geschichte zu erzählen.

Auf den **Geschichte-heute-Seiten** und bei den **Geschichte-heute-Aufgaben** untersuchst du, wie heute mit der Vergangenheit umgegangen wird. Welche Spuren haben vergangene Ereignisse bis heute hinterlassen? Wie wird an bestimmte Ereignisse oder Personen erinnert?

Wiederholen und die eigenen Kompetenzen prüfen

Auf der **Zusammenfassungsseite** am Schluss des Kapitels fasst ein Text den Inhalt noch einmal zusammen. Die Zeitleiste hilft dir, die wichtigsten Daten zu wiederholen. Wenn du wissen möchtest, was du im Kapitel gelernt hast, solltest du die Aufgaben auf der Seite **Wissen und Kompetenzen prüfen** lösen. Falls du mit einzelnen Aufgaben Schwierigkeiten hast, liest du im Kapitel noch einmal nach. Lösungshilfen findest du im Anhang.

Hilfen im Anhang und im Umschlag

Der **Anhang** unterstützt dich bei der Arbeit.
Hier findest du:

- Zusatzaufgaben
- Lösungshinweise zu den Seiten „Wissen und Kompetenzen prüfen“
- ein Lexikon mit Erklärungen schwieriger Begriffe
- ein Register zum schnellen Nachschlagen
- Tipps für Kurzreferate oder Rollenspiele („Unterrichtsmethoden“)

In den **Umschlagklappen** kannst du die „Operatoren“ nachschlagen, die in den Arbeitsaufträgen verwendet werden.

Audiovisuelle Materialien

Passend zu diesem Buch gibt es Selbsteinschätzungsbögen, Filme, Tonquellen, virtuelle Museen und Archive im Internet. Du findest sie mithilfe der **Webcodes**, die auf den Schulbuchseiten abgedruckt sind, z. B. FG643433-015

So geht es:

1. Gehe auf die Seite www.cornelsen.de/webcodes
2. Gib dort den Webcode ein und du findest ein passendes Internetangebot.

CORTES
Ca Tenemos
corazón,
con
ello

1

Die europäische Entdeckung der Welt

Am 21. April 1519 landete der spanische Abenteurer und Eroberer Hernán Cortés in Südamerika und gründete im Namen des spanischen Königs eine eigene Kolonie, die er Villa Rica de la Vera Cruz (Veracruz) nannte. Die Azteken, die amerikanischen Ureinwohner, versuchten die Spanier mit Geschenken davon abzubringen, nach Tenochtitlán, der Hauptstadt des Aztekenreiches, vorzudringen. Die Geschenke bewirkten bei den Spaniern jedoch das Gegenteil. Der mexikanische Maler Diego Rivera stellt die Ankunft Cortés' dar, die den Beginn der europäischen Expansion verdeutlicht.

Beschreibe das Gemälde. Berücksichtige auch die Personen im Hintergrund. Gib drei Szenen eine Bildüberschrift.

Die Ankunft der Spanier unter Cortés in Veracruz/Mexiko 1519, Wandgemälde des Mexikaners Diego Rivera im Nationalpalast in Mexiko-Stadt, 1945–1952

1000 | 1100 | 1200 | 1300

europäisches Mittelalter

Ende 13. Jh. – ca. 17. Jh.
Renaissance* und Humanismus*

1000 v. Chr. – ca. 16. Jh. n. Chr.
altamerikanische Hochkulturen

13. Jh.
Europäischer Fernhandel auf dem Landweg über die Seidenstraße

Städtegründungen in Europa

Die europäische Entdeckung der Welt

Zwischen dem 13. und dem 16. Jahrhundert kam es in Europa zu einem Wandel auf vielen Gebieten. Das Mittelalter endete und die Neuzeit begann.

Im Spätmittelalter gelangten antike Handschriften nach Italien. Gelehrte studierten die antiken philosophischen und wissenschaftlichen Schriften und entdeckten Ideen, die ihnen viel moderner erschienen als die Vorstellungen des mittelalterlichen Europas. Für sie wurde der Mensch von den antiken Autoren als frei dargestellt, frei von religiösen Vorschriften und Gehorsam gegenüber einer Kirche oder einem Herrscher. Die Gelehrten forderten, dass der Mensch von seinen gottgegebenen Fähigkeiten Gebrauch machen sollte: Er sollte sich und die Welt erforschen. Die Wiederentdeckung der Antike wird als Renaissance* (= „Wiedergeburt“) bezeichnet. Es wurde geforscht und auf verschiedensten Gebieten Erkenntnisse gesammelt. Durch Himmelsbeobachtungen wurde das existierende Weltbild* überworfen. Einige behaupteten, dass die Erde keine Scheibe, sondern eine Kugel sei. Das vernünftige (rationale) Vorgehen der Forscher war entscheidend für eine enorme Vielzahl an Erfindungen und Entdeckungen. Durch neuartige Kartografierungstechniken, Navigationsinstrumente und Segelschiffe wurden auch Entdeckungsreisen zu neuen Kontinenten ermöglicht.

- Welche Motive hatten die Entdecker und wer finanzierte die Entdeckungsreisen?
- Welche Folgen hatten die Entdeckungen der Europäer für die altamerikanischen Kulturen?
- Wie kannst du historische Darstellungen verfassen und Geschichte sinnbildend rekonstruieren?

M 1

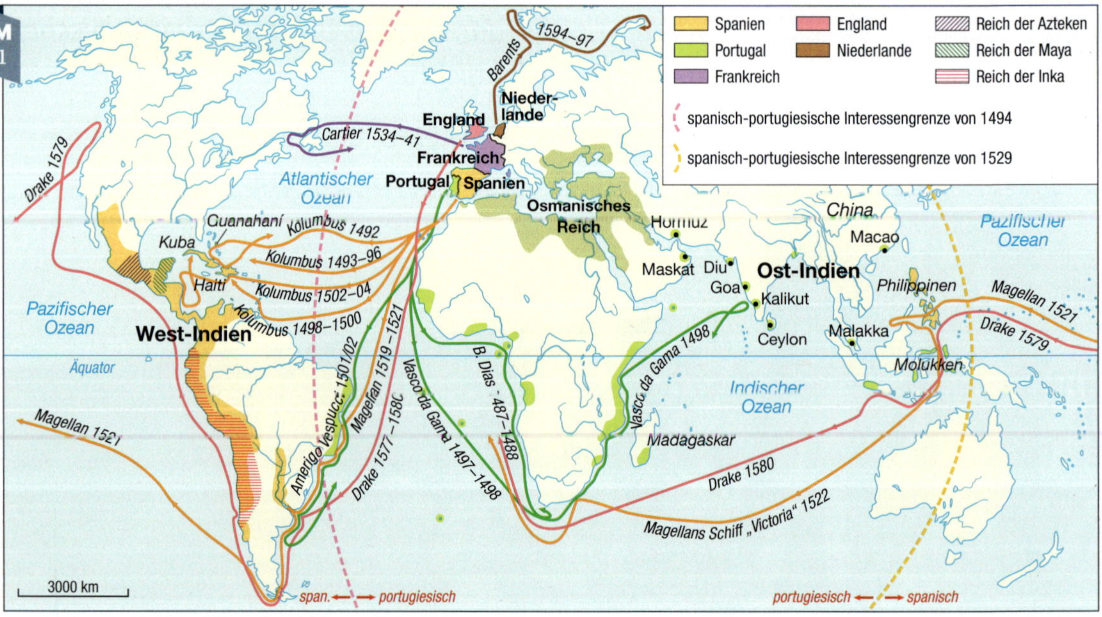

Entdeckungsfahrten der Europäer im 15./16. Jahrhundert

1400 | 1500 | 1600 | 1700 | 1800

Beginn der Neuzeit in Europa

1453 Eroberung von Konstantinopel; Europäer suchen Seeweg nach Indien

1543 Nikolaus Kopernikus: Die Erde dreht sich um die Sonne

Dreieckshandel zwischen Europa, Afrika und Amerika

1492 Entdeckung Amerikas durch Christoph Kolumbus

Eroberung Süd- und Mittelamerikas durch Europäer

1517 Beginn der Reformation

M 2

Demonstration am 12. Oktober 2011 in San Juan Capistrano, Kalifornien. Am Kolumbus-Tag feiern heute nicht alle die Landung des Kolumbus in der Neuen Welt.

M 3

Kolumbus bricht 1492 vom spanischen Hafen Palos zur ersten Atlantiküberquerung auf. Historiengemälde von Antonio Cabral Bejarano, um 1825

M 4

Die Spanier erobern die altamerikanische Kultur der Azteken (1519–1521), Farblithografie, Mitte des 16. Jahrhunderts

1 **Partnerarbeit:** Sammelt mithilfe von M1 bis M4, was ihr bereits über Entdeckungsreisen und altamerikanische Kulturen wisst.

2 Untersuche anhand von M1, welche Ausgangs- und Zielpunkte die dargestellten Entdeckungsreisen hatten. Nimm einen Atlas zur Hilfe.

3 **a)** Vergleiche M2 und M3.
Tipp: Warum wird Kolumbus so unterschiedlich dargestellt?
b) Stelle Vermutungen an, was passiert sein könnte.

4 Verfasse eine Darstellung, in der du zwischen M3, M4 und M2 einen Zusammenhang herstellst.
Tipp: Verwende in deiner Darstellung folgende Verlaufsformen: Aufbruch, Entdeckung, Eroberung, Folgen bis heute.

Himmelsbeobachtungen verändern das Weltbild

Bereits für die griechischen Philosophen und Wissenschaftler wie Aristoteles (382–322 v. Chr.) und Ptolemäus (um 100–160 n. Chr.) war klar, dass die Erde eine Kugel ist. Sie sahen sie auch im Mittelpunkt unseres Sternensystems. Nach dieser Vorstellung ruht die Erde und bewegt sich nicht. Diese Auffassung heißt geozentrisches Weltbild (von griech. geo = Erd-) und galt auch im Mittelalter weiter. Im 16. Jahrhundert stellten die Wissenschaftler Nikolaus Kopernikus und einige Jahrzehnte später Galileo Galilei das geozentrische Weltbild infrage.

- ***Welche grundlegenden Entdeckungen machten sie?***
- ***Welche Veränderungen führten die Wissenschaftler dadurch herbei?***

M 1

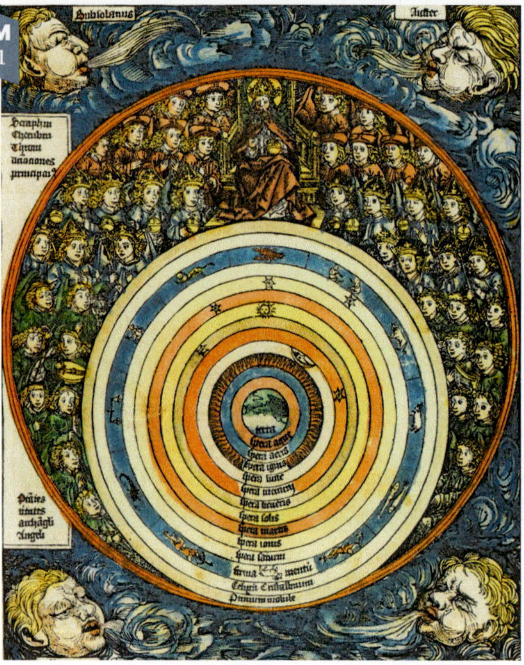

Darstellung des mittelalterlichen geozentrischen Weltbildes aus Hartmann Schedels Weltchronik, kolorierter Holzschnitt 1493. Deutlich sieht man hier die Erde im Zentrum der um sie kreisenden Planeten. Sie wird von den Elementen Feuer, Wasser und Luft umgeben.

M 2

Heliozentrisches Planetensystem des Nikolaus Kopernikus, Kupferstich, koloriert. Aus: Andreas Cellarius, Harmonia Macrocosmica, 1660

Vom geozentrischen zum heliozentrischen Weltbild

Im 16. Jahrhundert wurde das geozentrische vom heliozentrischen System (griech. helios = Sonne) des Nikolaus Kopernikus abgelöst. Er behauptete, dass die Sonne das Zentrum bildet und dass die Erde zusammen mit allen anderen Planeten um sie kreist. Dieses Weltbild wurde schon von einigen Astronomen der Antike vertreten. Auch die These, die Erde sei eine Kugel, gehörte dazu. Dieses heliozentrische Weltbild hat sich bis heute als das richtige erwiesen. Es dauerte jedoch sehr lange Zeit, bis sich diese Erkenntnis durchsetzte. Die Wiederentdeckung dieser geografischen Erkenntnisse und ein Wandel des Menschenbildes in der Renaissance*, in der ein generell verstärktes Interesse an der Wissenschaft erwachte, waren eine Voraussetzung für die Entdeckung und Eroberung der „Neuen Welt“.

Nikolaus Kopernikus (1473–1543)

Ein berühmtes Beispiel für die neue Denkweise bietet der polnische Priester und Astronom Nikolaus Kopernikus. Als Geistlicher war er davon überzeugt, dass sich die Erde als flache Scheibe im Mittelpunkt des Universums befinde; Sonne und Planeten würden sich um die Erde drehen. Der Mensch – so glaubte er – lebe als „Krönung der Schöpfung“ natürlich im Zentrum dieses Weltalls. Als Wissenschaftler gelangte Kopernikus zu einer ganz anderen Sichtweise. Immer deutlicher erkannte er, dass die Erde, wie alle Planeten, die Sonne umkreisten. Kopernikus wagte es nicht, seine Beobachtungen zu veröffentlichen, da sie den Lehren der Kirche widersprachen. Erst 30 Jahre nach dieser Entdeckung, am Tag seines Todes, erschien sein Buch, das von der Kirche sofort verboten wurde.

Galileo Galilei (1564–1642)

Galileo Galilei wird zu Recht als einer der Väter der modernen Wissenschaft geehrt. Er hat systematisch Experimente durchgeführt und Instrumente genutzt, um Naturgesetze zu erforschen.

Galileo Galilei lehrte an der Universität von Padua Mathematik, als er 1610 seine astronomischen Beobachtungen veröffentlichte und damit heftige Diskussionen unter Wissenschaftlern und der Kirche auslöste. Ein halbes Jahrhundert nach Kopernikus bestätigte nun Galilei, aufgrund eigener Arbeiten, dessen Aussagen. Galilei benutzte für seine astronomischen Forschungen ein Fernrohr mit 20-facher Vergrößerung, das er im Jahr 1609 gebaut hatte. Er wendete dazu die Kenntnisse eines niederländischen Linsenmachers an.

Galilei wurde vom höchsten kirchlichen Gericht ermahnt, die Ansichten von der um die Sonne kreisenden Erde nicht als Tatsache darzustellen. Immer wieder suchte er das Gespräch mit führenden Kirchenvertretern. 1632 wurde Galilei nach Rom befohlen, verhaftet und dazu verurteilt, seinen bibelfeindlichen und somit kirchenkritischen Ansichten abzuschwören. Galilei stand bis zu seinem Tod unter Hausarrest, dennoch unterhielt er Briefkontakt zu Wissenschaftlern im Ausland und veröffentlichte zwei weitere Schriften.

Erst gegen Ende des 20. Jahrhunderts zeigte sich die katholische Kirche bereit, sein Ansehen wiederherzustellen und ihn für seine Entdeckung zu würdigen.

M3

In dem Schauspiel „Leben des Galilei“ von Bertolt Brecht (1898–1956) sagt ein Mönch zu Galilei:

Ich bin als Sohn von Bauern in der Campagna aufgewachsen. Es sind einfache Leute. Sie wissen alles über den Olivenbaum, aber sonst recht wenig ... Es ist ihnen versichert worden, dass das Auge der Gottheit auf ihnen liegt, ... dass das ganze Welttheater um sie aufgebaut ist, damit sie ... sich bewähren können. Was würden meine Leute sagen, wenn sie von mir erführen, dass sie sich auf einem kleinen Steinklumpen befinden, der sich unaufhörlich drehend im leeren Raum um ein anderes Gestirn bewegt ...? Wozu ist die Heilige Schrift noch gut, die das alles erklärt ... und die jetzt voll von Irrtümern befunden wird ...?

Bertolt Brecht, Leben des Galilei, 56. Aufl., Frankfurt a. M. (Suhrkamp) 1998, S. 63f.

1 **a)** Vergleiche M1 und M2.
b) Erläutere die Unterscheide zwischen den beiden Weltbildern.

2 Galileo Galilei befindet sich in einem Zwiegespräch mit einem Mönch (M3). Verfasse einen Antwortbrief, in dem dieser Galileo auf die von ihm abschließend formulierten Fragen geantwortet haben könnte.

3 Erkläre, warum Galileos Werk sofort von der Kirche verboten wurde (M3, Biografiekasten).

4 **Recherche:** Suche in einem Lexikon oder im Internet nach weiteren Entdeckungen Galileos.

Neuzeit

Als Frühe Neuzeit wird die Periode von 1500 bis zur Französischen Revolution 1789 bezeichnet. Der Begriff „Neuzeit“ bezeichnet in der Geschichte Europas den Zeitraum von etwa 1500 bis zur Gegenwart. Die Abgrenzung zum Mittelalter wird unter anderem mit dem grundlegenden Wandel durch Humanismus*, Renaissance* und Reformation* gesehen.

Zusatzaufgabe: siehe S. 138

Webcode: FG643433-015
Naturwissenschaftliche Forschung im 16. und 17. Jahrhundert

Historische Karten analysieren

Wie sah das geografische Wissen vergangener Zeiten aus? In welchem Ausmaß hat sich die Welt bis in die heutige Zeit gewandelt? Welche Erkenntnisse sind gewonnen worden? Historische Karten sind heute nicht mehr aktuell, sie dienen Historikern jedoch als Quelle. Gleichwohl sind sie Zeugnis geografischer Wissensbestände und technischer Kartografierungsmöglichkeiten vergangener Zeiten. Die Arbeitsschritte helfen dir bei einer schrittweisen Analyse und Interpretation.

M1

Weltkarte von Hartmann Schedel, Holzschnitt 1493. Hartmann Schedel (1440–1514) lebte als Arzt in Nürnberg und stellte eine umfangreiche Weltchronik zusammen, die fast 2000 Holzschnitte enthielt. Die abgebildete Karte ist eine Auftragsarbeit für die Kaufleute Sebald Schreyer und Sebastian Kammermeister aus Nürnberg. 1 = Afrika, 2 = Europa, 3 = Asien, 4 = Jerusalem

1 **a)** Untersuche M1 mithilfe der Arbeitsschritte 1–9.
b) Vergleiche deine Ergebnisse mit den Lösungshinweisen in der rechten Spalte und ergänze diese an den entsprechenden Stellen (…).

2 **Partnerpuzzle:**
a) Einer von euch bearbeitet M2, der andere M3 (S. 18), indem ihr die Arbeitsschritte 1–9 anwendet. Notiert eure Ergebnisse tabellarisch.

Arbeitsschritt	*M2*	*M3*

b) Vergleich 1: Vergleiche deine Ergebnisse mit einem Schüler deiner Klasse, der die gleiche Karte bearbeitet hat wie du. Ergänzt bzw. korrigiert gegebenenfalls in euren Tabellen.
c) Vergleich 2: Stelle deine Arbeitsergebnisse nun deinem Bankpartner vor.
Tipp: Achte auf dein Sprechtempo. Bedenke, dass er die Ergebnisse in die leere Spalte übertragen und gleichzeitig überprüfen muss.
d) Vergleicht anschließend beide Karten mithilfe der Arbeitsschritte 10–11.

Arbeitsschritte „Historische Karten analysieren“

Karte und Kartografen einordnen	Lösungshinweise zu M1
1. Wann und wo ist die Karte entstanden und veröffentlicht worden?	...
2. Wer ist der Kartograf? Woher stammt sein Wissen?	*Der Kartograf war ...*
3. Ist ein besonderer Anlass für die Zeichnung der Karten bekannt? War es eine Auftragsarbeit?	*Auftragsarbeit für die Kaufleute ...*
Kartenelemente beschreiben und deuten	
4. Was ist das Thema der Karte?	• *Darstellung der gesamten, zur damaligen Zeit bekannten Welt*
5. Welche Gebiete/Kontinente werden dargestellt?	• *Zu erkennen ist ...* • *Amerika ist noch nicht ...*
6. Ist die Welt maßstabsgetreu abgebildet?	• ...
7. Welche Besonderheiten sind in der Karte eingezeichnet (Symbole, landschaftliche Merkmale wie Flüsse, Berge, Orte, ...)?	• *Menschen, Berge, Reiche; namentliche Erwähnung nur der Stadt Jerusalem („Hierusalem“), die als Zentrum der Welt angesehen wurde*
8. Wie wird die Karte eingerahmt?	• *abgebildet werden die Söhne des Urvaters Noah: Sem, Ham und Jafet; Hinweis auf die Bedeutung religiöser Aspekte; Andeutung des Koordinatennetzes in zwölf Winden*
9. Welches Bild von der Welt lässt sich der Kartendarstellung entnehmen?	• *Die Vorstellung der Welt war stark religiös geprägt (christliches Weltbild). Dies wird deutlich ...*
Mit anderen Karten vergleichen	
10. Wie unterscheiden sie sich in Symbolik und Einrahmung? Welche Gemeinsamkeiten gibt es?	• ...
11. Welche Gemeinsamkeiten und Unterschiede bestehen in der Gesamtaussage?	• ...

Tipp: Schau dir die gedruckten Karten im Internet an, dann kannst du sowohl Details als auch ihre Beschriftung besser lesen.

Webcode: FG643433-017
Historische Karten digital

Sem, Ham und Jafet
Mit Noahs Söhnen Sem, Ham und Jafet beginnt im Alten Testament die Aufspaltung der Menschen (Genesis 10,1–32) in die drei damals bekannten Völkerschaften. Sie werden auch als Stammväter Afrikas, Europas und Asiens bezeichnet.

M2

Nordatlantikkarte von Abraham Ortelius, 1573. Ab dem 16. Jahrhundert wurden zahlreiche Entdeckungsreisen unternommen, sogenannte Nordpolexpeditionen, um einen nördlichen Seeweg zwischen Atlantik und Pazifik zu finden.

M3

Nord- und Mittelamerika aus dem Nautischen Atlas des Antonio Millo (Ausschnitt), 1586. Millo war für den Stadtrat Venedigs im östlichen Mittelmeerraum tätig.

Größere Schiffe, bessere Instrumente

In der Antike und im Mittelalter fuhren Schiffe meist in der Nähe der Küsten. Zu groß war die Angst, vom Rand der Erdscheibe zu kippen. Fahrten auf hoher See waren erst dank neuer technischer Hilfsmittel und durch den Bau von größeren hochseetauglichen Schiffen wie den Karavellen möglich.

- ***Wie veränderte sich die Seefahrt im 15. und 16. Jahrhundert?***

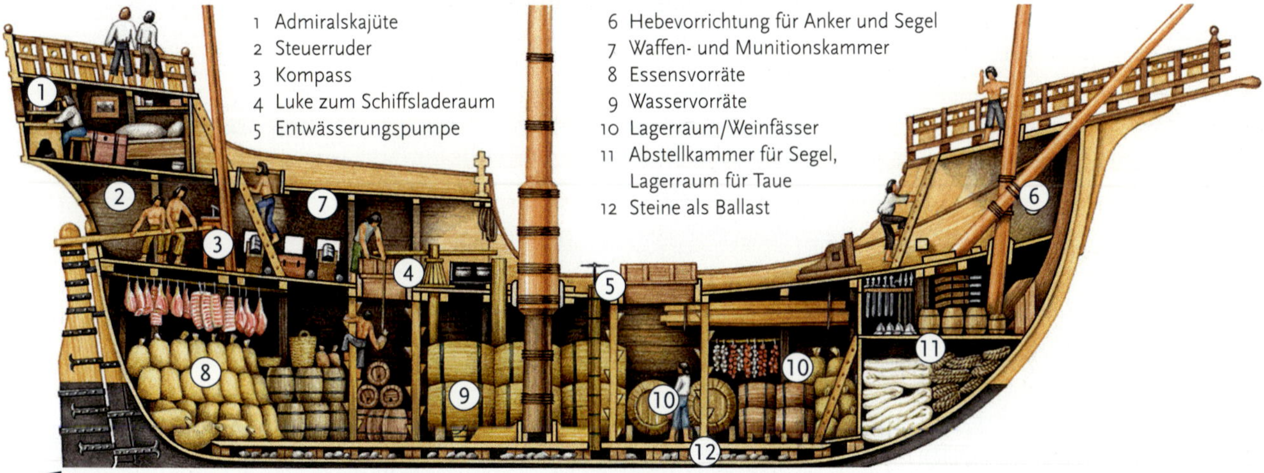

M1 *Schnitt durch „Santa Maria", das Schiff des Kolumbus, Rekonstruktionszeichnung. Die „Santa Maria" war ca. 24 m lang und ca. 8 m breit. Die Besatzung bestand aus 39 Mann. Für lange Seereisen nahmen die Seefahrer unter anderem folgende Lebensmittel mit an Bord: Pökelfleisch, Wurst, getrocknete Hülsenfrüchte, Zwiebeln, Mehl, Wasser, Wein, Schiffszwieback und Öl.*

M2 **Wichtige Instrumente für die Seefahrten**

Einige dieser Instrumente waren bereits in der Antike oder in China bekannt, wurden aber nun erstmals von den südeuropäischen Seefahrern eingesetzt.

A Lot	**1** Gerät zur Zeitmessung in der Nacht
B Kompass	**2** Gerät zur Bestimmung der eigenen Position anhand der Längen- und Breitengrade anhand der Fixsterne
C Nocturnum	**3** Gerät zur Positionsbestimmung
D Astrolabium	**4** Gerät zur Messung der Wassertiefe
E Quadrant	**5** Gerät zur Bestimmung der Polhöhe
F Jakobsstab	…

M3

Holzschnitt eines Jakobsstabs, ein astronomisches Instrument zur Winkelmessung, um 1530

1 Wähle eine Aufgabe aus:

a) Die Matrosen kommen an Bord der „Santa Maria" (M1). Erläutere mithilfe des Querschnittes, wie sie in den kommenden Wochen arbeiten und leben werden.

b) Stelle Vermutungen an, zu welchen Problemen es auf dem Schiff (M1) gekommen sein könnte.

2 Ordne in M2 den Begriffen A bis F die richtige Definition zu – ein Gerät musst du selber definieren.
Tipp: Nimm M3 zu Hilfe.

Zusatzaufgabe: siehe S. 138

Welche Motive hatten Entdecker und ihre Förderer?

In unbekannte Gewässer aufzubrechen, setzte nicht nur Seefahrer mit Abenteuerlust, Mut und Forscherdrang voraus, sondern sie benötigten auch Geldgeber, die die lange Reise mit enormen finanziellen Mitteln unterstützten.

- ***Untersuche auf dieser Doppelseite die in der Überschrift gestellte Frage.***

M 1

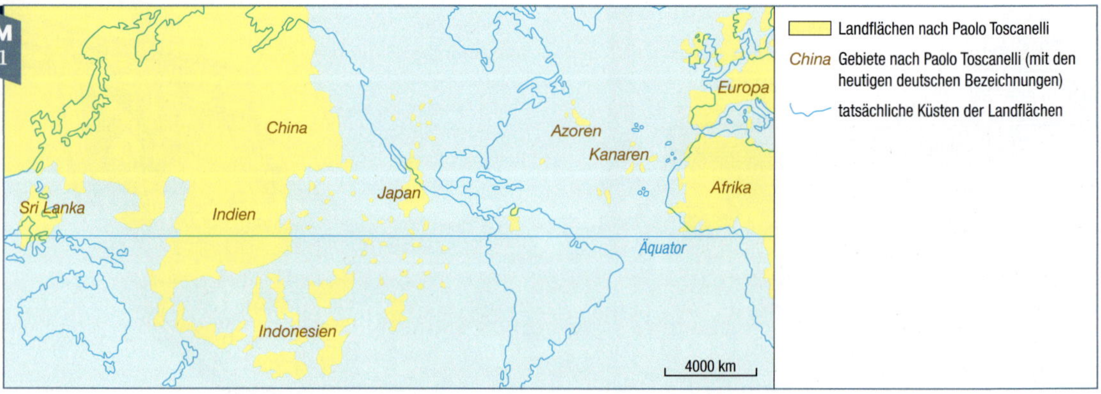

Die Lage der Kontinente nach Paolo Toscanelli (1397–1482). Der Gelehrte glaubte an die Kugelgestalt der Erde und an einen kürzeren Seeweg nach China über die Westroute.

Fernhandel auf der Seidenstraße

Mehrere Jahrhunderte lang verband die sogenannte Seidenstraße Mittel- und Ostasien mit Europa. Über lange Karawanenstraßen, die unter anderem durch das Byzantinische Reich führten, wurde ein Handel mit fernöstlichen Waren wie Seide, Gewürzen, Glas und Porzellan betrieben. Zudem fand ein kultureller Austausch statt. Im 13. Jahrhundert nutzte Marco Polo, ein Händler aus Venedig, vermutlich diese Landstraße für seine Reise nach China. Darüber berichtete er dann in seinen Reiseberichten, die bis heute überliefert sind.

Im Jahr 1453 eroberten die Türken Konstantinopel, die Verbindung zwischen Europa und Asien. Sie forderten Steuern auf Handelswaren, die ihr Land passierten und hatten den Orienthandel fest im Griff. Für europäische Händler war ein direkter Handel mit Indien daher nicht möglich. Die Nutzung des Landweges wurde aufgrund der hohen Kosten und der sehr langen Wege weniger lukrativ, sodass neue Verbindungswege nach Asien gefunden werden mussten.

Die Suche nach neuen Wegen

Bereits vor Kolumbus hatten portugiesische Seefahrer im Auftrag ihres Königs einen Seeweg nach Asien gesucht. Im 15. Jahrhundert stießen sie im Auftrag Heinrich des Seefahrers, der die Entdeckungsfahrten der Portugiesen angeregt hatte, entlang der Westküste Afrikas Richtung Süden vor. Das Kap der Guten Hoffnung, die Südspitze Afrikas, wurde 1487/88 erstmals von Bartholomeu Diaz umsegelt. Als Vasco da Gama (1497/99) erstmals auf diesem Weg an der indischen Küste landete (siehe S. 12, M1), war das Interesse bereits mehr auf die von Kolumbus neu entdeckte Welt gerichtet.

Im Name des Christentums

Zum größten Konkurrenten des portugiesischen Königs wurden die spanische Königin Isabella von Kastilien und König Ferdinand von Aragón. Diese beiden Herrscher führten die christlichen Heere gegen das letzte islamische Königreich Granada im Süden der Iberischen Halbinsel an. Nach der Rückeroberung (span. „Reconquista") im Jahre 1492 wurden die spanischen Gebiete wieder zusammengefügt; Juden und Muslime mussten Spanien verlassen oder durch die Taufe zu Christen werden. Viele Juden flüchteten an die Küste des heutigen Griechenlands und der Türkei, die Muslime nach Nordafrika. Die Reconquista mehrte das Ansehen des Königspaares Isabella und Ferdinand. Der Papst verlieh dem Herrscherpaar aus Anlass des Sieges gegen die Andersgläubigen den Titel „Katholische Könige".

Eine Idee wird Wirklichkeit

Mit der im Sieg über das arabische Granada erstandenen Beute rüsteten Isabella und Ferdinand eine Flotte von drei Schiffen aus. Sie gewährten dem aus Genua stammenden Christoph Kolumbus (span. Cristóbal Colón) finanzielle Unterstützung, um einen Seeweg nach Indien zu finden. Das Königshaus erhoffte sich unter anderen seinen Ruhm und Reichtum zu mehren, die Kontrolle über den Handel und die Seewege nach Asien auszubauen sowie das Christentum zu verbreiten.

M 2

Der Gelehrte Paolo Toscanelli schrieb an Christoph Kolumbus (um 1480):

Unzweifelhaft ist die Reise ehrenvoll und vermag unberechenbaren Gewinn und höchsten Ruhm in der ganzen Christenheit zu bringen ... Eine derartige Reise führt zu mächtigen Königreichen, berühmten Städten und Provinzen, die alles im Überfluss besitzen, was wir benötigen, auch alle Arten von Gewürzen in reicher Fülle sowie Edelsteine in großer Menge aufweisen. Die Fürsten und Könige, zu denen man gelang, dürften noch erfreuter sein, dass sie mit Christen unsrer Länder in Verbindung kommen, da viele von ihnen Christen sind, und auch weil sie mit gelehrten, geistvollen Männern von hier über die Religion und Wissenschaft sich werden unterhalten können.

Zit. nach Eberhard Schmitt (Hg.), Dokumente zur Geschichte der europäischen Expansion, Bd. 2, Die großen Entdeckungen, München (C. H. Beck) 1984, S. 99

M 3

Aus dem Vertrag zwischen dem spanischen Königshaus und Kolumbus (17. April 1492):

Zum Ersten ernennen Eure Hoheiten als Herrn über die genannten Ozeanischen Meere von heute an den genannten Don Cristóbal Colón [= Kolumbus] zu ihrem Admiral über all jene Inseln und Festlande, die von ihm ... entdeckt und gewonnen werden ... Ferner ernennen Eure Hoheiten den genannten Don Cristóbal Colón zu ihrem Vizekönig und Generalgouverneur all [dieser] ... Des Weiteren wollen Eure Hoheiten, dass von allen und jedweden Waren, die gekauft, getauscht, gefunden, gewonnen oder vorgefunden werden ... Don Cristóbal Colón ... nach Abzug aller entstandenen Unkosten den zehnten Teil von allem für sich haben und einnehmen soll, ob es nun Perlen, Edelsteine, Gold, Silber, Gewürze oder irgendwelche anderen Dinge ... auch immer sind; ... wobei die übrigen neun Teile für Eure Hoheiten bleiben.

Zit. nach Eberhard Schmitt (Hg.), Dokumente zur Geschichte der europäischen Expansion, Bd. 2, Die großen Entdeckungen, München (C. H. Beck) 1984, S. 106f. Bearb. v. Verf.

M 4

Zwangstaufe muslimischer Frauen, Relief auf einem Hochaltar in der Kathedrale von Granada, 1520

1 Beschreibe anhand von M1, über welche geografischen Kenntnisse Kolumbus und das spanische Königshaus verfügten.

2 Stelle in einer Tabelle die Motive des Kolumbus, der spanischen Könige und der Kaufleute dar, die das Wagnis der Atlantiküberquerung eingingen bzw. förderten (Darstellungstext, M2 und M3).

3 **Wähle eine Aufgabe aus:**

a) Erkläre die Bedeutung der Reconquista für die Entdeckungsfahrten des Kolumbus (Darstellungstext, M4).

b) Formuliere einen Bericht, in dem du einen Zusammenhang zwischen den Ereignissen in den Jahren 1453 und 1492 herstellst (Darstellungstext).

Zusatzaufgabe: siehe S. 139

Christoph Kolumbus: Westwärts nach Indien?

Der Seefahrer Christoph Kolumbus (ca. 1451–1506) gilt als der Entdecker Amerikas. Dabei waren bereits im 10. Jahrhundert Wikinger über Island nach Grönland bis Nordamerika gelangt. Sie konnten ihre Siedlungen aber nicht halten. Kolumbus brach 1492 mit drei Schiffen und 90 Seeleuten auf, um einen westlichen Seeweg nach Indien zu finden.

- *Untersuche das erste Zusammentreffen zwischen den Europäern und den amerikanischen Ureinwohnern.*

M 1

Die Landung des Kolumbus 1492, kolorierter Kupferstich von Theodor de Bry, 1594. In vielen seiner Illustrationen stellte der Protestant die katholischen Kolonisten aus Spanien als brutal, menschenverachtend und grausam dar.

Wer war Kolumbus?

Kolumbus wurde 1451 in Genua geboren. Als Jugendlicher las er mit Begeisterung Reiseberichte. Ihn faszinierten die Erzählungen des Venezianers Marco Polo, der auf dem Landweg bis nach China gereist war. Mit 23 Jahren ging Kolumbus als Vertreter eines genuesischen Handelshauses nach Lissabon und befuhr auf portugiesischen Schiffen die Küsten Afrikas. Kolumbus kannte die Karte des Florentiners Paolo Toscanelli (S. 20, M1), der 1474 einen westlichen Seeweg nach Indien mit 4445 Kilometern berechnet hatte. Tatsächlich beträgt die Strecke aber 19631 Kilometer. Hartnäckig suchte Kolumbus nach Förderern für seine Unternehmung. Das meiste Geld steuerte die spanische Krone aus verschiedenen Kassen bei. Dabei spielte auch das Geld vertriebener und enteigneter Juden und Muslime nach der Einnahme Granadas eine Rolle. Zudem erhielt er von einem Handelsmann aus Genua einen Kredit.

Entdeckung oder Eroberung?

Am 3. August 1492 konnte Kolumbus von Palos aus mit drei Karavellen* in See stechen. Auf der Seereise meuterten die Matrosen mehrfach und wollten die Umkehr erzwingen. Nach vielen Schwierigkeiten kam am Morgen des 12. Oktober 1492 Land in Sicht. Kolumbus war sicher, eine Indien vorgelagerte Insel erreicht zu haben. Tatsächlich war er auf einer Insel der mittelamerikanischen Bahamas gelandet. Kolumbus taufte die Insel zu Ehren Gottes „San Salvador" (Heiliger Retter oder Erlöser). Er ließ die spanische Flagge hissen und nahm das Land für die spanische Krone in Besitz. Nach damaligem Rechtsverständnis in Europa waren Länder, in denen keine Christen lebten, „Niemandsland". Die ersten Kontakte mit den Einheimischen verliefen friedlich. Danach unternahm Kolumbus noch drei weitere Fahrten nach Amerika. Die Ausbeute an Gold und Gewürzen blieb allerdings angesichts der hohen Erwartungen gering.

Mit dem Rivalen Portugal schloss Spanien 1494 den Vertrag von Tordesillas ab, der eine Teilung der Welt in zwei Interessengebiete vorsah. Kolumbus starb 1506 vereinsamt und im Glauben, unbekannte Küsten Indiens entdeckt zu haben. Erst als klar war, dass es sich um einen neuen Kontinent handelte, wurde er nach dem Vornamen des florentinischen Kaufmanns und Seefahrers Amerigo Vespucci „Amerika" benannt.

Nach der Eroberung der neuen Welt strömten die Conquistadoren (span. „Eroberer") auf den neuen Kontinent. Ihr vordergründiges Ziel war es, neue Länder zu erobern und Gold und andere Reichtümer zu erbeuten. Dabei wurden die Einheimischen, von Kolumbus zu Lebzeiten als „Indianer" bezeichnet, schrittweise den Eroberern unterworfen. Von Beginn an waren die Europäer der Auffassung, dass die „unzivilisierten Heiden" den „zivilisierten weißen" untergeordnet sein müssten. Dies entsprach ihrem Weltbild (Ideologie). Viele Ureinwohner wurden zwangsmissioniert.

M 2

Aus einer Abschrift aus dem Bordbuch von Kolumbus, Eintrag für Freitag, den 12. Oktober 1492:

Um zwei Uhr morgens kam das Land in Sicht, von dem wir etwa 8 Seemeilen entfernt waren ... Dann legten wir bei und warteten bis zum Anbruch des Tages, der ein Freitag war, an welchem wir zu einer Insel gelangten ... Dort erblickten wir alsogleich nackte Eingeborene. Ich begab mich ... an Bord eines mit Waffen versehenen Bootes an Land. Dort entfaltete ich die königliche Flagge ... Ich rief die beiden Kapitäne und auch all die anderen, die an Land gegangen waren ... zu mir und sagte ihnen, durch ihre persönliche Gegenwart als Augenzeugen davon Kenntnis zu nehmen, dass ich im Namen des Königs und der Königin, meiner Herren, von der genannten Insel Besitz ergreife ... Sofort sammelten sich an jener Stelle zahlreiche Eingeborene der Insel an. In der Erkenntnis, dass es sich um Leute handle, die man weit besser durch Liebe als mit dem Schwert retten und zu unserem Heiligen Glauben bekehren könne, gedachte ich, sie mir zu Freunden zu machen, und schenkte also einigen unter ihnen rote Kappen und Halsketten aus Glas und noch anderen Kleinigkeiten von geringem Werte, worüber sie sich ungemein erfreut zeigten. Sie gehen nackend umher, so wie Gott sie erschaffen, Männer wie Frauen. Einige von ihnen bemalen sich mit grauer Farbe ..., andere wiederum mit roter, weißer oder einer anderen Farbe ...; einige bestreichen damit nur ihr Gesicht oder nur die Augengegend oder die Nase, noch andere bemalen ihren ganzen Körper.

Christoph Kolumbus, Bordbuch, übers. v. Anton Zahorsky, München (Hugendubel) 2006, S. 35ff.

Ideologie
System von Vorstellungen und Meinungen über Staat und Gesellschaft (Weltbild/Weltanschauung), das eine größere Gruppe von Menschen als bestimmend für ihr politisches Handeln anerkennt. Eine Ideologie dient auch dazu, bestimmte soziale Gegebenheiten und Handlungen zu rechtfertigen.

Webcode: FG643433-023
Entdeckungsfahrten

M 3 *Die spanischen Conquistadoren nutzen die Einheimischen als Träger und als Sklaven. Kolorierter Kupferstich von Theodor de Bry, 1594*

M 4

Theodor de Bry über die Motive der Spanier (1594):

Der Spanier unverdrossen war
Ein weiten Weg zu ziehen dar
Dahin ihn großer Geitz bezwang
Zum Gold und Perlin hat groß verlang/
Welche das India so reich
In gantzer Welt dem ist nicht gleich/
Hat überflüssig dieses Gut
Dahin dem Spanier stundt seyn muth/
Lag ihm nicht an Religio
Sonder die reiche Regio.

Zit. nach Andreas Klaffke, „Es sey die alte Welt gefunden in der Neuen": Amerika in der deutschen Lyrik der Frühen Neuzeit, Marburg (Tectum) 2000, S. 49

1 **Methode:** Interpretiere M1 mithilfe der Arbeitsschritte „Eine Bildquelle interpretieren" auf S. 154.

2 Arbeite aus M2 heraus, wie Kolumbus über die Ereignisse am Morgen des 12. Oktober 1492 in seinem Bordbuch berichtet.

3 **a)** Vergleiche die erste Begegnung zwischen Europäern und Einheimischen (M1 und M2).
b) Stelle dar, welche Motive der Eroberer in M3 und M4 in den Vordergrund gestellt werden.
Tipp: Berücksichtige die Informationen in M1.

4 **Methode:**
a) Beurteile die Unterwerfung der Insel und ihrer Bewohner als Eigentum der spanischen Krone vor dem Hintergrund christlicher Werte (Darstellungstext).
b) Bewerte, ob die Argumentation der Spanier aus deiner Sicht gerechtfertigt ist.
Tipp: Nimm die Arbeitsschritte „Ein historisches Urteil bilden" auf S. 153 zu Hilfe.

Zusatzaufgabe: siehe S. 139

Wer waren die Azteken?

Bei Ankunft der Spanier gab es drei bedeutende Hochkulturen* in Amerika: die Reiche der Azteken und der Mayas in Mittelamerika und der Inkas in Südamerika.

- ***Die Kultur der Azteken kannst du an einem Text (A) oder einem Bild (B) näher untersuchen.***

M 1

Gedenkstein mit aztektischen Hieroglyphen (Schriftsymbole), um 1500. Zahl drei (runde Symbole) mit Feuersteinhieroglyphe (Mitte), rechts: zwölf Eidechsen. Mit der hier dargestellten Datumsangabe könnte die Jahreszahl 1456 gemeint sein, in der eine große Hungersnot zu Ende ging.

M 2

Aztekischer Goldanhänger mit der Darstellung eines Herrschers als Krieger, Höhe: 9 cm, 1200–1521

Die Azteken beherrschen Mittelamerika

Das Volk der Azteken oder Mexica (sprich Meschika) lebte im Hochland des heutigen Mexiko und hatte viele andere Völker unterworfen. An der Spitze des Staates standen ein König und der höchste Priester. Die einzelnen Gesellschaftsschichten waren klar voneinander getrennt: Die adlige Herrenschicht, die sich durch Verdienste in der Armee, Politik und Verwaltung ausgezeichnet hatte, besaß viele Vorrechte. Bauern und Handwerker bildeten den größten Teil der Bevölkerung. Angebaut wurden vor allem Bohnen, Mais und Kürbisse. Die Kupfer- und Goldverarbeitung, Töpferei, Steinschneidekunst und Holzverarbeitung war hoch entwickelt. Eisen war unbekannt. Die bedeutendsten Gottheiten waren der Kriegsgott Huitzilopochtli sowie der Schöpfergott Quetzalcóatl. Die Hauptstadt Tenochtitlán besaß eine Reihe von Tempeln in Form von Pyramiden. Dort wurden Menschen, meist Kriegsgefangene, geopfert. Nur so konnten, aus aztekischer Sicht, der Lauf der Sonne und der Fortbestand der Welt gesichert werden.

A

M 3

Der Hauptmann Bernal Díaz del Castillo, der zu den spanischen Eroberern um Hernán Cortés 1519 gehörte, schrieb über Tenochtitlán (1568):

Unter meinen Männern befanden sich Soldaten, die viel von der Welt gesehen hatten: Konstantinopel, Rom, ganz Italien. Alle sagten, dass sie so eine riesige Stadt mit einer durchdachten Planung und so vielen Menschen noch nie gesehen hätten. Wir fanden zahlreiche Verkaufsstände und eine ausgezeichnete Ordnungspolizei ... Jede Warengattung hatte ihre Plätze. Da gab es Gold- und Silberarbeiten, Juwelen, Stoffe aller Art, Federn, Baumwolle und Sklaven ... Dann kamen die Stände mit einfacheren Waren, mit gröbern Zeug, mit Zwirn und Kakao zum Beispiel. Ganz Neu-Spanien bot hier seine Erzeugnisse an ... Da gab es Sisalstoffe, Seile und Strickschuhe ... Es gab rohe und gegerbte Häute von Tigern, Löwen, Schakalen ... In den Ständen der Töpfer fanden wir von großen irdenen Gefäßen bis zum kleinsten Nachttopf alles. Wir gingen an den Verkäufern von Honig, Honigkuchen und anderen Leckereien vorbei, an Möbel-, Holz- und Kohlehändlern ... [Ich habe] das Papier, die Röhren mit dem flüssigen Eukalyptusöl und mit dem Tabak, die wohlriechenden Salben und die Hallen mit Heilkräutern [gesehen] ... Es gab übrigens auch eine Art Marktgericht mit drei Richtern und mehreren Gehilfen, die für die Warenschau verantwortlich waren.

Zit. nach Eberhard Schmitt (Hg.), Dokumente zur Geschichte der europäischen Expansion, Bd. 2, Die großen Entdeckungen, München (C. H. Beck) 1984, S. 328.

1 Begründe, ob es sich bei M3 um eine Quelle oder um eine Darstellung handelt.

2 Arbeite aus M3 heraus, welche Kennzeichen einer Hochkultur Díaz in seinem Bericht anspricht.
Tipp: Lies den Begriff „Hochkultur“ im Lexikon nach (siehe S. 161).

B

M 4 *Blick auf das in 2400 Metern Höhe gelegene Tenochtitlán, Wandgemälde des mexikanischen Künstlers Diego Rivera im Regierungspalast von Mexiko-Stadt, 1942. Rivera malte den Markt und die Stadt so, wie sie bei Ankunft der Eroberer ausgesehen haben könnte. Sie war mit geschätzten 300 000 Einwohnern die größte Stadt des amerikanischen Kontinents.*

1 Der Künstler Rivera erstellte sein Wandgemälde M4 auf Grundlage verschiedener Quellen. Untersuche sein Bild: Welche Kennzeichen einer Hochkultur kannst du erkennen?
Tipp: Lies den Begriff „Hochkultur“ im Lexikon nach (siehe S. 161).

2 Begründe, ob es sich bei M4 um eine Quelle oder eine Darstellung handelt.

Aufgabe für alle:
Erstelle zum Thema der Überschrift eine Mind-Map, in der du deine Ergebnisse, den Darstellungstext sowie M1 und M2 berücksichtigst.

Inka und Maya: Merkmale und Leistungen altamerikanischer Hochkulturen

Als die Europäer Anfang des 16. Jahrhunderts den amerikanischen Kontinent betraten, begegneten sie nicht nur den Azteken, sondern auch anderen hochentwickelten Kulturen, wie den Maya in Mittelamerika und den Inka in Südamerika. Überlieferte Bilderhandschriften bieten uns heute einen Einblick in die Kultur der indigenen* Völker.

- ***Was waren die Merkmale dieser altamerikanischen Hochkulturen und welche Leistungen haben sie vollbracht?***

Die Kultur der Maya

Das Einflussgebiet der Maya erstreckte sich über das heutige südliche Mexiko, ihr Zentrum war die Stadt Yucatán. Die Maya existierten von 1000 v. Chr. bis ca. 1600 n. Chr. Anders als die Inka hatten die Maya kein zentralisiertes Reich, ihr Herrschaftsgebiet war in Stadtstaaten unterteilt, in denen jeweils ein Herrscher an der Spitze stand. Diese Stadtstaaten hatten Sprache und Religion gemein, politisch hingegen waren sie autonom (eigenständig). Um ihre Macht zu erhalten bzw. zu mehren, verbündeten sich die konkurrierenden Herrscher gegeneinander. In Friedenszeiten betrieben die Maya über die bestehenden Handelsstraßen einen regen Handel zwischen den Städten und mit anderen indigenen Völkern.

Der Kalender der Maya

Besonderes Merkmal der Maya war die Schrift, welche aus mehr als 800 Glyphen (Bildzeichen) bestand. Den Hieroglyphen der Ägypter ähnelnd, stand eine Glyphe entweder für einen Begriff oder eine Silbe. Zum Rechnen nutzten sie ein System, das auf nur drei Zeichen beruhte. Aufgrund ihrer ausgeprägten mathematischen und astronomischen Kenntnisse, die sie durch jahrhundertelanges Beobachten des Himmels erlangt hatten, entwickelten sie komplexe Kalender. Die Astronomen der Maya waren in der Lage, eine Sonnen- und Mondfinsternis vorherzusagen und die Bewegungen der Planeten und Sterne zu berechnen. Ihr Wissen ließen sie in den Bau ihrer Tempel einfließen. Die Religion nahm eine dominante Rolle in allen Lebensbereichen der Maya ein. Ihren zahlreichen Göttern bauten sie Tempel und ehrten sie in Ritualen. Da Blut als heilig galt, opferten die Priester den Göttern auch Menschen.

Herrschaft und Gesellschaft der Inka

Das Reich der Inka existierte vom 13. bis 16. Jahrhundert. Zu Beginn des 16. Jahrhunderts erstreckte es sich an der Westküste Südamerikas entlang über eine Länge von ca. 4000 km. Die Inka nannten ihr Reich Tahuantsinuyu, „Reich der vier Weltgegenden". Dort lebten schätzungsweise 14 Millionen Menschen, die alle verschiedenen Volksgruppen mit jeweils einer eigenen Sprache, Religion und Lebensweise angehörten. Die Inka verehrten mehrere Götter, denen sie auch Oper darbrachten. So unterschiedlich wie die Völker waren auch die Landschaften und Lebensbedingungen im Tahuantsinuyu. Dies machte es nach Ansicht der Inka notwendig, das Reich straff zu organisieren. Nur so konnten sie alles kontrollieren, was in ihrem Herrschaftsbereich geschah.

M 1

Quipu der Inkas, kolorierter Holzschnitt, um 1560/99. Mit diesen Knotenschnüren wurden Nachrichten überbracht. Die Nachricht ergab sich aus der Länge der Hauptschnur, der Anordnung und Farbe einzelner Schnüre, der Art und Zahl der Knoten. Den „Code" kannte allerdings nur derjenige, der den Quipu geknüpft hatte, und derjenige, der von ihm eingeweiht worden war.

Ein System von Straßen und Botschaftern

Die Inka bauten eine staatliche Verwaltung auf, die in ihrer Zeit einzigartig war. Durch ein dichtes Netz gepflasterter Straßen, Brücken und Wege sorgten sie dafür, dass Nachrichten, Waren und Armeen in kürzester Zeit von einem Ort zum anderen gelangten. An den Hauptwegen wurden Provinzhauptstädte nach dem Plan der Hauptstadt Cuzco (im heutigen Peru) angelegt. Dort befanden sich die jeweilige Gebietsverwaltung und Lagerhäuser. Entlang der Straßen standen Raststätten, die von den Provinzbewohnern beliefert und instand gehalten werden mussten. Damit die Regierung über alle Ereignisse im Reich informiert war, liefen ständig Boten zwischen Cuzco und den Provinzstädten hin und her, durch das Andengebirge bis an die Küste. Sie transportierten Befehle, Berichte, Abrechnungen und Bedarfslisten als verschlüsselte Botschaften in Form von Knotenschnüren („Quipu").

Wirtschaft und Technik der Inka

Im Inkareich wurden Verwaltung und Wirtschaft zentral organisiert. Alle Steuerzahler mussten beim Bau von Tempeln, Festungen und Städten helfen, in der Armee dienen, auf den Feldern und in den Bergbauminen des Herrschers arbeiten. Auch die Landwirtschaft unterstand staatlicher Kontrolle. Angebaut wurden hauptsächlich Getreide und Kartoffeln, in wärmeren Regionen auch Mais. Die Kartoffel kam erst im 17. Jahrhundert nach Europa. Das Ackerland und die Ernte waren in drei Teile aufgeteilt: Ein Drittel gehörte dem Inkaherrscher, ein Drittel diente der Versorgung der Oberschicht und der Priester; das letzte Drittel Land stand den Dorfgemeinden zur Verfügung. Die Inka bebauten ihre Felder auf großen Terrassenanlagen, die zum Teil mit künstlichen Bewässerungsanlagen ausgestattet waren. Eisen war ihnen unbekannt, weshalb sie ihre Waffen aus Kupfer und Bronze fertigten. Gold und Silber wurde zu Schmuck verarbeitet.

M 2 *Die Ruinenstadt Machu Pichu in Peru, Foto, undatiert*

M 3 *Tempel in Chiapas, Mexiko, Foto, undatiert*

1. Arbeite die Kennzeichen einer Hochkultur, die bei den Inka und Maya jeweils erfüllt sind, heraus. **Tipp:** Lies dazu den Begriff „Hochkultur" im Lexikon nach (S. 161). Stelle deine Ergebnisse in einer Tabelle gegenüber.
2. Ordne die Bilder M2 und M3 den Kulturen der Maya oder der Inkas zu. Begründe deine Zuordnung. **Tipp:** Nimm den Darstellungstext zu Hilfe.
3. Beschreibe mithilfe des Darstellungstextes die Organisation der Herrschaft im Inkareich.
4. Untersuche mithilfe von M1 und des Darstellungstextes, welche Bedeutung die Übermittlung von Informationen für die Herrschaft der Inka hatte.
5. Stelle Vermutungen an, warum die Astronomen eine solch dominante Stellung bei den Maya innehatten (Darstellungstext).

Webcode: FG643433-027
Altamerikanische Hochkulturen

Auf Entdeckung folgt Eroberung

Innerhalb kurzer Zeit nach der Entdeckung Amerikas eroberten wenige Hundert Spanier die Großreiche der Azteken (1519), Maya (1519) und Inkas (1532). Durch Gewalt und Gier wurden diese altamerikanischen Hochkulturen zerstört.

- ***Welche Folgen hatte die Eroberung für die einheimische Bevölkerung?***
- ***Wie gelang es den spanischen Entdeckern, die Reiche der altamerikanischen Hochkulturen zu erobern?***

M 1

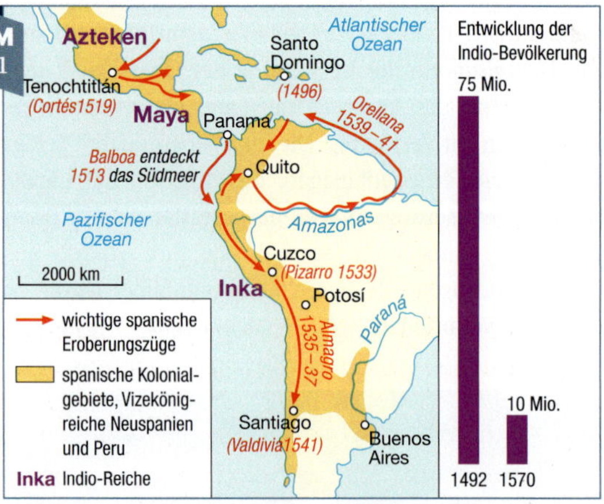

Spanische Eroberungen in Mittel- und Südamerika

M 2

Bericht eines aztekischen Augenzeugen über den Empfang der Europäer durch Moctezuma:

Die Azteken schenkten den Göttern goldene Fahnen und goldene Halsketten. Als sie das Gold in ihren Händen hatten, brach Lachen aus den Gesichtern der Spanier hervor und ihre Augen funkelten vor Vergnügen. Wie Affen griffen sie nach dem Gold ... Als die Spanier sich im Palast eingerichtet hatten, fragten sie Moctezuma nach dem Staatsschatz aus. Sie bedrängten ihn hart. Als sie am Schatzhaus waren, zeigte man ihnen die Reichtümer. Vor Vergnügen fletschten die Spanier die Zähne wie die Tiere und beklopften einander vor Freude. Sie glaubten im Paradies zu sein, als ob es ihr Eigentum wäre und kein Raub.

Miguel León-Portilla und Renate Heuer (Hg.), Rückkehr der Götter, aus dem Náhuatl von Angel Mará Garibay, dt. R. Heuer, Frankfurt a. M. (Vervuert) 1986, S. 23ff.

Eroberer im Auftrag von Kreuz und Krone

Der Eroberer (span. conquistador) Hernán Cortés erhielt 1519 den Auftrag, im Namen des spanischen Königspaares die mittelamerikanische Küste zu erforschen und nach dem sagenhaften Goldland „El Dorado" zu suchen. Cortés hatte sich für seine Expedition hoch verschuldet. Seine Soldaten erhielten keine Bezahlung, sondern nur Anteile an der erwarteten Beute. Heutige Historiker sind der Auffassung, dass die Spanier einen Bürgerkrieg im Aztekenreich geschickt für sich ausnutzten. Dadurch standen ihnen über 30000 Soldaten von Völkern zur Seite, die zuvor von den Azteken besiegt worden waren und nun auf neue Freiheit hofften. Bei den Verhandlungen mit den einheimischen Verbündeten und später mit den Azteken spielte die Aztekin Doña Marina, Malinche genannt, eine bedeutende Rolle. Der aztekische Herrscher Moctezuma erlaubte den Spaniern bei ihrer Ankunft in die Aztekenhauptstadt einzuziehen. Moctezuma wusste von der Schlagkraft der gegnerischen Heere und wollte keinen Krieg riskieren. Er beabsichtigte, später gegen die Spanier vorzugehen. Doch diese kamen ihm zuvor und nahmen ihn gefangen. Die anschließende Verwirrung nutzten die Spanier zu ihren Gunsten. Sie verfügten zwar mit ihren Armbrüsten und Gewehren über bessere Waffen als die Azteken, und ihre Pferde und Kampfhunde verbreiteten Angst und Schrecken. Doch damit alleine hätten die Spanier die Azteken nie besiegt. Entscheidend für den langfristigen Erfolg der Spanier war die Schwächung des Gegners durch die aus Europa eingeschleppten Krankheiten wie Pocken, Masern, Grippe und Cholera. Diese töteten große Teile der Völker Mittelamerikas. Ab 1522 gab es kein Aztekenreich mehr. Die Spanier zerstörten Tenochtitlán und bauten an gleicher Stelle Mexiko-Stadt (heutige Hauptstadt von Mexiko). Cortés wurde vom spanischen König zum Befehlshaber der eroberten Gebiete ernannt, die ab 1535 zum neu gegründeten Vizekönigreich Neu-Spanien gehörten.

M 3 *Cortés mit seinem Gefolge auf dem Weg zu Moctezuma, Bilderhandschrift, 16. Jh.*

Francisco Pizarro erobert das Reich der Inkas

Nach der Eroberung der Azteken und dem bis heute nicht geklärten Verschwinden der Maya eroberten die Spanier 1532 auch das Reich der Inka. Auch die Inkas verfügten über eine schlagkräftige Armee, die den Spaniern (ca. 180 Soldaten und 30 Pferde) zahlenmäßig überlegen war. Daher ließ Francisco Pizarro den Inkakönig Atahualpa gefangen nehmen, forderte und bekam viel Gold als Lösegeld und ließ den Herrscher, der als Sonnengott verehrt wurde, dennoch töten. Das brach den Widerstand der indigenen* Bevölkerung, und die Spanier herrschten fortan über die Inkas. Im Jahr 1542 gründeten die Spanier auf dem ehemaligen Territorium der Inkas das Vizekönigreich Peru. Mit den Vizekönigreichen Neu-Spanien und Peru herrschten die Spanier über fast ganz Lateinamerika.

M 4

Der Hauptmann Bernal Diaz del Castillo, der zu den Eroberern um Hernán Cortés gehörte, schrieb über die erste Begegnung von Moctezuma und Cortés:

Auf allen Türmen und Tempeln standen Zuschauer, der ganze See war dicht bedeckt mit überfüllten Booten. Aber was Wunder? Die Leute hatten ja noch nie Menschen unserer Art und Pferde gesehen. Wir marschierten wie im Traum durch diese Herrlichkeiten ... Als wir in dem großen Hof des Palastes ankamen, trat Moctezuma auf Cortés zu, fasste ihn an der Hand und führte ihn selbst in die für ihn bestimmten, reich geschmückten Gemächer. Dort hängte er ihm eine sehr kostbare goldene Kette um den Hals, deren Glieder aus fein gearbeiteten Krebsen bestand ... Cortés dankte dem Fürsten und Moctezuma verabschiedete sich mit den Worten: „Du und deine Brüder, ihr sollte euch wie in eurem eigenen Haus fühlen. Ruht jetzt von eurer weiten Reise aus!" Dann ging er in seinen Palast. Wir verteilten unsere Kompanien auf die vielen Gemächer, brachten die Geschütze in Stellung und teilten alles so ein, dass jeder Reiter und jeder Mann sofort kampfbereit waren.

Zit. nach Denkwürdigkeiten des Hauptmanns Bernal Diaz del Castillo, unter Verwendung alter deutscher Übersetzungen, durchgesehen, neu bearb. und hg. von Georg A. Narciß, Stuttgart (Steingrüben) 1965, S. 238ff.

1 Nenne die heutigen Länder, die die Vizekönigreiche Neu-Spanien und Peru (M1) umfassten.

2 **Methode:** Vergleiche M2 und M4 mithilfe der Arbeitsschritte „Schriftliche Quellen vergleichen" auf S. 153.
Tipp: Stelle dabei besonders die Positionen der Autoren über die Taten der Spanien heraus.

3 **a) Methode:** Beschreibe M3 mithilfe der Arbeitsschritte „Eine Bildquelle auswerten" auf S. 152.
b) Stelle dar, welche Eindrücke die abgebildeten Personen bei dir erwecken.
c) Partnerarbeit: Diskutiert, was der Künstler mit dem Bild aussagen wollte.

4 **Wähle eine Aufgabe aus:**
a) Entwickle mithilfe des Darstellungstextes und M3 eine Antwort auf diese Frage: Warum waren die Spanier so erfolgreich?
b) Überprüfe, inwiefern die Vorgehensweise von Pizarro und Cortés mit der von Kolumbus vergleichbar ist.

Auf Eroberung folgt Kolonialherrschaft

Die Bergbaustadt Potosí auf dem kargen Hochland der Anden im heutigen Bolivien gehört zum UNESCO*-Weltkulturerbe (siehe S. 86). Hier können Besucher nachempfinden, unter welch elenden Bedingungen Zehntausende Ureinwohner Silbererze abbauen mussten, um die Gier der Eroberer nach Edelmetall zu befriedigen.

- ***Welche Bedeutung hatte die Kolonialherrschaft für die amerikanischen Ureinwohner und für die Europäer?***

M 1

Der Silberberg von Potosí, Kupferstich, 16. Jh. Durch Zufall entdeckte man 1545 die Silbervorkommen im Cerro Rico (reicher Berg) im heutigen Bolivien auf 4100 Metern Höhe. Die Stadt Potosí wuchs in kurzer Zeit von 1650 auf 160 000 Einwohner an. Ihr Wappenspruch lautete: Schatzkammer der Erde, König der Berge, Traum aller Könige. Bis 1660 trafen 16 800 Tonnen Silber in Spanien ein.

M 2

Männer zerschlagen Silbererz auf der Suche nach wertvollen Rohstoffen, Foto, 2005. Bis heute ist die Stadt Potosí das Ziel zahlreicher Touristen, denn der ehemals unermessliche Reichtum der Stadt lässt sich immer noch erahnen. Die prachtvolle Hauptstraße war früher angeblich mit purem Silber gepflastert.

Aus Eroberern werden Kolonialherren

Für die Spanier war es selbstverständlich, dass sie über die eroberten Gebiete verfügten, wie sie es wollten. Es entstanden große landwirtschaftliche Güter, auf denen vor allem Tabak, Baumwolle und Mais angebaut wurden. Diese „Encomiendas“ funktionierten wie die Grundherrschaften im europäischen Mittelalter: Der Encomendero war der Grundherr, der die Befehlsgewalt über mehrere Dörfer übernahm. Alle Einwohner mussten wie Hörige für ihn ohne Lohn arbeiten. Die Einheimischen starben in hoher Zahl an Überarbeitung und schlechter Ernährung.

Einwohner, Eroberer und die katholische Kirche

Die erste Generation von Konquistadoren hatte nur ihre persönliche Bereicherung im Sinn. Die einheimische Bevölkerung wurde unterdrückt und misshandelt. Zwar standen alle Bewohner der eroberten Gebiete unter königlichem Schutz, doch Europa war weit weg. Aus Europa eingeschleppte Krankheiten wie die Pocken, Windpocken, Grippe, Masern und Cholera töteten einen großen Teil der Bevölkerung, deren Zahl in wenigen Jahrzehnten von 75 Millionen auf 10 Millionen sank.

Alarmiert von den Berichten der ersten Missionare über die brutale Behandlung der Einheimischen, sprach Papst Paul III. 1537 ein Machtwort: Alle „Indianer" seien Menschen und daher für den katholischen Glauben zu gewinnen. Rund 15000 Missionare strömten in den beiden Jahrzehnten nach der Eroberung ins Vizekönigreich, insbesondere Mönche der Dominikaner, Franziskaner und Jesuiten. Sie wurden als „Armee des Glaubens" zum wichtigsten Stützpfeiler der spanischen Kolonialverwaltung, da sie bis in entlegene Gebiete katholische Gemeinden aufbauten und die Menschen zu „guten Untertanen" des spanischen Königs erzogen. Erster Fürsprecher für die Rechte der Ureinwohner war der Dominikanermönch Bartolomé de Las Casas.

Die Verwaltung Neu-Spaniens

Es ist sicher belegt, dass zwei Könige von Lima (heutiges Peru) und Mexiko-Stadt aus im Auftrag des spanischen Königpaares die Kolonien beherrschten. Der „Indienrat" als zentrale Behörde überwachte die Verwaltung, die Gerichtsbarkeit, die Finanzen und die Missionierung. In der Stadt Sevilla in Spanien entstand eine zentrale Anlaufstelle für alle Auswanderungswilligen.
Im Hafen von Sevilla kamen die Schiffe aus der Neuen Welt an und die Waren wurden verzollt. Gewaltige Mengen an Silber und Gold und wertvollen Rohstoffen flossen nach Spanien. Im Silberberg von Potosí (heute Bolivien) arbeiteten Tausende von Bergsklaven.

M 3

Der Streit über den Umgang mit der einheimischen Bevölkerung im 16. Jahrhundert

In den spanischen Regierungskreisen gingen die Meinungen in der Frage des Umgangs mit einer einheimischen Bevölkerung auseinander. Zu den Auseinandersetzungen im 16. Jahrhundert gehörten der Theologe und Jurist Juan Ginés de Sepúlveda und der Bischof von Chiapas/Mexiko, Bartolomé de Las Casas:

3A Sepúlveda (1544): So behaupte ich, dass diese Barbaren nicht nur eingeladen, sondern auch zum Guten genötigt werden sollen, d.h. zur Gerechtigkeit und zur Religion, vor allem, wenn das Unternehmen mit so geringem Aufwand und so geringen Verlusten auf beiden Seiten bewerkstelligt werden können... [Ich] behaupte, dass die Barbaren nicht nur beherrscht werden müssen, damit sie den Predigern zuhören, sondern auch, damit sich zu Lehre und Ratschlägen die Drohung gesellen und ihnen Schrecken eingejagt werde, was der hl. Augustinus* ... bestätigt.

3B Las Casas (1551): Ich bestehe darauf, dass die Spanier sich der Ausübung solcher Exzesse[1] gegen andere Völker, wenn diese auch barbarische Götzendiener[2] und von allen Lastern befallen sein mögen, enthalten ... Denn es gibt keinen Unterschied mehr zwischen Mann und Frau, „Griechen und Juden ... Barbaren ... Sklaven und Freie, weil Christus in allem ist" (Kol 3,11)[3] ... Da nun die Natur der Menschen in allen dieselbe ist und alle von Christus gerufen sind in der derselben Weise und auch nicht auf verschiedene Weise berufen werden wollen, darf man die Indios nicht auf andere Weise zum Eintritt in die Kirche einladen als alle anderen Menschen auch.

[1] *Maßlosigkeiten*
[2] *Verehrung eines fremden Gottes*
[3] *Bibelzitat aus dem Brief an die Kolosser des Apostels Paulus*
M3A und M3B zit. nach Mariano Delgado (Hg.), Gott in Lateinamerika, Düsseldorf (Patmos) 1991, S. 104ff. Übers. v. Bruno Pockrandt.

1 Ein Verwandter plant eine Reise nach Bolivien. Berichte ihm, was du über die Spanier als Kolonialherren weißt (Darstellungstext, M1, M2).

2 **Methode:** Vergleiche die Textquellen M3A und M3B mithilfe der Arbeitsschritte „Schriftliche Quellen vergleichen" auf S. 153.
Tipp: Klärt den Begriff „Barbaren" mithilfe des Lexikons.

3 Erkläre, wie die Eroberer ihr Handeln vor dem Hintergrund ihrer Ideologie begründeten (M3A).
Tipp: Nimm auch den Begriffskasten auf S. 23 zu Hilfe.

Der Beginn weltweiter Handelsbeziehungen

Mit dem Warenaustausch zwischen den spanischen und portugiesischen Kolonien und Europa begann der weltweite Handel der Europäer. Historiker sprechen deshalb von der „ersten Globalisierung" im 16. Jahrhundert, also von der Entstehung eines Handels, der die ganze Welt miteinschließt.

- ***Wie funktionierte der transatlantische Dreieckshandel?***
- ***Welche Bedeutung hatte die Sklaverei für die Alte und die Neue Welt?***

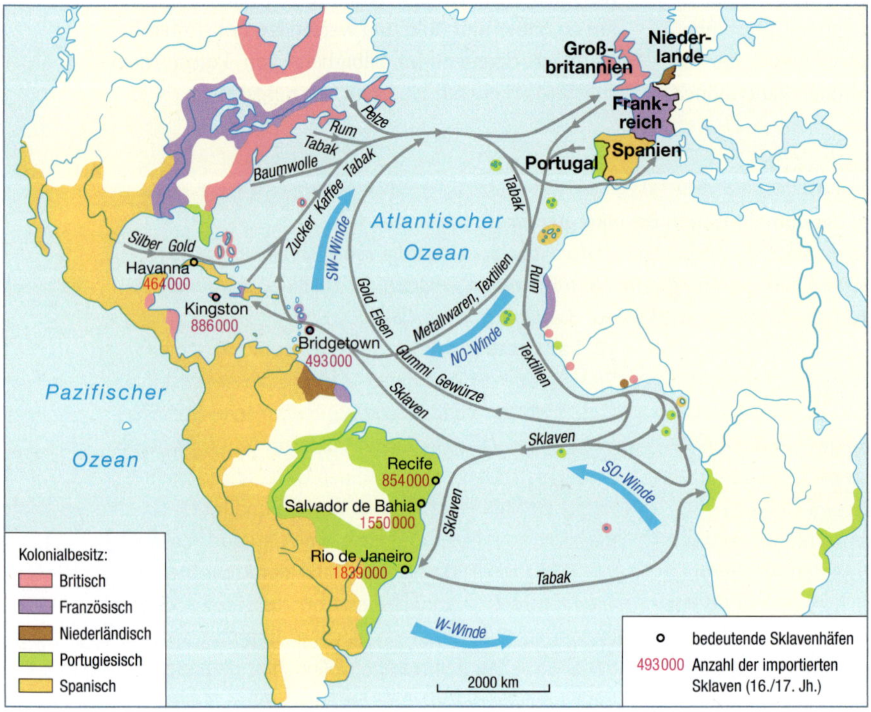

M 1 *Karte des Handels zwischen Europa, Afrika und Amerika im 17. Jahrhundert.*

Dreieckshandel

Die Handelsschiffe verkehrten in einem Dreieck von Europa über Afrika und Amerika zurück zu ihrem Ausgangspunkt. Zwischen den Kontinenten wurden solche Waren gehandelt, die im Tausch jeweils hohe Gewinne versprachen und für die jeweils eine hohe Nachfrage bestand. An diesem Handel waren alle europäischen Seefahrernationen beteiligt.

Wer beherrscht die Neue Welt?

Spanier und Portugiesen waren die ersten Kolonialherren in Amerika. Der Reichtum aus den Silberminen Lateinamerikas verhalf Spanien zu gefüllten Staatskassen und militärischer Macht. Bald versuchten auch die anderen europäischen Großmächte, wie Großbritannien, Frankreich und die Niederlande, in der Neuen Welt Fuß zu fassen. In Süd- und Mittelamerika gelang ihnen das nicht. Die Briten und Franzosen siedelten sich an der Ostküste Nordamerikas an, die Niederländer im Süden Amerikas. Während die militärische und wirtschaftliche Bedeutung der Briten und Franzosen im Norden des Kontinentes stetig stieg, verloren die Spanier und Portugiesen nach und nach an Einfluss.

Plantagen und Sklavenhandel

Die neue Form der Wirtschaft war die der Plantage. Großgrundbesitzer ließen auf riesigen Flächen Pflanzen anbauen, deren Produkte in Europa großen Gewinn versprachen, z. B. Kaffee, Zucker aus Zuckerrohr, Kakao, Tabak. Doch auch andere Waren wurden im Laufe der Zeit unverzichtbar. Dazu zählt die bis zu dieser Zeit in Europa unbekannte Kartoffel. Sie wurde aufgrund der leichten Anbauweise und guter Lagerung zu einem Hauptnahrungsmittel. Der Warenaustausch von Tieren und Pflanzen brachte weitreichende ökologische Veränderungen in der Alten und Neuen Welt mit sich und veränderte die Tier- und Pflanzenwelt vieler Regionen der Welt bis heute.

Die Plantagen wurden von Zwangsarbeitern bewirtschaftet. Zwischen dem 17. und 19. Jahrhundert wurden über zehn Millionen afrikanische Sklaven unter grausamen Bedingungen nach Amerika gebracht. Für die europäischen Handelsnationen war der Sklavenhandel neu. Doch schnell wurde er ein Geschäft wie jedes andere, moralische Bedenken gab es kaum, was auch mit dem Menschenbild der Weißen zusammenhing. Heute erinnern viele Museen und Erinnerungsorte an die Schicksale der gefangenen Sklaven und deren brutale Arbeitsbedingungen. In Frankreich wurde der 10. Mai zum nationalen Gedenktag für die Opfer des transatlantischen Dreieckhandels* erklärt.

M 2

Der Historiker Horst Gründer über den transatlantischen Handel (2003):

Mit den Europäern kamen nicht nur die Goldgier und ihre Bazillen in die Neue Welt, sondern auch ihre Tiere und Pflanzen. Aus der Alten Welt kamen Pferde, Rinder, Schweine, Schafe, Ziegen, Hühner, Tauben, Hunde und Katzen. Die Folge für Amerika war die Umorientierung von pflanzlicher Kost zu Fleisch als Volksnahrung. Umgekehrt gelangten von Amerika nach Europa unter anderem Kartoffeln, Paprika, Tomaten, Tabak, Kakaobohnen und Mais ... Bananen kamen aus Asien über Afrika nach Amerika, Zuckerrohr von Arabien über Brasilien in die Karibik ... Zucker kam aus dem Vorderen Orient, Kaffee aus Äthiopien und Arabien sowie Tee aus China in die Neue Welt. Afrika hatte den Europäern nicht nur Getreide, Gold und Elfenbein geliefert, sondern auch eine Pfeffersorte des in Europa heiß begehrten Gewürzes. Gewürze dienten als Konservierungsmittel für Fleisch und Fisch, aber auch zur Verfeinerung der europäischen Küche ...

Horst Gründer, Eine Geschichte der europäischen Expansion, Stuttgart (Theiss) 2003, S. 56f.

M 4

Auszug aus dem Roman „Onkel Toms Hütte" (1852):

Die Sklaven, die verkauft werden sollten, standen abseits ... Haley kam heran. Er trat vor einen der Männer, riss ihm den Mund auf, prüfte seine Zähne, seine Muskeln. Dann ging er zum nächsten und wiederholte die Untersuchung. Schließlich stand er vor dem Jungen und prüfte seine Arme und Hände, betrachtete seine Finger und ließ ihn springen, um seine Geschicklichkeit zu erproben. ... Dann ging er zur Seite und wartete, die Hände in den Taschen, eine Zigarre im Mund und den Hut schief auf dem Kopf, auf den Anfang der Versteigerung. „Was halten Sie von denen?", fragte ein Mann ... „Nun", antwortete Haley und spuckte vor sich hin, „ich denke, ich werde auf die Männer und den Jungen bieten." „Man will den Jungen mit der alten Frau verkaufen!", sagte der Mann. „Das wird schwer sein! Sie ist ja nichts als ein altes Knochengerippe – nicht das Salz in der Suppe wert!" ... Ein halbes Dutzend Angebote wurden abgegeben ... Dann fiel der Hammer. Haley hatte gesiegt. Der Junge wurde seinem neuen Herrn übergeben.

Harriet Beecher-Stowe, Onkel Toms Hütte, Zit. nach Geschichte lernen, H. 81, 2001, S. 29. Bearb. v. Verf.

M 3

Sklaven auf einer Baumwollplantage, etwa 1784

1 Beschreibe mithilfe von M1 die Handelsströme, die zwischen Amerika, Afrika und Europa bestanden.

2 **a)** Arbeite heraus, welche Pflanzen und Tiere erstmals über den Atlantik gebracht wurden (M2, Darstellungstext).

b) Gestalte ein Schaubild, in dem du an den Pfeilen einträgst, welchen Weg die Waren nahmen.

3 Charakterisiere die Sklavenwirtschaft und den Umgang mit diesen (Darstellungstext, M3, M4).

4 **a)** Sicherlich ist dir die Arbeit mit M4 im Gegensatz zu Quellen und Darstellungen leichter gefallen. Begründe warum.

b) Beurteile die Belegbarkeit von Aussagen (Triftigkeit) im Roman M4.

Zusatzaufgabe: siehe S. 139

Die Kolonialisierung im historischen Urteil

Als am 12. Oktober 1992, dem sogenannten „Kolumbus-Tag", in vielen europäischen Ländern der Entdeckung Amerikas durch Kolumbus gedacht wurde, kritisierten dies die Indios heftig. Ihrer Meinung nach sollte man nicht von einer „Entdeckung" sprechen, sondern eher von „Invasion*", „Kolonisierung" oder sogar „Völkermord*".

- ***Wie wird die Kolonialisierung heute von Historikern bewertet?***

M 1 **Der Historiker Reinhardt Wendt über den Kolonialismus (2006):**

[Die] Kolonialherrschaft wurde immer wieder von Widerstand begleitet. In den Kernzonen war er zwar nicht erfolgreich, doch das Schwarz-Weiß-Bild von den einheimischen Opfern, die der Willkür kolonialer Täter wehrlos ausgeliefert gewesen seien, lässt sich nicht aufrechterhalten. Manche Bevölkerungsgruppen entdeckten durchaus Vorteile in einer Kooperation mit den Europäern. Da die vorkoloniale Zeit keineswegs frei von Gewalt und Unterdrückung war, fanden Spanier und Portugiesen immer wieder Verbündete. Von den ökonomischen Möglichkeiten, die Kontakte mit dem Westen boten, profitierten auch Einheimische. Für manche mag das Christentum plausiblere Antworten auf geistliche Probleme gegeben haben als vorkoloniale Glaubensvorstellungen. Westliches Wissen erwies sich nicht selten auch für einheimische Interessen als nützlich ... Am anderen Ende der Skala ist das Aussterben amerikanischer Völker zu beklagen, die dem Zusammenstoß mit den Europäern nichts entgegenzusetzen hatten.

Reinhard Wendt, Seit 1492: Begegnung der Kulturen, in: Anette Völker-Rasor (Hg.), Frühe Neuzeit, 2. Aufl., München (Oldenbourg) 2006, S. 81.

M 2 **Die Historikerin Claudia Schnurrmann über den Kolonialismus (2009):**

Der amerikanische Einfluss auf Europa erwies sich weniger spektakulär als die Aktionen, die Europäer in Amerika vollzogen hatten: Keine Indianer landeten in Sevilla oder London und suchten die Europäer zum Glauben an ihre Götter und Geister zu bekehren. Keine Indianer kamen ... nach Europa, um dort das Land zu bebauen, Städte zu zerstören oder Pelzhandel zu betrieben. Der Einfluss Amerikas auf Europa ... brauchte eine Weile, um sich durchzusetzen. Indigene [einheimische] amerikanische Nutzpflanzen wie Tabak, Mais oder Kartoffeln und in Amerika angebaute altweltliche Pflanzen wie Zuckerrohr, nach Europa gelieferte Waren wie Zucker, Reis und Kaffee veränderten Europa für immer. Der Anbau von Kartoffeln und Mais in Europa war von einschneidender Bedeutung für die Landwirtschaft ... Sie verbesserten nachhaltig die chronisch prekäre [schwierige] Ernährungslage in Europa und damit die Leistungsfähigkeit der europäischen Arbeiter und Bauern ...

Claudia Schnurmann, Europa trifft Amerika, Frankfurt a. M. (LIT) 2009, S. 175.

1 **a)** Fasse die Aussagen über die Folgen der Eroberung für Einheimische bzw. Europäer zusammen (M1, M2).
b) Vergleiche die Positionen und nimm begründet Stellung zu den beiden Auffassungen.

2 **Wähle eine Aufgabe aus:**
a) Nimm Stellung: Sollte von einer europäischen Entdeckung der Welt oder von einer Invasion durch die Europäer gesprochen werden?
b) Entwickle einen eigenen Vorschlag zur Bezeichnung der europäischen Entdeckung der Welt.
Tipp für beide: Beachte auch die Informationen der vorangegangenen Seiten.

Kolumbus-Tag
Die spanischsprachige Welt begeht jedes Jahr am 12. Oktober den „Kolumbus-Tag" (span. Día de la Hispanidad). Mit diesem Feiertag soll an die Entdeckungsreisen der Europäer und an die daran anschließende Kolonialherrschaft der Spanier erinnert werden.

Historische Verläufe darstellen

Bereits in der 5. Klasse hast du gelernt, in einem Sachtext vergangene Ereignisse darzustellen, indem du zeitliche Verläufe berücksichtigst. Wenn du aber ganze historische Entwicklungen beschreiben möchtest, musst du die Ereignisse in deinem Sachtext zusammenhängend darstellen. Dazu musst du historische Verläufe berücksichtigen.

- ***Die Arbeitsschritte zeigen dir, wie du historische Verläufe darstellst.***

Arbeitsschritte „Historische Verläufe darstellen“

Das Thema und den Schwerpunkt finden	**Lösungshinweise**
1. Wie lautet das Thema der Darstellung?	• *Wie konnte die Hochkultur der ... untergehen?*
Informationen sammeln, ordnen und in kurzen Stichpunkten notieren	
2. Suche nach Quellen und Darstellungen, die dir Informationen zu deinem Thema liefern.	• *Nutze die Seiten aus diesem Kapitel. Berücksichtige außerdem das Internet, Bücher, Zeitschriften und andere Darstellungen, z B. Geschichtskarten.*
3. Formuliere Fragen, die du dir selbst zu deinem Thema stellst. Notiere stichpunktartig Informationen, mit denen du deine Leitfragen beantworten kannst.	• *Sammle Informationen, z. B. zu: Wer entdeckte die Hochkultur der ...? Wie gingen die Entdecker mit ihnen um? Was waren die Folgen der Entdeckung? ...*
Die Darstellung gliedern und schreiben	
4. Die Einleitung • Es ist für einen Leser interessanter, wenn du erklärst, warum sich Leser mit dieser Thematik beschäftigen sollten.	• *„Diese Darstellung erläutert/informiert ...“* **Tipp:** Warum hast du dir das Thema ausgesucht?
5. Der Hauptteil • Formuliere aus deinen Informationen ganze, zusammenhängende Sätze. • Beachte, dass du Verlaufsformen deutlich machst: Was geschah wann und wo? Wie hingen die Ereignisse zusammen und warum geschah es? Achte auf die Chronologie* der Ereignisse.	• *z. B. „Wieso ging die Hochkultur der ... unter?“* • *„Bevor die Europäer Amerika entdeckten, ...“* • *„Die Europäer eroberten das Reich der ... und versklavten die ..., weil ...“* • ... **Tipp:** Achte darauf, ob du die Informationen belegen kannst. Nimm die Begriffe auf S. 157 zu Hilfe.
6. Der Schluss • Fasse das Wichtigste kurz zusammen.	• *„Zusammenfassend kann man sagen ...“* • ...

1 Verfasse mithilfe der Arbeitsschritte, der Karten S. 12 M1 und S. 28 M1 eine Darstellung, die über die Entdeckung, Kolonialisierung und Zerstörung einer der altamerikanischen Hochkulturen informiert.

Tipp: Beachte auch die Informationen auf den entsprechenden Seiten aus dem Kapitel.

2 **a)** Vergleicht eure Darstellungen.

b) Überarbeitet sie gegebenenfalls und stellt die Texte abschließend in der Klasse aus.

Historische Verläufe in einer Darstellung

Eine Darstellung muss chronologisch und zusammenhängend schlüssig aufgebaut sein, damit sie einen Sinn ergibt. Mit Verlaufsformen können historische Verläufe und Entwicklungen beschrieben und Zusammenhänge deutlich gemacht werden: Nach der Entdeckung folgte die Eroberung, die die Kolonialisierung und die Zerstörung der altamerikanischen Hochkulturen nach sich zog.

1400 | 1450 | 1500

europäisches Mittelalter

Beginn der Neuzeit in Europa

Ende des 13. Jh.–ca. 17. Jh. Renaissance und Humanismus: Erforschung von antiken Schriften

1000 v. Chr. – ca. 16. Jh. n. Chr. altamerikanische Hochkulturen

1453 Eroberung von Konstantinopel durch die Osmanen, Entstehung des Osmanischen Reichs; die Europäer suchen einen Seeweg nach Indien

1492 Entdeckung Amerikas durch Christoph Kolumbus
Beginn der Eroberung und Kolonisierung Süd- und Mittelamerikas

1494 Vertrag von Tordesillas zwischen Portugal und Spanien

1519 Eroberung der Azteken und Maya

Die europäische Entdeckung der Welt

Ursachen und Voraussetzungen der Entdeckungsfahrten

Die Entdeckung Amerikas durch Kolumbus war möglich durch den Wandel des Menschenbildes in der Renaissance* und die Wiederentdeckung geografischer Erkenntnisse der Antike. Seit den Kreuzzügen bestand ein Austausch zwischen dem christlich geprägten Europa und der islamisch-arabischen Welt. Über die arabische Herrschaft auf der iberischen Halbinsel flossen Kenntnisse der antiken Philosophen, deren Erbe im arabischen Raum gepflegt wurde, nach Europa. Auch das heliozentrische Weltbild – vom polnischen Priester und Astronom Nikolaus Kopernikus theoretisch begründet – basierte auf antiken Kenntnissen, die im arabischen Raum lebendig geblieben waren.
Eine weitere Ursache waren die technischen Erfindungen, wozu neue Messinstrumente (z. B. Kompass), ein neuer Schiffstyp (Karavelle) sowie exakte Seekarten gehörten.

Eroberung Konstantinopels 1453 und Entdeckung Amerikas durch Kolumbus 1492

Auf den ersten Blick haben die Eroberung Konstantinopels durch die Osmanen 1453, die Vollendung der Reconquista* durch das kastilisch-aragonische Königspaar 1492 und die Entdeckung Amerikas durch Kolumbus im selben Jahr nichts miteinander zu tun.
Dennoch: Das Ende der byzantinisch-oströmischen Phase in Konstantinopel, das fortan Istanbul hieß, versperrte den Europäern den Zugang zur Seidenstraße, dem Landweg in die ostasiatischen Handelsgebiete, aus denen Gewürze, Seide, Tiere, Tee, Kaffee und andere Luxusgüter nun über teure Zwischenhändler bezogen werden mussten. Daher suchte man nach einem neuen Handelsweg nach Indien oder China, um die durch die unterschiedlichen Zölle nahezu unerschwinglich gewordenen Waren direkt einkaufen zu können. Die Portugiesen fuhren entlang der afrikanischen Küste, Kolumbus suchte einen westlichen Weg.
Das spanische Königreich war der „Aufsteiger" unter den Ländern um 1500. Der Machtgewinn, der sich aus der Vertreibung der Muslime und der Anerkennung des Papstes – er verlieh Isabella und Ferdinand den Titel „Katholische Könige" – ergab, beflügelte ihren Ehrgeiz. Spanische Eroberungen und christliche Mission sollten nun in weiteren Regionen der Erde fortgesetzt werden. Erfolgreich konkurrierte Spanien mit Portugal, das über eine jahrhundertelange Seefahrertradition verfügte. Spanien unterstützte Kolumbus, der in Portugal vergeblich Förderer für seine Reise gesucht hatte.

Kolumbus

Als Kolumbus 1492 in Amerika landete, war er davon überzeugt, Westindien über den Seeweg erreicht zu haben. Er nahm das „entdeckte" Land stellvertretend für die spanische Krone in Besitz. Damit galten die Ureinwohner, die er „Indianer" nannte, nun als spanische Untertanen. Von Beginn an waren die Europäer der ideologischen Auffassung, dass die nicht christlichen Ureinwohner den christlichen Europäern untergeordnet sein müssten. Auf seiner zweiten Amerika-Fahrt gründete Vizekönig Kolumbus auf Haiti die erste spanische Stadt. Kolumbus' Lebensleistung ist bis heute umstritten: Dem Mut als Entdecker steht sein Wirken als Vizekönig bei der Unterdrückung und Versklavung der einheimischen Bevölkerung gegenüber.

1550 | 1600 | 1650

1543 Nachweis der heliozentrisch verlaufenden Planetenbahnen durch Nikolaus Kopernikus

16./17. Jh. Dreieckshandel zwischen Europa, Afrika und Amerika

1610 Galileo Galilei: Veröffentlichungen zum heliozentrischen Weltbild

1532 Eroberung der Inka

Folgen der Entdeckung Amerikas

Auf die Entdeckung der „Neuen Welt“ folgte bald die Eroberung und Kolonialisierung mittel- und südamerikanischer Gebiete durch die Spanier. In der Folge entwickelte sich dadurch ein weltweiter Handel, der als transatlantischer Handel bezeichnet wird. Heutige Historiker sprechen deshalb von der „ersten Globalisierung“ im 16. Jahrhundert.

Spanier und Portugiesen waren die ersten Herren in der „Neuen Welt“, sie waren aber nicht die letzten: Der Reichtum, der aus den überseeischen Kolonien floss, verhalf Spanien eine Zeit lang zu gefüllten Staatskassen und militärischer Macht. Andere Länder wollten an diesem Reichtum teilhaben. Die europäischen Seemächte England, Frankreich und Holland versuchten, selbst in der „Neuen Welt“ Fuß zu fassen. In Südamerika gelang es ihnen nicht, deshalb verstärkten sie ihren Einsatz in Nordamerika und gründeten dort Kolonien oder demonstrierten ihre militärische Stärke, wo immer sich die Gelegenheit bot.

Im Zuge des transatlantischen Handels kam es zur Ausbeutung zweier Kontinente: Die Bevölkerung Amerikas wurde durch Seuchen und Versklavung dezimiert. Die harte Arbeit auf den Plantagen und in den Bergwerken überforderte die Indios, die durch Krankheiten wie Masern, Pocken und Grippe geschwächt waren. So starben 1545 allein in der Umgebung Mexikos 400 000 Indios an den Pocken. Nach neuen Schätzungen lebten im Aztekenreich vor dem Einmarsch der Spanier ca. 25 Millionen Ureinwohner, 1568 waren es nicht mehr als drei Millionen. Die Kolonialherren zerstörten die mittel- und südamerikanischen Hochkulturen der indigenen Völker der Azteken, Maya und Inka. Diese verfügten zwar über eine hoch entwickelte Verwaltung und Kultur, den Europäern waren sie jedoch militärisch weit unterlegen. Die Herrschafts- und Gesellschaftsformen der altamerikanischen Kulturen waren so weit entwickelt, dass man auch von Hochkulturen sprechen kann.

Der transatlantische Handel hatte nicht nur Auswirkungen auf den amerikanischen Kontinent. Die Menschen des afrikanischen Kontinents wurden zu Sklaven gemacht und als Arbeitskräfte nach Amerika entführt. Der Sklavenhandel war somit eine direkte Folge des transatlantischen Handels. Gleichzeitig wurden Bodenschätze sowie andere afrikanische Erzeugnisse nach Europa abgeführt. Gleichwohl kreuzten Tiere und Pflanzen die Ozeane, so wurden zum Beispiel Pferde nach Amerika und Kartoffeln, Tomaten und Tabak nach Europa transportiert. Somit führte der Warenaustausch zu bis in die Gegenwart reichenden ökologischen Veränderungen in der Alten und Neuen Welt.

Mit dem Überseehandel entwickelten sich bedeutende Umschlagsplätze in ganz Europa, zum Beispiel in Hamburg, London, Amsterdam und Lissabon. Handelsgesellschaften ließen sich in diesen Städten nieder und errichteten einen Verwaltungssitz, von wo aus sie den Handel organisierten und überwachten. Aufgrund der neuen Form des Handels gelangten bürgerliche Großkaufleute, Kaufmannsfamilien und Banken zu großem Reichtum.

Heute werden die südamerikanischen Staaten als „Lateinamerika“ zusammengefasst. Dies ist auf die dortigen Landessprachen Spanisch und Portugiesisch zurückzuführen, die ihre Wurzeln im Lateinischen haben.

In diesem Kapitel konntest du folgende Kompetenzen erwerben:

- die europäische Entdeckung der Welt untersuchen und Darstellungen sinnbildend schreiben
- auf der Grundlage von Quellen mit verschiedenen Perspektiven die Zerstörung altamerikanischer Hochkulturen und deren Legitimation durch die Eroberer ideologiekritisch herausarbeiten
- mithilfe von Geschichtskarten die räumliche und zeitliche Ausdehnung der Entdeckungsfahrten im 15./16. Jahrhundert aufzeigen und dabei historische Verläufe beschreiben
- sich mit kontroversen Bezeichnungen der europäischen Entdeckung der Welt auseinandersetzen und einen eigenen Vorschlag entwickeln
- **Methode:** Historische Karten analysieren

Folgende Begriffe und Personen hast du kennengelernt:

- Entdeckungsreisen
- Eroberung
- Kolonialisierung
- Christoph Kolumbus
- Francisco Pizarro
- Hernán Cortés
- Azteken
- Maya
- Inka
- Zerstörung altamerikanischer Hochkulturen
- transatlantischer Handel
- Sklavenhandel
- Ideologie

1 Erkläre deinem Banknachbarn mithilfe der Begriffe und Personen den Verlauf und die Folgen der Entdeckungsreisen.

M 1

Kolumbus betritt am 12. Oktober 1492 auf der Bahama-Insel Guanahaní den amerikanischen Kontinent. Flugschrift, 1493

M 2

„Also nichts für ungut! Ich hab' Mist gebaut! Ich geb's ja zu!" Deutsche Karikatur von Klaus Pielert, 1992

M 3

Der Literaturwissenschaftler Salvador de Madariaga (1886–1978) schrieb in seiner Kolumbus-Biografie über die Ankunft der Seefahrer 1492:

Mit der Geduld von staunenden Kindern folgten sie den feierlichen Handlungen der fremden Zauberer bis zum Ende. Einige dieser Zeremonien waren freilich sehr langweilig und ganz und gar unverständlich. Eine von ihnen bestand darin, dass man Blätter, die aus Baumwolle gewebt schienen, aber steifer und zerbrechlicher waren als Stoff, mit der gespaltenen Feder eines Vogels bekratzte. Von Zeit zu Zeit wurde die Feder mit einem schwarzen geheimnisvollen Saft benetzt, den einer von ihnen in einem Horn bei sich trug, das ihm vom Gürtel hing. Die bleichen Eindringlinge schienen dieser Zeremonie besondere Bedeutung beizumessen, denn als alle Blätter schon mit schwarzen Kratzern bedeckt waren, nahmen die weißen Kaziken (Oberhaupt über ein indianisches Gemeinwesen) einer nach dem anderen Platz, um die geheimnisvolle Feder in die Hand zu nehmen, und jeder kratzte dann noch einmal auf das letzte Blatt. Der eine oder andere von ihnen brauchte dafür allerdings ungewöhnlich viel Zeit, und man konnte deutlich sehen, wie schwierig diese Arbeit für ihn war ... Dann war diese Zauberei beendet; Eingeborene und Fremde konnten nun eine bunte Gruppe bilden. Die Einwohner wunderten sich über die seltsamen Gegenstände, die ihnen die Weißen mit freundlicher Gebärde in die Hand drückten – bunte Münzen, Glasperlen, Messingglöckchen, deren heller Klang ihnen ganz neu war und sie entzückte ... Dann wiederum beobachteten sie mit Verwunderung, welches Interesse und Begier die goldenen Verzierungen erregten, die einigen eitlen Angehörigen des Stammes von der Nase hingen. Die Neulinge konnten ihre Augen kaum davon wenden, sie fühlten daran und wollten sogar versuchen, diesen Schmuck für sich zu bekommen. Sie schienen auch Gefallen am Tauschen zu haben, und so waren die Eingeborenen gern bereit, dabei mitzumachen. Papageien und Knäuel von Baumwollgarn wurden hingegeben, und im Tausch erhielten sie Glasperlen und Glöckchen.

Salvador de Madariaga, Kolumbus, Entdecker neuer Welten, Bern und München (Scherz Verlag) 1966, S. 267f. Übers. v. Raymond Berenger.

Methoden- und Interpretationskompetenz

1 a) Beschreibe die Flugschrift M1.
b) Vergleiche M1 mit dem Kupferstich von Theodor de Bry auf S. 22 (M1). Wie wird die Ankunft der Europäer jeweils dargestellt?

2 Vergleiche M3 mit M2 auf S. 23.
Tipp: Untersuche, ob in beiden Texten eine Wertung über das Verhalten der beschriebenen Personen enthalten ist. Stelle sie gegebenenfalls in einer Tabelle gegenüber.

Geschichte darstellen (narrative Kompetenz)

3 Verfasse mithilfe der Arbeitsschritte auf S. 35, der Karten S. 12 M1 und S. 28 M1 eine historische Darstellung, die die Entdeckungsfahrten im 15. und 16. Jahrhundert beschreibt.
Tipp: Berücksichtige dabei auch die Ursachen und technischen Voraussetzungen der Entdeckungsfahrten.

4 Diskutiere, warum die Verwendung von Verlaufsformen in Darstellungen für die Rekonstruktion von Geschichte wichtig ist.

Geschichte heute (geschichtskulturelle Kompetenz)

5 Nimm Stellung zu der Karikatur M2 aus Sicht der Ureinwohner.

6 **Gruppenarbeit:** Der kommende „Kolumbus-Tag" (span. Día de la Hispanidad) soll an eurer Schule Anlass für eine Podiumsdiskussion zur Bedeutung dieses Feiertags sein. Gestaltet dazu je ein Plakat aus der Sicht der Spanier und aus der Sicht der einheimischen Bevölkerung.
Tipp: Nutzt zur Gestaltung Bilder, Symbole und Informationen aus dem Internet und die Anleitung „Lernplakat" (siehe S. 158).

Webcode: FG643433-039
Selbsteinschätzungsbogen

2

Reformatoren verändern die christliche Welt

„Daher kann und will ich nichts widerrufen!“ – Das sind die Worte Martin Luthers auf dem Reichstag zu Worms, 1521. Die Szene hat ein Maler des 19. Jahrhunderts wiedergegeben: Hier verteidigt ein bis dahin unbedeutender Mönch seine Überzeugung vor den versammelten Fürsten des Reichs. Rechts, erhöht auf dem Thron, sitzt der junge Kaiser Karl V.

Wie stellte der Maler Hermann Wislicenus die Stimmung im Saal dar? Wie könnte der Auftritt Luthers vor dem Reichstag geendet haben?

Luther vor dem Reichstag in Worms, Wandmalerei von Hermann Wislicenus, 1879/1897

1400 | 1450 | 1500

um 1450 **Johannes Gutenberg entwickelt Drucktechnik mit beweglichen Buchstaben**

1492 Entdeckung Amerikas durch Christoph Kolumbus

1517 **95 Thesen Martin Luthers; Beginn der Reformation**

1524–1526 **Bauernkrieg**

1519–1531 **Ulrich Zwingli wirkt in Zürich**

Reformatoren verändern die christliche Welt

Auf der vorhergehenden Doppelseite hast du gesehen, wie Martin Luther, ein einfacher Mönch, vor dem Kaiser steht – ein außergewöhnliches Ereignis. Wie kam es dazu?

Luther, der anfangs nur die Missstände der katholischen Kirche bekämpfen wollte, begründete eine neue Glaubenslehre. Sein Wirken beendete die Einheit des christlichen Glaubens und förderte indirekt auch die Konkurrenz unter den Fürsten des Reichs. Vergeblich waren die Maßnahmen der katholischen Kirche und des Kaisers, die einer religiösen Spaltung entgegenwirken sollten. Als dieser Streit um den „rechten" Glauben begann, war nicht vorauszusehen, welche schwerwiegenden Folgen diese religiöse Auseinandersetzung für die Menschen und die Herrschaftsverhältnisse in Europa haben sollten. Sie mündete in einen dreißig Jahre dauernden Krieg und hinterließ Not und Elend in den zerstörten Gebieten.

- Wie handelten Persönlichkeiten in der Reformation?
- Warum kam es zur Kritik an der katholischen Kirche?
- Was unternahm Luther, um andere Menschen von seiner neuen Glaubenslehre zu überzeugen?
- Welche Konflikte wurden mit dieser neuen Lehre unter den Fürsten und in der Bevölkerung ausgelöst?

M 1

Staaten und Glaubensrichtungen in Europa um 1570

1550 | 1600 | 1650 | 1700

- **1545–1563 Konzil von Trient**
- **1535–1564 Johannes Calvin wirkt in Basel, Straßburg und Genf**
- **1555 Augsburger Religionsfrieden**
- **1618–1648 Dreißigjähriger Krieg**
- 1643–1715 Ludwig XIV. in Frankreich; Absolutismus
- **1648 Westfälischer Frieden**

M 2

Das Kirchenfenster in der Gedächtniskirche der Protestanten in Speyer (Rheinland-Pfalz) zeigt den sogenannten „Thesenanschlag" von Martin Luther im Jahr 1517. Foto, undatiert.

M 3

Die vier apokalyptischen Reiter, Holzschnitt von Albrecht Dürer, 1498. Albrecht Dürer deutet mit diesem Bild ein Schriftwort aus dem Neuen Testament. Die vier Reiter symbolisieren die Zeichen des nahenden Weltuntergangs: ein Reiter mit Bogen als Symbol für feindliche Eroberer (1); ein Reiter mit Schwert als Symbol für Kriege und Gewalt (2); ein Reiter mit einer Waage als Symbol für Hunger und Not (3); ein Reiter als Symbol für Angst, Krankheit und Tod (4).

M 4

Der Petersdom in Rom, Foto, 2016. Der Petersdom ist eine der größten und bedeutendsten Kirchen der Welt. Er wurde zwischen 1506 und 1626 errichtet.

1 Stelle die Informationen zusammen, die du aus der Karte M1 ablesen kannst. Kläre die Begriffe in der Legende der Karte mithilfe des Lexikons.
2 Informiere dich über das in M2 dargestellte Ereignis.
3 Finde drei Adjektive, die den Petersdom in Rom beschreiben (M4).
4 **a)** Betrachte das Bild (M3) des Renaissancekünstlers Albrecht Dürer und beschreibe die Stimmung, die darin zum Ausdruck kommt.
Tipp: Nutze die Bildlegende.
b) Notiere deine Vermutungen, warum das Bild gerade in dieser Zeit entstanden ist.

Der Ablasshandel: Das Geschäft mit der Angst?

Viele Menschen im Spätmittelalter waren fromm und gottesfürchtig: Eine gute Ernte, die Errettung vor Schicksalsschlägen wie Krankheit, Krieg und Tod, all das schrieben die Menschen dem Wirken Gottes zu. Deshalb versuchten sie ein gottgefälliges Leben ohne Sünde zu führen.

- ***Inwiefern nutzte die Kirche die christliche Volksfrömmigkeit und Ängste der Gläubigen aus und wie legitimierte sie ihr Handeln?***

Höllenangst oder: Wie kommt man ins Paradies?

Viele spätmittelalterliche Altarbilder führten den Kirchenbesuchern eindrücklich vor Augen, was sie am Ende der Welt, dem „Jüngsten Tag", erwartete. Die Prophezeiungen des Alten Testaments kündigen ein göttliches Gericht an, das nach dem Ende der Welt und der Auferstehung der Toten endgültig die Guten von den Bösen trennt. So wurde von der Kirche Angst vor dem Tod und dem Ende der Welt erzeugt und der Druck erhöht, ein Leben in Buße und Gottgefälligkeit zu führen. Während aber die Gläubigen von der Kirche stets aufgefordert wurden, für ihre Sünden zu büßen und gegen Zahlungen einen Nachlass der Sündenlast zu erreichen, führten viele Geistliche ein weltliches und prunkvolles Leben und vernachlässigten ihre geistlichen Aufgaben den Gläubigen gegenüber.

Das Geschäft der Kirche mit dem Ablasshandel

Gläubige, die eine Befreiung ihrer Sündenlast anstrebten, erreichten dies – so versprach die Kirche – durch das Verrichten guter Werke. Eine weitere Möglichkeit war die Teilnahme an einer Pilgerreise (Wallfahrt*) zu einer heiligen Stätte, wo Reliquien* verehrt wurden. Auch Geldzahlungen spielten zunehmend eine Rolle. Seit dem Hochmittelalter war es das Vorrecht des Papstes, Ablass zu gewähren, d.h. gegen die Zahlung einer bestimmten Geldsumme den Nachlass der Sündenstrafen zu versprechen. Ablassprediger wie der Dominikanermönch Johannes Tetzel zogen durchs Land und riefen „arme Sünder" zur Zahlung auf. Aus Angst kauften die Gläubigen die kirchlich ausgestellten Ablassbriefe, um den Erlass ihrer Sünden zu erreichen.

Der Petersdom – die größte Kirche in Europa

Ein großer Teil des eingenommenen Geldes floss nach Rom, wo die Päpste wie weltliche Herrscher prunkvoll residierten. Glanz und Strahlkraft des Papsttums sollten durch den Bau des neuen riesigen Petersdoms (siehe S.43, M4) hervorgehoben werden. 1506 wurde mit den Bauarbeiten begonnen, aber es dauerte mehr als ein Jahrhundert bis zur Fertigstellung. Zwanzig Päpste trieben den Bau voran, alle großen Künstler jener Zeit wurden an der Errichtung und Ausstattung beteiligt, Unsummen verschlang das Projekt, das durch den Ablasshandel* finanziert wurde.

M 1

Das Weltgericht von Stefan Lochner, um 1435. Mitteltafel des Altargemäldes für die Laurentiuskirche in Köln (heute: Wallraf-Richartz-Museum, Köln). Jesus (1) richtet über die aus ihren Gräbern auferstehenden Menschen. Maria (2) und Johannes der Täufer (3) sind Fürsprecher. 4 = Engel, 5 = Hölle, 6 = die Verlorenen, 7 = der Kampf, 8 = die Geretteten, 9 = der Himmel*

Kritik an der Kirche: Jan Hus

Gegen die Verschwendungssucht der Kirche wurde bereits im späten Mittelalter Kritik laut. Jan Hus (um 1370–1415), ein tschechischer Priester und Professor der Prager Universität, prangerte nicht nur den weltlichen Besitz der Kirche an, sondern auch den Ablasshandel und das weltliche Leben vieler Geistlicher. Er setzte sich unter anderem für eine strenge, gottgefällige Lebensweise ein. Auch die Einführung der tschechischen Landessprache im Gottesdienst war ihm wichtig, denn bisher hatten Gottesdienste nur in Latein stattgefunden – eine Sprache, die nur wenige verstanden. Die Kirche forderte ihn auf, seine Lehren zu widerrufen, doch er weigerte sich. Deshalb wurde er 1415 auf dem Konzil* von Konstanz als Ketzer*, also als Ungläubiger, der sich nicht an die kirchlichen Vorgaben hielt, verurteilt und auf dem Scheiterhaufen verbrannt.

M 2

Flugblatt zum Ablasshandel, Holzschnitt von Lucas Cranach dem Älteren (1472–1523), 1521

M 3

Der Historiker und Journalist Frank Otto stellt drei berühmte Päpste um 1500 vor:

Zum Beispiel *Papst Alexander VI.* (1492–1503), ... der sich die Stimmen der wahlberechtigten Kardinäle mit ungeheuren Summen ... erkauft. Alexanders Interesse gilt vor allem seinen sieben (vielleicht auch neun) Kindern, die er glänzend verheiratet und mit Fürstentümern ausstattet; seinen Sohn Cesare etwa macht er zum Erzbischof von Valencia – mit 17 Jahren, ohne dass dieser Priester ist.
Oder Julius II. (1503–1513), den die Italiener „Il Terribile" nennen, den Schrecklichen, weil er kein Seelsorger, sondern ein Kriegsherr ist, der sich nur um die Ausweitung der vatikanischen Macht kümmert; einen „Blutsäufer" wird Luther diesen Papst schmähen ... Schließlich Leo X. (1513–1521) ... Das kunstsinnige Kirchenoberhaupt verschenkt und verprasst während seiner Herrschaft im Vatikan 4,5 Mio. Dukaten. Das entspricht 15 Tonnen reinen Goldes ...

Frank Otto, Am Vorabend einer Revolution. In: Martin Luther und die Reformation (= GEO EPOCHE Nr. 39), Hamburg (Gruner und Jahr) 2009, S. 25.

1 **Wähle eine Aufgabe aus:**

a) Interpretiere das Altargemälde von Stefan Lochner nach den Arbeitsschritten auf S. 154.

b) Das Gemälde von Stefan Lochner kann man im Wallraf-Richartz-Museum in Köln besichtigen. Verfasse den Text für einen Audioguide, der über Einzelheiten sowie die Botschaft und Wirkung des Gemäldes informiert.

Tipp: Nimm die Arbeitsschritte „Eine Bildquelle interpretieren" auf S. 154 zu Hilfe.

2 **a)** Erläutere das Geschehen, das auf dem Holzschnitt M2 dargestellt ist (Darstellungstext).

b) Benenne den Standpunkt, den der Künstler zu dem gezeigten Geschehen einnimmt, und begründe deine Meinung.

3 Erstelle eine Liste der „Sünden", die die drei hier vorgestellten Päpste begangen haben (M3).

4 Erläutere, wie die Kirche mit den Ängsten der Gläubigen ein Geschäft machte (Darstellungstext).

5 Bewerte den Umgang der Kirche mit ihren Kritikern (Darstellungstext).

Webcode: FG643433-045
Film: Höllenangst und Seelenheil

Ein Mönch stellt sich gegen Papst und Kaiser: Warum gelingt ihm das?

Nach Jan Hus kritisierten immer mehr Geistliche die Kirche. Sie forderten Reformen und eine Abkehr von Vorleistungen als Voraussetzung göttlicher Gnade. Der Mönch Martin Luther war einer von ihnen. Mit seiner öffentlichen Kritik stellte er sich gegen Kaiser und Papst. Dies war für diese Zeit eigentlich unvorstellbar und gefährlich, wie das Schicksal von Jan Hus gezeigt hat (S. 45).

- ***Wie es Martin Luther gelang, kannst du mit A, B oder C beantworten.***

A

M 1

Wesentliche Stationen aus dem Leben Luthers:
Als Sohn eines Bergmannes 1483 in Eisleben geboren, besuchte Martin Luther Schulen in Mansfeld, Magdeburg und Eisenach. Er studierte zunächst Jura, trat aber dann 1505 ins Erfurter Augustiner-Eremitenkloster ein. Nach der Promotion zum Doktor der Theologie lehrte er als Professor für Bibelauslegung in Wittenberg. Luther kritisierte den Ablasshandel der römischen Kirche. Durch Flugschriften verbreitete sich seine Kritik in Form von 95 Thesen sehr rasch, weshalb der Papst ihm den Kirchenbann[1] androhte. Doch Luther ließ sich nicht umstimmen und verbrannte öffentlich die Bannandrohungsurkunde. Daraufhin folgte der endgültige Ausschluss Luthers aus der Kirche. Nach einer letzten Anhörung (siehe S. 40/41) sprach Kaiser Karl V. auf dem Reichstag zu Worms 1521 die Reichsacht[2] über ihn aus. Kurfürst Friedrich von Sachsen ließ Luther auf die Wartburg bei Eisenach in Sicherheit bringen, wo dieser als „Junker Jörg" versteckt das Neue Testament ins Deutsche übersetzte. Nach seiner Rückkehr von der Wartburg (bei Eisenach) 1522 und weiterhin unter dem Schutz des sächsischen Kurfürsten stehend, heiratete Luther die ehemalige Nonne Katharina von Bora, mit der er später sechs Kinder hatte. Im sächsischen Wittenberg lebte und lehrte Martin Luther viele Jahre. 1534 erschien seine Übersetzung der gesamten Bibel in deutscher Sprache. Bis zu seinem Tod 1546 arbeitete er an der Festigung der entstehenden evangelischen Kirche.
Vom Verfasser zusammengestellt.

[1] *schärfste Strafe der Kirche bei Abweichen von der rechten Lehre: vollständiger Ausschluss aus der christlichen Gemeinschaft (= Exkommunikation)*
[2] *Bei schweren Vergehen konnte der König oder ein von ihm beauftragter Richter den Täter ächten. Dieser war damit aus der Gesellschaft ausgestoßen.*

M 2

„Martin Luther in seinem fünfzigsten Lebensjahr", Gemälde von Lucas Cranach d. Ä. (1472–1553)

1 Stelle mithilfe von M1 dar, welche Auswirkungen Luthers Kritik auf sein Leben hatte.
2 Erkläre, wie Martin Luther auf dem Gemälde (M2) auf den Betrachter wirkt. Beziehe dabei die Entstehungszeit und die Informationen aus M1 ein.

Filmtipp
„Luther", Regie: Eric Till, Deutschland 2003. Der Historienfilm zeigt eindrucksvoll die wichtigsten Stationen im Leben Luthers.

B

M3 **Auszüge aus den 95 Thesen Martin Luthers gegen den Ablasshandel, 1517 in deutscher Sprache veröffentlicht:**

5. Der Papst will und kann nicht irgendwelche Strafen erlassen, außer denen, die er nach dem eigenen oder nach dem Urteil von Kirchenrechtssätzen auferlegt hat ...

21. Es irren daher diejenigen Ablassprediger, die da sagen, dass ein Mensch durch Ablässe des Papstes von jeder Strafe gelöst und gerettet werde ...

23. Wenn überhaupt irgendein Erlass aller Strafen jemandem gewährt werden kann, dann ist gewiss, dass er nur den Vollkommensten, d. h. den Allerwenigsten gewährt werden kann.

24. Unausweichlich wird deshalb der größte Teil des Volkes betrogen durch jene ... Zusage erlassener Strafe ...

27. Lug und Trug predigen diejenigen, die sagen, die Seele erhebe sich aus dem Fegefeuer, sobald die Münze klingend in den Kasten fällt ...

36. Jeder wahrhaft reumütige Christ erlangt vollkommenen Erlass von Strafe und Schuld; der ihm auch ohne Ablassbriefe zukommt.

http://www.ekd.de/glauben/95_thesen.html (Stand: 20. 10. 2016)

M4

Luther verkündet seine Thesen in Wittenberg. Lutherdenkmal in Worms, Foto, 2011

1 Erarbeite aus den Thesen Luthers (M3) seine Gründe für die Ablehnung des Ablasshandels.

2 Stelle mithilfe von M3 und M4 Vermutungen an, welche Wirkung die öffentliche Verkündung der Kritik an der Kirche auf die Bevölkerung hatte.
Tipp: Bedenke, dass die meisten Menschen der damaligen Zeit nicht lesen und schreiben konnten.

C

M5 **Der Historiker Volker Leppin über Martin Luther (2006):**

In Worms hatte der Kaiser über Luther die Reichsacht[1] verhängt und ihn damit für „vogelfrei"[2] erklärt ... In einer berühmt-berüchtigten Szene wurde [Luther] am 4. Mai in der Nähe von Eisenach von einigen Männern überfallen, die ihn im Auftrag des Kurfürsten Friedrich des Weisen auf die Wartburg bringen sollten. So konnte der Kurfürst ihn schützen, ohne sich öffentlich hierzu bekennen zu müssen. Luther lebte die nächsten zehn Monate als Junker Jörg verkleidet auf der Wartburg.

Volker Leppin, Martin Luther, Darmstadt (Wissenschaftliche Buchgesellschaft) 2006, S. 181.

[1] *Bei schweren Vergehen konnte der König bzw. Kaiser oder ein von ihm beauftragter Richter den Täter ächten. Dieser war damit aus der Gemeinschaft ausgestoßen.*

[2] *Jeder konnte ihn ermorden, ohne dafür bestraft zu werden.*

M6

Bibelübersetzung auf der Wartburg unter dem Schutz des sächsischen Kurfürsten und Predigt der neuen Lehre, Lutherdenkmal in Worms, Foto, 2014

1 Erläutere anhand von M5, wie sich Luthers Leben durch seine Kritik an der römischen Kirche veränderte.

2 Begründe mithilfe von M5 und M6, warum es Martin Luther gelang, seine neue Lehre zu verbreiten.

Aufgabe für alle:

a) Diskutiert in der Klasse die Gründe für den Erfolg von Luthers Widerstand gegen Kaiser und Papst.

b) Entscheidet, welcher für euch der wichtigste Grund war, und beantwortet die Frage in der Überschrift.

Die Reformation: Wie wird aus dem Protest Luthers eine neue Konfession?

Luther – gebannt und geächtet, ohne Schutz und Rückhalt. Es war ein großes Glück für ihn, dass der sächsische Kurfürst Friedrich von Sachsen ihm auf der Wartburg Sicherheit bot. Obwohl der Kurfürst selbst sehr fromm gewesen war, erkannte auch er die Reformbedürftigkeit der katholischen Kirche.
- *Was waren die reformatorischen Kerngedanken Luthers?*
- *Wie verbreitete sich die neue Konfession im gesamten Reich?*

Was lehrte Martin Luther?

Durch seine Kritik an der Kirche wollte Martin Luther eigentlich keine neue Glaubenslehre gründen, sondern die katholische Kirche reformieren. Er verfasste zahlreiche Schriften, die dann aber doch zur Grundlage für die neue Konfession* wurden.

Zu den Kerngedanken Luthers gehörte eine grundlegende Christuszentrierung. Diese besagt, allein Jesus Christus habe durch seine Selbstopferung am Kreuz die sündigen Menschen erlöst. Er lehrte, dass der Mensch nur im Glauben zu Gott dessen Gnade erfahren könne. Nicht eine Vielzahl religiöser Pflichten und Handlungen, wie es die katholische Kirche als Voraussetzung göttlicher Gnade vorschrieb, sondern die unmittelbare Beziehung zu Gott bildete den Kern der lutherischen Lehre. Demnach brauchte man nach Luther die Kirche als vermittelnde Instanz nicht mehr. Vielmehr dient die Bibel, vor allem die vier Evangelien* im Neuen Testament, als unmittelbare Orientierung für die Gläubigen, die sich von nun an „evangelisch" nannten. Die Evangelien berichten über das Leben, die Taten und die Botschaften Jesu Christi an die Menschen. Luther behauptete, dass Papst und Konzile* sich irren könnten und dass allein das Wort der Bibel verbindlich sei. Zu den Inhalten der lutherischen Glaubenslehre gehörte auch das „Priestertum aller Gläubigen". Für Luther gab es keinen Unterschied zwischen einem Geistlichen und einem Laien*: Jeder Mensch wurde durch die Taufe zum Verkünder von Gottes Wort.

Luther übersetzte die Bibel ins Deutsche

Wegen der wesentlichen Bedeutung der Evangelien begann Luther noch auf der Wartburg, das Neue Testament ins Deutsche zu übersetzen. Bis dahin war die Bibel meist nur in Latein, der Sprache der Gelehrten, gedruckt worden. Wenn die Bibel den Gläubigen aber als Orientierung dienen sollte, wie Luther es verlangte, so mussten alle die Inhalte auch verstehen können. Damals gab es zwar noch keine einheitliche deutsche Sprache, Luther gelang es aber, für seine Übersetzung eine Wortwahl zu finden, die alle verstanden.

Wie verbreitete sich die Lehre?

Unter dem Schutz des Kurfürsten bildeten sich in Sachsen die ersten evangelischen Gemeinschaften, die nach den Regeln Luthers leben wollten. Die Gemeindemitglieder wählten nun die Pfarrer, und den Gottesdienst feierte man in deutscher Sprache statt in Latein. Wie in Sachsen duldeten immer mehr Landesherren diese Reformgemeinden oder sorgten für deren Verbreitung. Damit entstanden – losgelöst von Rom – Landeskirchen, deren Oberhaupt die jeweiligen Landesfürsten wurden. Sie nahmen als weltliche Herrscher die Funktion eines geistlichen Landesbischofs ein und gaben für ihr Territorium eine eigene Kirchenordnung* heraus. Die Landesherren kümmerten sich nun um die Neugestaltung der Gottesdienste, die Versorgung der Pfarreien mit gut ausgebildeten Pfarrern und um die Erneuerung des Schulwesens. Die Verwaltung der Kirche wurde Teil der Staatsverwaltung („Landesherrliches Kirchenregiment"). Als Kaiser Karl V. 1529 auf dem Reichstag in Speyer diese bis dahin von ihm geduldeten Veränderungen verbieten wollte, protestierten die reformatorischen Landesherren und Städte dagegen. Sie wurden deshalb von nun an „Protestanten" genannt.

M 1

Laienprediger waren einfache Menschen und keine ausgebildeten Priester. Sie zogen umher und verkündeten Luthers Lehre. Holzschnitt, 1525, nachkoloriert

Die Reformation im heutigen Sachsen-Anhalt

In Wittenberg hatte Martin Luther 1517 seine 95 Thesen veröffentlicht. Dort entstand auch die erste evangelische Gemeinde. Die Universität Wittenberg bildete von nun an evangelische Pfarrer aus. Zahlreiche Mönche und Nonnen traten aus den Klöstern aus. Viele von ihnen heirateten und gründeten Familien, da ihnen dies nun erlaubt war.

Gleichzeitig wuchs jedoch auch der Widerstand der katholischen Kirche. Der Erzbischof von Magdeburg und Mainz, Kardinal Albrecht, sah seine Lieblingsresidenz Halle von der Reformation bedroht und wollte daher die Stadt zu einem katholischen Gegenstück des evangelischen Wittenberg ausbauen. Dennoch breitete sich die neue Lehre immer weiter im Land aus. Magdeburg bekannte sich 1524 als erste große Stadt zur Reformation. In den Folgejahren bekannten sich Barby (1526), Blankenburg-Regenstein (1530) oder Stolberg und Wernigerode (1538) zur Reformation. 1541 wurde auch in Halle die Reformation eingeführt und Kardinal Albrecht verließ die Stadt.

M 2

Mit Einführung der Reformation gab sich die Stadt Wittenberg 1522 die folgende neue Kirchenordnung:

1. Zunächst wurde einhellig beschlossen, dass alle Einkünfte der Gotteshäuser, Priesterschaften und Zünfte zusammen in eine gemeinsame Kasse gebracht werden ...

10. Ebenso sollen aus der gemeinsamen Kasse arme Waisen – besonders Jungfrauen – und sonstige armer Leute Kinder in gemessener Weise unterstützt werden ...

13. Ebenso sollen auch die Bilder und Altäre in der Kirche entfernt werden, um Abgötterei zu vermeiden ...

15. Auch soll man besonders darauf achten, dass Kinder armer Leute, die zu Schule und Studium geschickt sind und doch der Armut wegen nicht dabei bleiben könnten, die Mittel erhalten, damit man allezeit gelehrte Leute habe, die das heilige Evangelium und die Schrift predigen, und dass auch im weltlichen Regiment an geeigneten Leuten kein Mangel sei.

Zit. nach Helmar Oberman (Hg.), Kirchen- und Theologiegeschichte in Quellen, Bd. 3, Neukirchen (Neukirchener Verlag) 1981, S. 128.

Reformation (lat. Umgestaltung, Erneuerung)
Erneuerungsbewegung ausgehend von Reformatoren wie Martin Luther, die eine Reform der katholischen Kirche anstrebte, letztlich aber in die Begründung der evangelischen Kirchen mündete. Kerngedanke: Glaube und Heilssuche in der persönlichen Beziehung zu Gott.

Landeskirchen
Evangelische Kirchen unter der Aufsicht eines weltlichen Landesfürsten, der in evangelischen Territorien an die Stelle der Bischöfe trat. Allmählich bildete sich unterhalb des Fürsten eine evangelische Kirchenbehörde, die Angelegenheiten der evangelischen Landeskirche regelte.

1 Fasse die reformatorischen Kerngedanken Luthers zusammen (Darstellungstext, Begriffskasten).

2 **Wähle eine Aufgabe aus:**

a) Erstelle mithilfe des Darstellungstextes eine Liste von Gründen für die Ausbreitung der Lehre Luthers.

b) Ordne die Gründe für die Ausbreitung der Lehre Luthers nach Wichtigkeit. Begründe deine Meinung.

3 Erkläre, warum Laienprediger die Menschen oft besser als Geistliche ansprechen konnten (M1).

4 Erstelle eine Zeitleiste zur Ausbreitung der Reformation im heutigen Sachsen-Anhalt (Darstellungstext).

5 **Gruppenarbeit:** Eine Stadt will sich 1520 der Reformation anschließen. Diskutiert auf Basis des Darstellungstextes sowie M2, was in der Gemeinde und in der Kirche geändert werden muss. Erstellt gemeinsam eine „To-do-Liste“.

6 Beurteile die Bedeutung eines „Landesherrlichen Kirchenregiments“ (Darstellungstext Z. 51 ff.) für den Machtausbau der evangelischen Landesherren.

Webcode: FG643433-049
Martin Luther und die Reformation

Zwingli und Calvin: Reformatoren auf den Spuren Luthers?

Wichtig für die Ausbreitung der evangelischen Lehre war auch das Auftreten weiterer Reformatoren. Hierzu gehörten vor allem Ulrich Zwingli in der Schweiz und Johannes Calvin in Frankreich. Sie hörten von Luthers Lehren und setzten sich intensiv damit auseinander.

- ***Welche Überzeugungen teilten sie mit Luther und worin unterschieden sie sich?***
- ***Wie beeinflussten sie die Verbreitung der Reformation?***

Die Reformation in Zürich

Es ist sicher belegt, dass Ulrich Zwingli (1484–1531) katholischer Priester war und dass er die Gedanken Luthers teilte. Er war ebenfalls ein Kritiker der katholischen Kirche. Zwingli wirkte ab 1519 in Zürich und errang ab 1523 mit seinen Anhängern die religiöse Mehrheit in der Stadt. Ähnlich wie für Luther nahm für Zwingli die Bibel eine zentrale Stellung als Vermittlerin zwischen Gott und den Menschen ein. Er lehnte Regeln ab, die dem Wortlaut der Bibel widersprachen. Dazu gehörten beispielsweise das Fasten und die Ehelosigkeit der Priester. Auch war er gegen die Verehrung von Heiligen und die damit verbundene Anbetung von Bildern. Das hatte zur Folge, dass im Zuge der Reformation alle Bilder aus den Kirchen entfernt wurden. Ein Unterschied zwischen der Lehre Luthers und der Zwinglis bestand in der Auffassung des Abendmahls. Während nach Luther Jesus Christus in Brot und Wein leiblich anwesend sei, war das Abendmahl für Zwingli nur eine symbolische Handlung. Im Streit um das Abendmahl konnte keine Einigung erzielt werden und es kam zur Trennung der Reformationsbewegung. Luthers Anhänger wurden in der Folge „Lutheraner“ und die Anhänger Zwinglis und später Calvins „Reformierte“ genannt.

Frankreich verfolgt die Protestanten

Am 1. November 1533 musste sich ein junger Mann mithilfe zusammengeknoteter Leinentücher aus einem Fenster retten. Was war geschehen? Der Mann hieß Johannes Calvin (1509–1564). Grund für seine Verfolgung war, dass er die lutherische Lehre im katholischen Frankreich anpries und verlangte, dass reformierte Gläubige in Frankreich akzeptiert werden sollten. Damit stieß er bei den Katholiken auf Widerstand, weshalb er aus Paris fliehen musste. Calvin kehrte später zurück, musste 1534 jedoch erneut fliehen, da das französische Parlament Protestanten verfolgen und hinrichten ließ. Er wirkte vor allem in Basel, Straßburg und Genf.

Was lehrte Calvin?

Johannes Calvin wurde sowohl von Luther als auch von Zwingli beeinflusst. Bereits während seines Studiums war er mit der lutherischen Lehre in Berührung gekommen und hatte begonnen, sich intensiv mit ihr zu beschäftigen. Er stimmte in grundsätzlichen Glaubensfragen mit Luther überein. In einigen Punkten wichen seine Ansichten jedoch von Luthers Lehre ab. Er war überzeugt, dass Gott jeden Menschen von Geburt an entweder auserwählt oder verdammt hatte. Auserwähltheit, so Calvin, zeige sich am beruflichen Erfolg und Reichtum im irdischen Leben. Auch er forderte die Verbannung aller Bilder aus den Kirchen und Vergnügungen wie Kartenspiel und Tanz unter Strafe zu stellen. Besondere Bedeutung kam Calvins Lehre vom Widerstandsrecht zu. Danach war aktiver Widerstand von Amtsträgern gegen eine Obrigkeit Pflicht, wenn diese das Evangelium unterdrückte und calvinistische Christen verfolgte. In der Frage des Abendmahls folgte Calvin Zwingli und wich damit ebenfalls von Luthers Auffassung ab.

Die calvinistische Kirche entsteht in Genf

In Genf baute Calvin mit seinen Anhängern ein Kirchenwesen nach seinen Vorstellungen auf. Dabei gestaltete er das gesamte öffentliche und private Leben nach seiner Lehre um. Er entwarf eine strenge Kirchenordnung, die eine Überwachung der einzelnen Gemeindemitglieder und harte Strafen vorsah, wenn ihr Verhalten von den Regeln abwich. Menschen aus ganz Europa kamen nach Genf und studierten Calvins Lehre. Viele gründeten dann in ihrer Heimat nach dem Vorbild Genfs eigene Gemeinden: die „reformierten Gemeinden“. Der Calvinismus hatte dadurch großen Einfluss auf die Reformation in den Niederlanden, in England und in Schottland. In Frankreich hießen die Calvinisten „Hugenotten“. Sie gewannen viele Anhänger. Aber erst 1598 gestand ihnen der französische König Heinrich IV. nach blutigen Verfolgungen Glaubensfreiheit zu.

Webcode: FG643433-050
Zwingli und Calvin

M 1 *Szene aus einem calvinistischen Gottesdienst in Lyon, Gemälde eines unbekannten Künstlers, 16. Jh.*

M 2 *Szene aus einer katholischen Messe, Gemälde, 17. Jh.*

M 3

Das Licht ist auf den Kerzenständer gestellt, Holzstich aus Amsterdam, ca. 1620–1650. Erläuterung: Zu sehen sind Reformatoren aus verschiedenen Ländern, die sich jedoch in dieser Zusammensetzung nicht begegnet sind. 1 = Jan Hus, 2 = Martin Luther, 3 = Ulrich Zwingli, 4 = Johannes Calvin. In der Mitte ist eine Kerze als Symbol des wahren Glaubens aufgestellt. Im Vordergrund versuchen ein Kardinal, der Teufel, ein Papst und ein Mönch vergeblich, das Licht der Kerze auszupusten.

1 **Wähle eine Aufgabe aus:**

a) Arbeite wesentliche Merkmale der Lehren Calvins und Zwinglis heraus (Darstellungstext)

b) Vergleiche die Lehren von Calvin und Zwingli mit der Luthers und halte Gemeinsamkeiten und Unterschiede in einer Tabelle fest.

2 **a)** Beschreibe die Unterschiede zwischen dem calvinistischen Gottesdienst und der katholischen Messe (M1, M2).

Tipp: Achte auf: Bauweise, Baumaterial, Ausstattung des Raumes, Kleidung der Menschen

b) Begründe diese Unterschiede mit Calvins Lehre.

Tipp: Nimm den Darstellungstext zu Hilfe.

3 **Methode:** Untersuche M3 mithilfe der Arbeitsschritte „Eine Bildquelle auswerten“ auf S. 152.

4 **Partnerarbeit:** Diskutiert, ob es eine Reformation oder mehrere Reformationen gab.

Wie wirkte sich die Erfindung des Buchdrucks aus?

Die Erfindung des Buchdrucks mit beweglichen Lettern (Buchstaben) ließ Luthers Bibelübersetzung zum ersten „Bestseller" der Frühen Neuzeit werden. Für jedes der heute noch erhaltenen 48 Exemplare dieser kostbaren Erstauflage würden Kunstsammler ca. 20 Millionen Dollar zahlen. Auf diesen beiden Seiten kannst du erarbeiten, wie ein Buchdrucker um 1500 sein Handwerk ausübte. Du erfährst nicht nur, wie die neue Glaubenslehre durch den Buchdruck in ganz Europa rasch bekannt wurde, sondern auch, wie sich die Informationswelt generell veränderte.

Die Gutenberg-Bibel

Der Erfinder des Buchdrucks mit beweglichen Lettern, Johannes Gutenberg (um 1400–1468), wurde in Mainz geboren. Mit geliehenem Geld und in einer langen Vorbereitungszeit trieb er hier seine Experimente mit in Blei gegossenen Buchstaben voran. Mindestens 60 000 solcher Einzellettern mussten vorhanden sein, damit man ein umfangreiches Werk wie die Bibel zügig und reibungslos herstellen konnte. Die erste Gutenberg-Bibel erschien 1455. Zur Finanzierung dieses kostenaufwendigen Vorhabens, das in zwei Bänden mit jeweils über 600 Seiten geplant war, versuchte der hochverschuldete Gutenberg Einnahmen aus schnell erstellten Druckerzeugnissen wie Ablassbriefen oder Flugschriften zu erzielen. Den Erfolg seines Unternehmens erlebte Gutenberg nicht mehr. In einem Prozess verlor er seine Druckerei und die fertigen Bibeln. Er wurde sogar aus Mainz vertrieben.

M 1

Druckerwerkstatt im 16. Jh., Kupferstich von Jan Stradanus

M 2

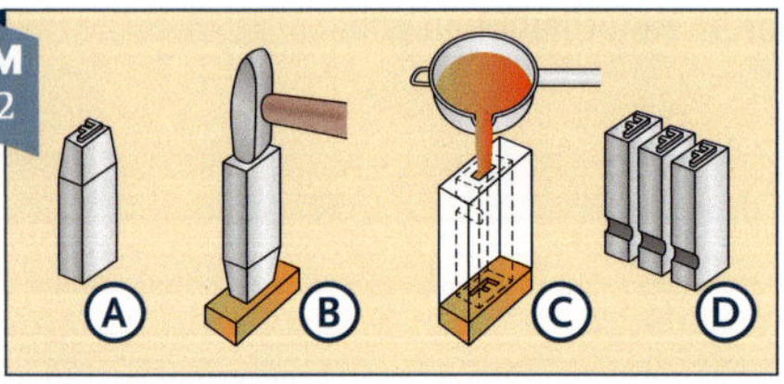

Das Gießen von Lettern nach dem Gutenberg-Verfahren, Rekonstruktionszeichnung, 1997

Eine Medienrevolution

Die Jahrhunderterfindung löste eine Buchproduktion in Serie aus, die bisher nicht vorstellbar schien. Gedruckte Bücher konnten günstiger und schneller produziert werden, und so sank auch der Verkaufspreis: Musste man für ein handgeschriebenes Exemplar der Bibel noch das Jahreseinkommen eines Handwerkers von 300 bis 400 Gulden bezahlen, so kostete die gedruckte Bibel 25 bis 40 Gulden, den Preis für zwei Pferde. Auch die vielen Flugschriften, die nur einige Seiten umfassten, waren rasch erstellt und konnten billig erworben werden. Gutenbergs Erfindung wirkte revolutionär und betraf alle Bereiche der Gesellschaft: Kultur, Religion, Wirtschaft und Politik. Die weitreichende Kritik, die 1517 die Reformation auslöste, wäre ohne die massenhafte schriftliche Verbreitung von Luthers Ideen und der deutschen Bibelübersetzung undenkbar.

Die Nachfrage nach Büchern war enorm; schon um 1500 gab es in Europa mehr als 1120 Druckereien in den großen Städten. Bücher waren jetzt nicht mehr nur Geistlichen und Reichen vorbehalten, sondern wurden zu Trägern der neuen Bildung und Wissensspeicherung.

Die Universitäten* erfuhren europaweit einen großen Aufschwung. Neue Ideen erreichten auch die einfache Bevölkerung.

Des Weiteren entstanden neue gesellschaftliche Eliten, vor allem das reiche Bürgertum, die auf mehr Macht und Einfluss durch bessere Informationsmöglichkeiten hofften. Dies war eine erste Medienrevolution, die vergleichbar ist mit der digitalen Revolution, die wir heute erleben. Sowohl damals wie heute erweiterte sich der Kommunikationsraum um ein Vielfaches.

M3

Verbreitung des Buchdrucks und Universitätsgründungen

1 Beschreibe mithilfe von M1 und M2 die Buchherstellung im 16. Jahrhundert. Ordne dabei folgende Tätigkeiten den Nummern in M1 zu: Setzen, Sortieren, Korrekturlesen, Trocknen, Drucken, Schwärzen, Einlegen.

2 Untersuche, wie sich die Informationsvermittlung durch die Erfindung des Buchdrucks veränderte.

3 Stelle anhand der Karte (M3) dar, wie sich der Buchdruck in Europa ausbreitete.

4 Beurteile, ob die folgenden Aussagen zutreffend sind, und begründe dein Urteil:

a) Die Verbreitung des Buchdrucks, also die Medienrevolution, sorgte für eine Bildungsrevolution.

b) Die Lehren und Schriften der Reformatoren (siehe S. 48 ff.) konnten nur infolge des Buchdrucks ein so großes Publikum erreichen.

c) Die vielfältigen Informationen via Buch oder Flugschriften sorgten dafür, dass Menschen kritischer wurden, sowohl gegenüber der Kirche als auch gegenüber den Herrschenden.

Zusatzaufgabe: siehe S. 140

Ein Flugblatt untersuchen und deuten

Vor Jahrhunderten, als nur wenige Menschen lesen und schreiben konnten, war die Übermittlung von Informationen in Form von Bildern besonders wichtig. Im Lauf der Reformation entstand eine Flut von Flugblättern mit Spottbildern, mit denen für den eigenen Glauben geworben oder die jeweils andere Glaubensseite verspottet wurde.

- ***Untersuche Flugblätter aus der Reformationszeit, indem du die Informationen und Arbeitsschritte nutzt.***

Was sind Flugschriften oder Flugblätter?

Eine Flugschrift umfasste mehrere Seiten, war aber nicht wie ein Buch gebunden. Luthers Verteidigungsrede vor dem Kaiser in Worms (1521) war auf diese Weise im gesamten Reich verbreitet worden. Wenn nur eine Einzelseite gedruckt wurde, nannte man dies Flugblatt. Auch heute noch werden Flugblätter und Flugschriften eingesetzt, um beispielsweise politische Meinungen zu verbreiten. Ein Flugblatt enthielt im 16. Jahrhundert meist nur wenig Text, dafür aber ein großes sogenanntes Spottbild. Damit versuchte man die Öffentlichkeit zu beeinflussen. Umherziehende Händler verkauften Flugblätter vor Kirchen und an öffentlichen Plätzen. Vor allem diese Einblattdrucke richteten sich an ein Publikum, das vermutlich nie lesen gelernt hatte. Durch spöttische Übertreibungen wurde versucht, die Gegenpartei lächerlich zu machen und damit für die eigene Sache zu werben.

Herstellung und Bildsprache

Die von Johannes Gutenberg in der Mitte des 15. Jahrhunderts entwickelte Drucktechnik führte zu einer hohen Auflage und überregionaler Verbreitung vor allem von Flugblättern. Neue Gedanken konnten rasch verbreitet werden, ohne dass die Leser z. B. an einer Predigt Luthers direkt teilnehmen mussten. Viele Symbole, die damals verwendet wurden, um den Zeitgenossen das Verständnis zu erleichtern, können wir auch heute noch deuten. Beliebt waren Teufelsfiguren mit Krallenpfoten sowie Tierdarstellungen mit eindeutiger Zuschreibung (Esel = Dummheit, Schaf = Folgsamkeit, Wolf = Gefräßigkeit und Gier, Hahn = Teufel). Andere Symbole setzen dagegen spezielle Kenntnisse über die Zeit voraus, wie z. B. die Ablassbriefe, die als Stück Pergament mit vielen Siegeln auf zahlreichen Flugblättern um 1500 zu sehen sind.

Webcode: FG643433-054
Flugblätter in der Reformation

M 1

Das Flugblatt zeigt Papst Alexander VI. (1492–1503). Anonymer Künstler, um 1500

1 „Ich bin Papst."
2 Henkerseil und Folterwerkzeug
3 Tiara = dreifache Papstkrone
4 Krallenhände

Arbeitsschritte „Ein Flugblatt untersuchen und deuten“

Angaben zum Bild machen	Lösungshinweise zu M1
1. Ist der Künstler bekannt? Wie lautet sein Name?	• *Der Künstler ist …*
2. Wann und wo wurde das Flugblatt hergestellt?	• *Der Zeitpunkt und Ort sind unbekannt.*
3. Wie lautet der Titel und/oder die Bildunterschrift?	• *„Ego sum Papa.“ = („Ich bin Papst.“) – Gemeint ist Papst Alexander VI.*
Text- und Bildelemente beschreiben	
4. Wer oder was wird dargestellt? Beschreibe: • dargestellte Personen (Kleidung, Aussehen, Mimik, Gestik) • Gegenstände • Hintergrund und Farbgebung	• *Die dargestellte Figur ist ein Mischwesen aus Mensch und Tier. Das erkennt man am …* • *Auf dem Kopf …* • *Auf der Brust ist das Gesicht eines Geiers zu erkennen.* • *In der rechten Hand hält …*
5. Wie ist das Verhältnis der dargestellten Personen? (Größenunterschiede, Gesten, Blickrichtungen)	• *Es wird nur eine Person abgebildet.*
6. Gibt es einen weiteren Text? In welcher Beziehung stehen Text und Bild zueinander?	• …
Bild- und Textelemente deuten	
7. Welche Symbole werden verwendet und wofür stehen sie?	• *Das Mischwesen soll den Papst darstellen. Dies ist zu erkennen an …*
8. Welche Gesten werden verwendet und welche Wirkung wird mit ihnen erreicht?	• *Die erhobene Hand eines Papstes wirkt segnend. Durch die Darstellung als Kralle entsteht aber der Eindruck, dass …*
Aussage formulieren	
9. Welche Gesamtaussage hat das Flugblatt?	• *Mit seinem Flugblatt will der Künstler den teuflischen Charakter des Papstes hervorheben.*
10. Wie hat das Flugblatt wohl auf Zeitgenossen gewirkt? Wie wirkt es auf dich? (Was ist für einen heutigen Betrachter vertraut, was fremd?)	• *Das Flugblatt hat aufgrund der Bösartigkeit der Dämonenfigur … auf die Menschen damals gewirkt, weil …* • *Auf mich wirkt es …, weil …*
11. Welchem Zweck diente das Flugblatt? Ergreift der Künstler durch seine Darstellung Partei?	• *Der Künstler ist Anhänger Luthers, da er …* • …

M2

„Luther, des Teufels Dudelsack“, von Erhard Schoen, 1521

1 Untersuche M1 mithilfe der Arbeitsschritte. Ergänze die Lösungshinweise, wo du Auslassungszeichen siehst (…).

2 Untersuche M2 mithilfe der Arbeitsschritte.

Warum erhoben sich die Bauern gegen ihre Herren?

Immer wieder kam es im Mittelalter zu Aufständen der Bauern gegen ihre geistlichen und weltlichen Herren. Dennoch erregte erst der Bauernaufstand von 1524 bis 1526 große Aufmerksamkeit. Etwas war anders als bei früheren Unruhen. Überall im Reich, besonders aber im Südwesten und in mittleren Gebieten erhoben sich nach Ausbreitung der Reformation nahezu gleichzeitig die Bauern. Sie plünderten Klöster oder belagerten und verwüsteten Schlösser.

- ***Untersuche die Ursachen des Bauernaufstands und welche Rolle die Reformation dabei spielte.***

Webcode: FG643433-056
Die Waffen der Bauern

Warum waren die Bauern unzufrieden?

Im Jahr 1520 schrieb Martin Luther „Von der Freiheit eines Christenmenschen". In diesem Text hieß es: „Ein Christenmensch ist ein freier Herr über alle Dinge und niemandem Untertan." Die Bauern leiteten daraus im Frühjahr 1525 verschiedene Forderungen ab. Einige wollten das ihnen von jeher zustehende „gute alte Recht" bewahren. Andere forderten neue Rechte gegenüber ihren Landesherren ein. Hierzu gehörte etwa das Recht der Gemeinde, ihren Pfarrer selbst zu wählen. Spannungen zwischen Grundherren und Bauern waren nicht neu. Es gab sie schon seit dem 14. Jahrhundert, denn die Abgabenbelastung der Bauern nahm stetig zu. Zusätzlich führten Missernten und Krankheit dazu, dass sich viele abhängige Bauern bei den Grundherren verschuldeten und Leibeigene wurden. Während Grundherren und Adlige ihren Besitz vergrößerten und ihre Herrschaft ausweiteten, verarmten viele Bauern.

Ein Aufstand des „gemeinen Mannes"?

An der Spitze des Aufstandes standen wohlhabende Bauern, die innerhalb der Dorfgemeinschaft „das Sagen" hatten. Sie galten als der „gemeine Mann", der sich erhob, um sein „gutes altes Recht" gegen die Neuerungen der Herrschaften zu verteidigen: Diese griffen durch Beamte und Richter immer stärker in die Dorfgerichte ein. Die Bauern sahen dadurch die alten Rechte der Dorfgemeinden verletzt, die sie unbedingt verteidigen wollten.

Wie breiteten sich die Aufstände aus?

Frühere Bauernaufstände unterschieden sich von den Ereignissen in den Jahren 1524/25 dadurch, wie schnell und weit sich die Unruhen ausbreiteten – die Flugblätter trugen dazu bei. Die Predigten der Reformatoren und die Bilddarstellungen der Flugblätter fielen in den südwestlichen und mittleren Gebieten des Reichs, wo viele Bauern lebten, auf fruchtbaren Boden. Im Mai 1525 gelang es den Adligen jedoch, starke Heere aufzustellen und die Bauernaufstände niederzuschlagen. Grausame Mord- und Brandzüge der fürstlichen Truppen schwächten die Widerstandskraft der Bauern. Da auch sie vor blutigen Morden nicht zurückschreckten, mehrten sich die kritischen Stimmen. Man schätzt die Zahl der Opfer auf beiden Seiten auf etwa 75 000 Tote, wobei der Anteil der Aufständischen überwog.

M 1

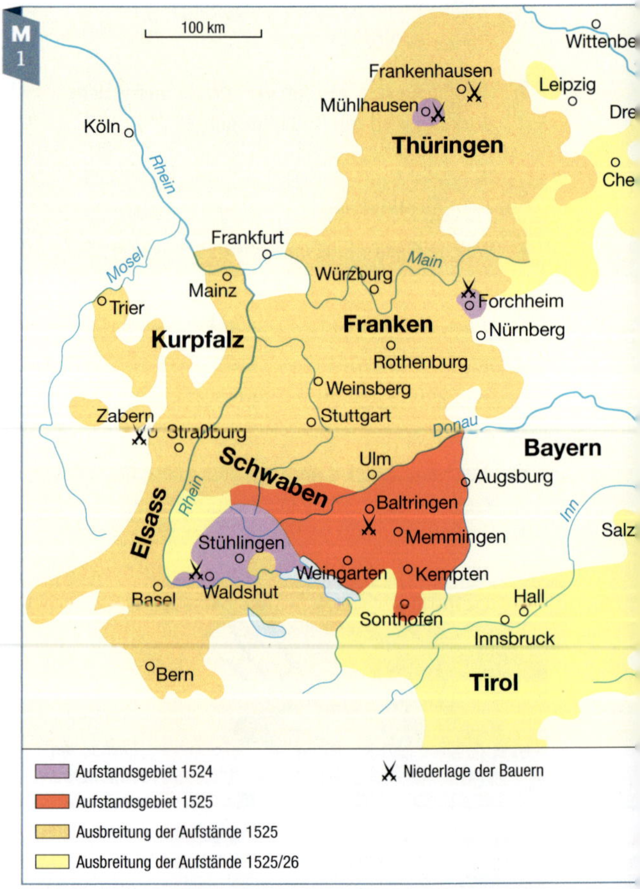

Die Verbreitung der Bauernaufstände 1524 bis 1526

M 2

Die „Zwölf Artikel" der Bauernschaft

Im April 1525 beriefen sich fast alle Aufstandsgruppen auf diese Artikel. Die aufständischen Bauern forderten unter anderem:

1. Die Gemeinde soll ihren Pfarrer selbst wählen dürfen. Er soll das reine Evangelium predigen.

2. Der Kornzehnt soll für die Bezahlung des Pfarrers genutzt werden, der Viehzehnt entfällt.

3. Die Leibeigenschaft soll aufgehoben werden, da Christus alle mit seinem Blut erlöst und freigekauft hat.

5. Wald und Holz, die sich die Herren angeeignet haben, sollen wieder an die Gemeinde zurückfallen, damit alle einen Nutzen haben.

6. Die Frondienste sollen verringert werden auf das Maß, das für die Eltern galt.

7. Vor Gericht soll man nach den alten geschriebenen Gesetzen bestraft werden und nicht nach der Willkür der Richter.

10. Wiesen und Äcker, die mal der Gemeinde gehörten, sollen wieder zurückgegeben werden.

11. Die Todfallsteuer[1] soll ganz wegfallen, denn Witwen und Waisen etwas wegzunehmen, ist gegen Gottes Gebot.

Zusammengestellt und bearbeitet nach Hans-Joachim Steigerthal, Reformation und Gegenreformation/Glaubenskriege, Stuttgart (Klett) 1993, S. 54f.

[1] *Steuer, die beim Tod eines Bauern eingezogen wurde. Das war oft ein Drittel des gesamten Besitzes.*

M 3

Strafgericht über gefangene Bauern in Marienberg bei Würzburg (heutiges Bayern), kolorierter Holzschnitt, 16. Jh.

M 4

Plünderung des Klosters Weißenau (Oberfranken), Federzeichnung aus der Bauernkriegschronik des Abts Jakob Murer, 1525

1 **a)** Erarbeite mithilfe von M1, wann sich die Bauern wo erhoben.

b) Nenne mithilfe des Atlanten, in welchen heutigen Bundesländern die Aufstände stattfanden.

2 **Wähle eine Aufgabe aus:**

a) Sortiere die in M2 aufgeführten Artikel der Bauernschaft in einer Tabelle.

Wiederherstellung des „guten alten Rechts"	*Neue, durch die Reformation angeregte Forderungen*

b) Stelle mithilfe des Darstellungstextes die Ursachen für die Unzufriedenheit der Bauern und ihre Forderungen in den Zwölf Artikeln (M2) gegenüber.

3 **Partnerarbeit:**

a) Einige dich mit deinem Partner, wer welche Bildquelle untersucht. Analysiert M3 oder M4.

b) Vergleicht die in M3 und M4 dargestellten Szenen.

c) Stellt Vermutungen an, wie sich Luther positionieren wird.

4 Stelle dar, welche Rolle die Reformation vermutlich für den Ausbruch der Bauernaufstände hatte.

Zusatzaufgabe: siehe S. 140

Wie stand Martin Luther zum Bauernkrieg?

Da die Bauern oft nicht lesen konnten, wurden sie von Flugblättern und Laienpredigern beeinflusst, die die Lehre Luthers verbreiteten. Angetrieben von Luthers 95 Thesen gegen den Ablasshandel und seine offene Kritik am Papsttum trauten sich die Bauern, gegen die Obrigkeit aufzubegehren.

- ***Untersuche mithilfe der Materialien, wie Martin Luther zum Aufruhr im Frühjahr 1525 stand.***

Ein Pfarrer organisiert die Bauernhaufen

Als der Anführer der Bauern in Mitteldeutschland, der Pfarrer Thomas Müntzer (1489–1525), im Mai 1525 vor den Toren Mühlhausens (Thüringen) hingerichtet wurde, hatte sein Heer aus ca. 8000 Bauern gerade eine große Niederlage gegen die Fürstentruppen in der Schlacht bei Bad Frankenhausen erlitten. Müntzer war zunächst Anhänger Luthers. Er teilte seine Kritik am Missbrauch der Religion durch Kirche und Obrigkeit, legte die Bibel aber noch viel stärker auf den Alltag der unteren Bevölkerungsschichten aus: Er leitete nicht nur religiöse, sondern auch gesellschaftliche Forderungen aus den Worten der Bibel ab und kritisierte die ständisch geprägte weltliche Ordnung. Damit versammelte er zwar die Bauern hinter sich, die Fürsten brachte Müntzer aber gegen sich auf.

M 1

Deckblatt zu Luthers Flugschrift „Wider die räuberischen und mörderischen Rotten der Bauern", nachträglich koloriert, Mai 1525. Der Bauer trägt Schwert, Harnisch (den Brustpanzer eines Ritters), Stiefel und eine Amtskette. Diese zu tragen galt als Privileg der Obrigkeit. Zu erkennen ist der Bauer nur an der Gans unter seinem Arm.

Der Bruch zwischen Müntzer und Luther

Luther lehnte Müntzers gesellschaftskritisches Glaubensverständnis und seine Aufrufe zur Gewalt gegen die Fürsten ab. Warum sich Luther nicht auf die Seite Müntzers und der Bauern schlug, lässt sich anhand zweier Ursachen erklären. Luther war vom Wohlwollen seines Landesherrn abhängig, gewährte dieser ihm doch Schutz vor Kaiser Karl V. Zudem bezog sich Luther in seiner Glaubensauslegung ausschließlich auf das Reich Gottes und die Kirche und nicht auf das irdische Reich. Dies sah er den Fürsten anvertraut.

M 2

Luther mahnte die Bauern zum Frieden (April 1525):

An die Fürsten und Herren:

Erstens können wir niemand auf Erden für solch Unheil und Aufruhr danken, als euch Fürsten und Herren, besonders euch blinden Bischöfen und tollen Pfaffen[1] und Mönchen ... Dazu tut ihr im weltlichen Regiment[2] nicht mehr, als dass ihr schindet und Geld eintreibt, euren üppigen und hochmütigen Lebenswandel zu führen ...

An die Bauernschaft:

Ihr müsst euch auch sehr vorsehen, dass ihr eure Sachen mit gutem Gewissen und Recht vornehmt. Denn wo ihr ein gutes Gewissen habt, wird Gott euch beistehen. ... Ja, sagt ihr, die Obrigkeit ist zu böse ... denn sie wollen uns das Evangelium nicht lassen und drücken uns allzu hart ... und verderben uns so an Leib und Seele ... Dass die Obrigkeit böse und unrecht ist, entschuldigt keine Zusammenrottung noch Aufruhr.

Martin Luther, Reformationsschriften (WA 18), St. Louis (Concordia-Verlag), 1888, 293ff. Bearb. v. Verf.

[1] *Geistlicher*
[2] *auf die weltliche Herrschaft bezogen*

M3

Im Mai 1525 wandte sich Luther in einer Flugschrift gegen die Bauern:

Erstens haben sie ihrer Obrigkeit Treue und Ergebenheit geschworen, untertänig und gehorsam zu sein, wie das Gott gebietet. Da sie aber diesen Gehorsam mutwillig brechen und sich dazu gegen ihre Herren stellen, haben sie dadurch Leib und Seele verwirkt ... Zweitens, sie machen Aufruhr, berauben und plündern unter Gewalttaten Klöster und Schlösser, womit sie schon ... zweifachen Tod an Leib und Seele verdient haben ... Drittens decken sie diese schreckliche, grauenhafte Sünde mit dem Evangelium, nennen sich christliche Brüder ..., wodurch sie die allergrößten Gotteslästerer ... werden ... Drum soll hier zuschmeißen, würgen und stechen, heimlich oder öffentlich, wer da kann ..., gleich als wenn man einen tollwütigen Hund totschlagen muss.

Martin Luther, Weimarer Ausgabe 1 (= Kritische Gesamtausgabe), Sonderedition 2001, S.299ff. Bearb. V. Verf.

M4

Der Kirchenhistoriker Armin Kohnle äußerte sich 2005 zu Luthers Haltung im Bauernkrieg:

Luthers Haltung im Bauernkrieg wirft auch heute noch die Frage auf, ob seine Parteinahme nicht zu einseitig zugunsten der Obrigkeiten ausgefallen ist. Von altgläubiger[1] Seite ist schon 1525 der Vorwurf der Mitverantwortung Luthers für den Aufruhr laut geworden ... Seine Mahnung an die Obrigkeiten, ihre Amtspflichten zu erfüllen, war aber verknüpft mit der Warnung, die Macht nicht zu missbrauchen. Die Sätze seiner Schrift gegen die räuberischen Bauern, die zum Beleg seiner angeblichen Fürstendienerei nicht isoliert zitiert werden dürfen, erklären sich aus dem „apokalyptischen[2] Grundgefühl" das Luthers Texte im Bauernkrieg durchzieht ... Die ausschließlich theologische Bewertung des Aufstands hat ihn dabei blind gemacht für die politischen und sozialen Realitäten, in denen die Bauern lebten.

Armin Kohnle, Luther und die Bauern, in Luther Handbuch, hg. v. von Albrecht Beutel, Tübingen (Mohr Siebeck), 2005, S. 137. Bearb. V. Verf.

[1] *Bevölkerung, die nach der Reformation bei der katholischen Kirche verblieb.*
[2] *das kommende Weltende betreffend*

1 Fasse die Aussagen Luthers in M2 mit eigenen Worten zusammen.
Tipp: Unterscheide nach Hinweisen an die Fürsten und an die Bauern.

2 **a)** Stelle die Aussagen aus M2 Luthers Äußerungen aus M3 gegenüber.
b) Zeige auf, wie sich Luthers Meinung zum Bauernkrieg zwischen April und Mai 1525 veränderte.
c) Erkläre mithilfe von M4 und des Darstellungstextes Luthers zunehmend kritische Haltung gegenüber den aufständischen Bauern.
Tipp: Was könnten die Ursachen dieser Meinungsänderung sein?

3 **Methode:** Untersuche das Deckblatt zu Luthers Flugschrift „Wider die räuberischen und mörderischen Rotten der Bauern" (M1) mithilfe der Arbeitsschritte auf S. 55.
Tipp: Nutze M3, um darzustellen, wie Luthers Kritik an den Bauern bereits auf dem Deckblatt deutlich wird.

4 **Geschichte darstellen:** Verfasse auf Grundlage deiner Notizen aus den Aufgabe 1–3 und mithilfe der Arbeitsschritte auf S. 35 einen Sprechertext für ein Internetvideo, das Schülerinnen und Schüler anklicken können, um etwas über Luthers Meinung und Einstellung über die aufständischen Bauern zu erfahren. Dein Kommentar soll folgende Punkte berücksichtigen:
- Luthers Einfluss auf die Bauern
- Luthers Meinungsänderung zu den aufständischen Bauern

Tipp: Nimm auch S. 56/57 zu Hilfe.

Wie wird heute an Martin Luther erinnert?

Historische Orte bieten eine Möglichkeit, etwas über die Geschichte des Heimatortes zu erfahren. In Sachsen-Anhalt gibt es viele sogenannte „Luthergedenkstätten", die mit dem Leben und Wirken Luthers im direkten Zusammenhang stehen. Sie ziehen zahlreiche Besucher an. Im Jahr 2015 besuchten über 150 000 Menschen, Einheimische und Touristen, diese Plätze.

- ***Wie wird Luther an den Luthergedenkstätten gedacht?***
- ***Welche Formen des Luthergedenkens gibt es?***

M 1 *Im Sommer 2016 enthüllte Sachsen-Anhalts Ministerpräsident Reiner Haseloff das neue Autobahnschild „Sachsen-Anhalt: Ursprungsland der Reformation", Foto, 2016*

Ursprungsland der Reformation

Vor dem Hintergrund des Lutherjahres 2017, dem 500. Jahrestag der Reformation, startete ein Jahr zuvor die Werbekampagne „Sachsen-Anhalt: Ursprungsland der Reformation". Auf Autobahnschildern sollte mit diesem Motto Interesse am Bundesland Sachsen-Anhalt geweckt werden. Damit wurde Martin Luther, der wichtigste Reformator und Begründer des Protestantismus, als Werbeträger für das Bundesland genutzt.

Luther wirkte überwiegend auf dem Gebiet des heutigen Sachsen-Anhalts. Heute erinnern vor allem Lutherstätten und sechs Luthergedenkstätten in Wittenberg und Eisleben an den Reformator. Letztere, wie etwa die Schlosskirche Wittenberg, oder Luthers Geburts- und Sterbehaus in Eisleben gehören zum UNESCO-Weltkulturerbe und wurden häufig zu Museen ausgebaut. Weil Luther fast vierzig Jahre lang in Wittenberg lebte, befinden sich dort die meistbesuchten Luthergedenkstätten. Im Jahr 2015 kamen beispielsweise ca. 85 000 Menschen ins Lutherhaus, wo der Reformator viele Jahre lebte.

Zu den Lutherstätten gehören Orte, die Luther besuchte und die mit ihm und der Reformation in Mitteldeutschland in Verbindung gebracht werden können. Ein Beispiel hierfür ist Luthers Elternhaus in Mansfeld.

Volksfest, Vorlesung und Ausstellung

Neben den Luthergedenkstätten und Lutherstätten, die man das ganze Jahr besuchen kann, gibt es an vielen Orten auch zeitlich begrenzte Veranstaltungen, die an Martin Luther und die Reformation erinnern. Hierzu zählen unter anderem Ausstellungen, Festgottesdienste, Vorlesungen, und Volksfeste. Das am meisten besuchte Fest dieser Art ist Luthers Hochzeit in Wittenberg. Alljährlich wird hier im Juni der Hochzeit Martin Luthers und der ehemaligen Nonne Katharina von Bora im Jahr 1525 erinnert. Bei der Veranstaltung wirken mehr als 30 historische Vereine an verschiedenen Festumzügen, Zeremonien und musikalischen Beiträgen aus Luthers Lebenszeit mit. Außerdem können die Gäste einen Mittelaltermarkt oder Musikkonzerte besuchen. Den Höhepunkt der Veranstaltung bildet der Einzug des Brautpaares ins Lutherhaus. Dabei werden sie auf einem Festwagen mit über 2000 historisch kostümierten Hochzeitsgästen als Begleitung durch die Stadt gefahren. Die Hochzeit ist ein wichtiger Termin im Jahreskalender Wittenbergs.

M 2 *Das Lutherpaar 2016, Foto. Katja Köhler als Luthers Braut (Katharina von Bora) und Bernhard Naumann als Martin Luther inszenierten zusammen die Hochzeit Martin Luthers.*

M 3

Übersichtskarte der Lutherstätten in Sachsen-Anhalt. UNESCO-Welterbestätten (siehe S. 86) sind herausragende Zeugnisse der Menschheits- und Naturgeschichte. Sie sind über den gesamten Globus verteilt. Nur wenige Orte dürfen diesen Titel tragen.

1 Arbeite aus dem Darstellungstext drei Formen des Luther-Gedenkens in Sachsen-Anhalt heraus.

2 **Recherche:** Recherchiere im Internet zu einer der in M3 abgebildeten UNESCO-Weltkulturerbestätten ihre historische und ihre heutige Bedeutung für die jeweilige Region.
Tipp: Nutze den **Webcode**.

3 Recherchiere, welche Lutherstätten sich in den grün markierten Orten in M3 befinden. Erstelle eine tabellarische Übersicht.

4 **Wähle eine Aufgabe aus:**
a) Die Werbekampagne „Sachsen-Anhalt: Ursprungsland der Reformation" (M1) richtet sich an eine breite Öffentlichkeit. Erstelle eine Internetkampagne für ein junges Publikum. Nutze hierfür Hashtags (#), Memes und andere Mittel der digitalen Kommunikation.
b) Erstelle ein Werbeplakat für die Lutherhochzeit in Wittenberg (M2).
Tipp: Lege zuerst fest, welche Zielgruppe du mit dem Plakat ansprechen möchtest. Euer Produkt sollte darüber informieren, was es zu sehen gibt und warum man die Lutherhochzeit besuchen sollte.

5 Bewerte die Inszenierung von Geschichte am Beispiel der alljährlich nachgestellten Lutherhochzeit (Darstellungstext, M2).
Tipp: Was spricht dafür und was dagegen?

Zusatzaufgaben: siehe S. 141

Webcode: FG643433-061
Luthergedenken

Der Augsburger Religionsfrieden: Sieg der Fürsten?

Bis heute gibt es in Deutschland Regionen, die eher katholisch oder protestantisch beeinflusst wurden. Der stärkere protestantische Einfluss in Sachsen-Anhalt kann durch das Wirken Martin Luthers erklärt werden. Warum aber gibt es in Franken heute evangelische Hochburgen und warum ist Norddeutschland überwiegend protestantisch? Die Antwort findet sich in einem Prozess, der Konfessionalisierung genannt wird. Ein wichtiger erster Schritt dahin bildet der Augsburger Religionsfrieden.

- ***Wie ist er entstanden und was waren seine Regelungen?***

Gründe für die Spaltung der Kirche

Die Glaubensspaltung vollzog sich in einem zähen Ringen innerhalb von dreißig Jahren nach Bekanntwerden von Luthers 95 Thesen in Wittenberg. Besondere Bedeutung in diesem Zusammenhang hatte die Tatsache, dass sowohl Luther als auch sein enger Mitstreiter, der Gelehrte und Humanist Philipp Melanchthon (1497 bis 1560), in mehreren Schriften eine evangelische Kirchenlehre begründeten, die die Abgrenzung des neuen vom alten Bekenntnis deutlich machte. Zudem trug der entschiedene Widerstand der katholischen Theologen und der Kirche in Rom zur Verhärtung der Fronten bei. In mehreren Auseinandersetzungen zeigten sie, dass sie zwar ansatzweise zu einer innerkirchlichen Reform bereit waren, nicht aber zu einer Anerkennung der protestantischen Forderungen. Letztlich führte das Vorgehen des Kaisers, der gemäß seinem Herrschaftsanspruch keine Eigenmächtigkeit protestantischer Fürsten dulden wollte, zu deren erbittertem Widerstand.

Der Reichstag zu Augsburg 1530

Als Kaiser Karl V. 1530 die Fürsten zum Reichstag nach Augsburg zusammenrief, um eine Verständigung in Glaubensfragen herbeizuführen, verfasste Melanchthon eine Bekenntnisschrift der Protestanten („Augsburger Konfession"). Dabei versuchte er, die Unterschiede zwischen den beiden Glaubensgruppen so gering wie möglich darzustellen. Die papsttreuen Theologen konnten sich dennoch nicht mit der Sichtweise der Evangelischen zu Heiligenverehrung, guten Werken und zur Stellung der römischen Kirche einverstanden erklären. Eine Einigung im Glaubensstreit rückte in weite Ferne. Schon ein Jahr nach dem Augsburger Reichstag 1531 gründeten die protestantischen Fürsten und Reichsstädte im thüringischen Schmalkalden ein Beistandsbündnis, um ihre Rechte als Landesherren und ihre Religionsfreiheit zur Not auch mit Waffen zu verteidigen.

Keine Einigung in Sicht

Der Kaiser setzte nun alle Hoffnungen auf ein kirchliches Konzil*. 1545 eröffnete Papst Paul III. das Konzil von Trient (S. 64). Ein Kompromiss zwischen Katholiken und Protestanten blieb aber aus, da der Papst sich die Billigung aller Beschlüsse vorbehielt und so jede Verhandlungsbereitschaft bei Luther verspielte.
Der Kaiser, der aufgrund gleichzeitiger Kriege im Ausland kein Interesse an einem gewaltsam ausgetragenen Streit zwischen Protestanten und Katholiken hatte, nutzte 1546 eine Atempause, um schließlich doch den Krieg zwischen einem kaiserlichen Heer und dem Schmalkaldischen Bund herbeizuführen. Karl V. siegte, doch eine endgültige Lösung des Glaubensstreites war nicht erreicht.

Friedensschluss und Anerkennung der Glaubensspaltung

Einen Meilenstein in der Entwicklung beider Konfessionen* bildete der Augsburger Religionsfrieden von 1555: Hier wurde vereinbart, dass kein Fürst und keine Stadt um der Religion willen bedrängt, verklagt oder bekriegt werden dürfe. Die Entscheidung über den rechten Glauben wurde in die Hände der Reichsstände gelegt. Wer ein Fürstentum regierte, entschied über die Religionsangehörigkeit seiner Untertanen (lat. *Cuius regio, eius religio* = wessen Gebiet, dessen Religion). Ab diesem Zeitpunkt galt: Das katholische wie das lutherische Glaubensbekenntnis wurden gleichgestellt. Andersgläubige sollten auswandern. Geistliche Fürsten wie Erzbischöfe konnten zwar evangelisch werden, mussten aber dann ihr Amt aufgeben. Ein erster Kompromiss wurde so geschlossen. Ein Ende der religiösen Konflikte bedeutete dies aber nicht.

M 1

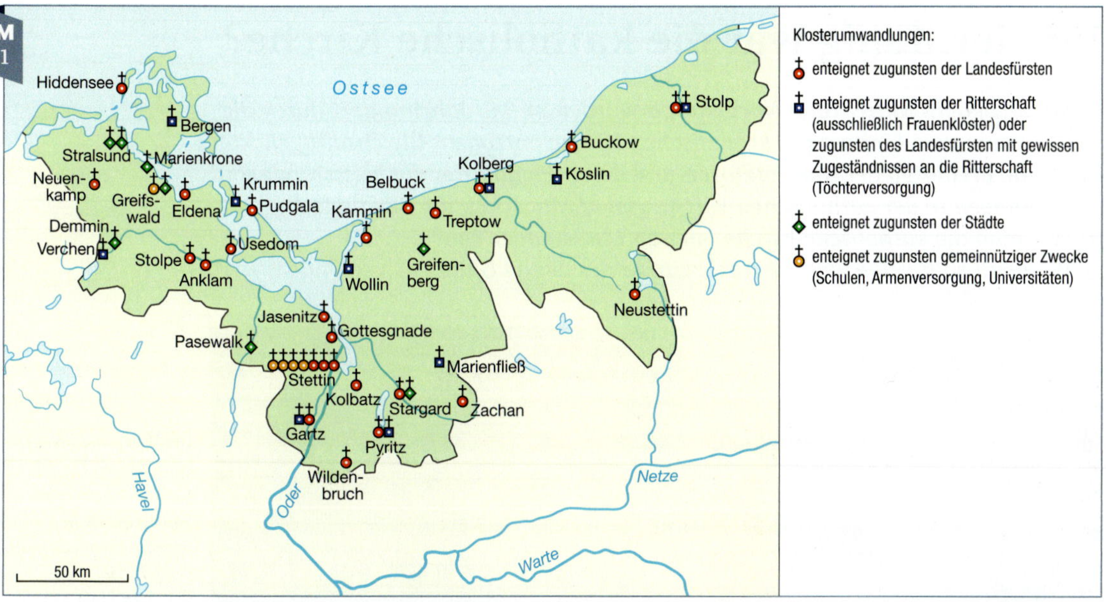

Die Umwandlung der Klöster und Stifte im Herzogtum Pommern. Im Augsburger Religionsfrieden wurden nicht alle Grundsatzfragen eindeutig beantwortet. Daher legten die Fürsten manche Bestimmungen zu ihren Gunsten aus. Evangelische Fürsten besetzten geistliche Territorien mit Familienangehörigen und wandelten diese Gebiete dann in weltliche Herrschaften um. Später gliederten sie die Gebiete samt ihrer Güter in das eigene Fürstentum ein.

M 2

Der Kirchenhistoriker Christoph Strohm über den Augsburger Religionsfrieden (2007):

Die Auseinandersetzungen, die die Verhandlungen der in Augsburg versammelten Räte bestimmten, konnten nur durch bewusst zweideutige Formulierungen entschärft werden. In den Jahrzehnten nach 1555 zeigten sich die Auseinandersetzungen zuerst auf der Ebene der Eingaben und Urteile des Reichskammergerichts. Sie brachten aber auch eine Fülle von vielfach anonym[1] oder pseudonym[2] publiziertem Schrifttum hervor, in dem in zumeist polemischer [von scharfer Auseinandersetzung geprägter] Weise die Vertreter der jeweils anderen Konfession* angegriffen wurden.

Zit. nach Der Augsburger Religionsfrieden 1555, hg. v. Heinz Schilling und Heribert Smolinsky, Gütersloh (Gütersloher Verlagshaus) 2007, S. 127f. Sprachl. vereinf. und bearb. v. Verf.

[1] *ohne Autorenangabe*
[2] *unter falschem Namen*

1 Wähle eine Aufgabe aus:

a) Beschreibe die Bedeutung, die das Augsburger Bekenntnis von 1530 und der Krieg des Kaisers gegen den Schmalkaldischen Bund für das Zerbrechen der Glaubenseinheit hatten (Darstellungstext).

b) Stelle anhand des Darstellungstextes die Gründe zusammen, die zur Glaubensspaltung im Reich führten.

2 Überprüfe, wer von den Friedensregelungen profitierte und wer nicht (Darstellungstext).

3 Fasse die Beschlüsse des Augsburger Religionsfriedens zusammen (Darstellungstext, Z. 51 f.).

4 Wähle eine Aufgabe aus:

a) Erläutere anhand von M1 die Auswirkungen des Augsburger Religionsfriedens auf die Machtverhältnisse in evangelischen Gebieten.

b) Untersuche mithilfe von M1, wie der protestantische Herzog von Pommern mit Besitztümern der katholischen Kirche umging.

5 a) Fasse die Meinung Christoph Strohms (M2) mit eigenen Worten zusammen.

b) Stelle eine begründete Vermutung dazu auf, warum der Augsburger Religionsfrieden absichtlich viele mehrdeutige Regelungen enthielt.

Tipp: War der Konflikt damit gelöst?

Zusatzaufgaben: siehe S. 141

Wie lernfähig war die katholische Kirche?

Weite Gebiete in Mittel- und Nordeuropa wurden im 16. Jahrhundert durch die Reformation dem Einfluss der katholischen Kirche entzogen. Gleichzeitig rückten durch die Predigten der Reformatoren und deren Flugblätter die Missstände und Verfehlungen in der katholischen Kirche vielen Menschen ins Bewusstsein.

- ***Wie ging die katholische Kirche mit den Missständen um?***
- ***Wodurch sollte eine weitere Ausbreitung des neuen Glaubens verhindert werden?***

M 1

Die Vision des heiligen Ignatius von Loyola, Gemälde von Pierre Subleyras, 17. Jh., Ignatius kniet vor Jesus, der mit der ausgestreckten Linken in Richtung Rom weist. Im Hintergrund ist die Kuppel des Petersdoms zu erkennen. Dunkle Wolken bedecken den Himmel. Hinter Igantius sind Trümmer zu erkennen. Mit der rechten Hand am Herz zeigt Ignatius auf dieses Trümmerfeld.

Krise und Erneuerung der katholischen Kirche

Die Glaubwürdigkeit der katholischen Kirche war durch die Reformatoren infrage gestellt worden. Grund hierfür waren vor allem die zahlreichen Missstände in der Kirche: Verschwendung und Prunksucht im höheren Klerus, mangelhafte Ausbildung des niederen Klerus, Ämterkäuflichkeit und der Ablasshandel. Viele Menschen zweifelten am christlichen Wirken der katholischen Kirche. Die Auseinandersetzung mit der Reformation setzte aber auch neue Kräfte in der alten Kirche frei. Auch sie beteiligte sich nun an der Konfessionalisierung des Reiches. Man wollte eine weitere Ausbreitung der Reformation verhindern und verlorene Gebiete zurückgewinnen. Zugleich sollte eine innere Kirchenreform den katholischen Glauben erneuern und das Vertrauen in die Kirche wieder herstellen. Diese Bestrebungen werden von Historikern heute als „Katholische Reform" bezeichnet.

Das Konzil von Trient (1545–1563)

Im Jahr 1545 rief Papst Paul III. ein Konzil nach Trient in Norditalien ein. Ziel dieser Kirchenversammlung sollte es sein, die gespaltene Christenheit zu einen. Das Konzil tagte mit Unterbrechungen über 18 Jahre.

Die Beschlüsse von Trient grenzten den katholischen Glauben gegen die reformatorischen „Irrlehren" ab und fassten ihn klarer. Kirchliche Traditionen (Konzilsbeschlüsse, Schriften der Kirchenväter) wurden neben der Bibel als gleichrangig anerkannt. Für die Auslegung der Heiligen Schrift sollte weiter ausschließlich die katholische Kirche zuständig sein. Der Papst blieb oberste Autorität.

Einige Reformen sollten aber die Missstände in der katholischen Kirche beheben: Der Ablasshandel sowie der Kauf und die Häufung von Ämtern wurden verboten. Für Bischöfe galt von nun an die ständige Anwesenheitspflicht in ihrer Diözese*. Ferner musste jeder Bischof für Seminare zur Ausbildung künftiger Priester sorgen. Die Priester mussten ein christliches Leben führen und wurden zur sorgfältigen Beachtung seelsorgerlicher Aufgaben verpflichtet.

Der Jesuitenorden – Erziehung und Mission

Im Jahr 1534 gründete Ignatius von Loyola die „Gesellschaft Jesu". Sechs Jahre darauf bestätigte der Papst sie als geistlichen Orden. Dessen Mitglieder, die Jesuiten, trugen keine Ordenstracht und lebten nicht in klösterlicher Abgeschiedenheit. Sie verstanden sich als geistliche „Soldaten Christi". Neben dem Eigentumsverzicht und der Ehelosigkeit verpflichteten sie sich zum unbedingten Gehorsam gegenüber ihrem „Ordensgeneral" und dem Papst. Die Beschlüsse des Konzils von Trient wurden vor allem von den Mitgliedern des Jesuitenordens getragen. Der Orden wurde in der katholischen Kirche rasch sehr einflussreich, obwohl seine Mitglieder auf kirchliche Würden und Ämter verzichteten. Sie sorgten sich stattdessen um vernachlässigte katholische Gemeinden, lehrten ihren Glauben auf anschauliche Weise und gewannen so als Missionare protestantische Gläubige für den Katholizismus zurück. Hauptsächlich wirkten sie aber als Erzieher und Lehrer. In neu gegründeten Gymnasien und Hochschulen kümmerten sich die Jesuiten um die katholische Bildung der Jugend. Als Beichtväter, Erzieher und Berater erlangten sie auch Einfluss an katholischen Fürstenhöfen.

M 2 **Der italienische Prediger Savonarola kritisierte die katholische Kirche:**

Tut Buße, ihr Priester, ihr Geistlichen, lasst ... euren Prunk, eure Gastmähler und Gelage. Lasst eure Geliebten. Ihr Mönche, lasst eure fetten Abteien und euren Überfluss an Kleidung und Silber. Ihr Nonnen, ... lasst ab von Tand und Prunk und mehrstimmigen Gesängen. Meine Brüder, lasst alles Überflüssige, eure Bilder und Possen[1]. Macht eure Kutten enger und aus grobem Stoff.

Girolamo Savonarola, O Florenz! O Rom! O Italien! Predigten, Schriften, Briefe, übers. v. Jacques Laager, Zürich (Manesse) 2002, S. 311.

[1] *Späße*

M 3 **Luthers Kritik an den Bedingungen des Papstes für die Beschlüsse des Konzils:**

Denn was braucht man so große Mühe aufs Konzil zu verwenden, wenn der Papst im Voraus beschlossen hat, was auf dem Konzil gemacht oder getan wird, das solle ihm unterworfen sein und nichtig, wenn es ihm nicht recht gut gefalle, und die Macht haben will, alles zu verdammen? ... So handelt dieser schändliche Laffe Paulus Tertius auch [gemeint ist Papst Paul III.], schreibt jetzt ... ein Konzil aus ...; aber eh wir uns umsehen, hat er uns Pferdedreck ins Maul getrickst, denn er will ein solches Konzil geben, über das er seine Macht ausüben kann, und alles, was darin festgesetzt wird, mit Füßen treten. Für solch ein Konzil dank' ihm der leidige Teufel und komme auch niemand hinein als der leidige Teufel, dazu ... was es noch an höllischem Bodensatz in Rom gibt.

Martin Luther, Wider das Papsttum zu Rom, vom Teufel gestiftet. Zit. nach Esther-Beate Körber, Habsburgs europäische Herrschaft, Darmstadt (Wissenschaftliche Buchgesellschaft) 2002, S. 57.

1 Erkläre anhand des Darstellungstextes Z. 1–17 den Begriff „Katholische Reform".

2 Beschreibe mithilfe von M2 und des Darstellungstextes, welche Missstände in der römischen Kirche herrschten. Erstelle dazu eine „Rangliste" der aus deiner Sicht schwerwiegendsten Verfehlungen.

3 **Wähle eine Aufgabe aus:**

a) Stelle mithilfe des Darstellungstextes dar, wie die katholische Kirche auf die inneren Missstände reagierte.

b) Vergleiche mithilfe des Darstellungstextes die in M2 angesprochenen Missstände mit den Reformmaßnahmen der katholischen Kirche.

4 Verfasse einen Dialog zwischen einem Katholiken und einem Protestanten, in dem sie sich über die Reformbemühungen der Kirche unterhalten (M3).

5 Analysiere das Gemälde M1.

a) Der Künstler verwendete verschiedene Gesten und Symbole, die auf die Entstehung des Jesuitenordens hinweisen. Findet solche Gesten und Symbole und stellt Vermutungen zur jeweiligen Botschaft an.

b) Überprüft eure Vermutungen mithilfe des Darstellungstextes.

6 Beurteile, inwiefern der Jesuitenorden Lehren der Reformatoren anwandte (Darstellungstext).

Dreißig Jahre Krieg um Glauben und Macht

Aus einem regionalen Streit um den rechten Glauben in Böhmen entwickelte sich ein dreißig Jahre dauernder Krieg. Es ist nicht leicht, diesen Krieg zu verstehen, weil es viele verschiedene Beteiligte und Motive gab. Am Ende des Krieges lagen unzählige Städte und Dörfer in Schutt und Asche und Europa hatte sich grundlegend verändert.

- ***Welche Interessen und Ziele verfolgten die kriegführenden Parteien?***
- ***Wie wirkte sich der Krieg auf die Bevölkerung aus?***

Wie kam es zum Krieg?

Der Augsburger Religionsfrieden hatte die Konflikte um die Konfession und die Macht im Reich nicht beseitigt: Protestantische Fürsten wollten mit der Reformation ihre Unabhängigkeit gegenüber dem Kaiser aus dem katholischen Haus Habsburg sichern. Zur Verteidigung ihrer Interessen schlossen sie sich 1608 unter der Führung von Kurfürst Friedrich V. von der Pfalz zu einem Bündnis, der Union, zusammen. Katholische Fürsten reagierten 1609 mit einem Gegenbündnis: der Liga. Beide Lager standen sich tief verfeindet gegenüber, als 1617 der Habsburger Ferdinand II. König von Böhmen wurde. Er nahm die politischen und konfessionellen Freiheiten wieder zurück, die sein Vorgänger den protestantischen Adligen in Böhmen eingeräumt hatte. Damit begann der Dreißigjährige Krieg.

Der Dreißigjährige Krieg im Überblick

Böhmisch-Pfälzischer Krieg (1618–1623)

1618 Prager Fenstersturz: Aus Protest gegen die Aufhebung der Religionsfreiheit durch Ferdinand II. werfen protestantische Adlige zwei hohe Beamte aus einem Fenster der königlichen Burg.

1619 Kaiserkrönung Ferdinands II. – böhmische Adlige wählen daraufhin Friedrich V. von der Pfalz (Calvinist) zum Gegenkönig in Böhmen.

1620 Die kaiserliche Armee unter Graf Tilly besiegt in der Schlacht am Weißen Berg bei Prag die böhmischen Truppen – Friedrich flieht und Ferdinand II. befiehlt die Rekatholisierung* Böhmens.

Niedersächsisch-Dänischer Krieg (1625–1629)

1625 Weil Tilly den flüchtigen Friedrich bis nach Norddeutschland verfolgt, sieht der protestantische dänische König Christian IV. (Lutheraner) seine Interessen bedroht und stellt sich mit einem protestantischen Heer Tilly entgegen. England, die Niederlande und das katholische Frankreich unterstützen die Protestanten gegen den Kaiser.

1626 Niederlage des protestantischen Heeres; Herzog Albrecht von Wallenstein unterstützt Tilly mit einem eigenen Söldnerheer*.

1629 Friede zu Lübeck: Christian IV. zieht sich aus Deutschland zurück.

Schwedischer Krieg (1630–1635)

1630 Auf dem Höhepunkt seiner Macht plant Kaiser Ferdinand II. eine weitere Rekatholisierung im Reich. Daraufhin landet der protestantische König von Schweden, Gustav II. Adolf (Lutheraner), mit Truppen in Vorpommern. Auf Flugblättern wird er als Retter der bedrängten deutschen Protestanten dargestellt. Allerdings will er sich auch ein Stück Ostseeküste sichern und so den Einflussbereich Schwedens ausdehnen. Finanziell wird er vom katholischen Frankreich unterstützt.

1631 Tilly erobert zwar Magdeburg, erleidet dann aber eine Niederlage. In einem Siegeszug dringen die Schweden bis nach Bayern vor.

1632 Gustav II. Adolf fällt in der Schlacht bei Lützen.

1634 Niederlage der Schweden bei Nördlingen.

1635 Friede zu Prag zwischen Kaiser Ferdinand II. und den protestantischen Fürsten.

Schwedisch-Französischer Krieg (1635–1648)

1635 Ferdinand II. erklärt Frankreich, das sich mit Schweden verbündet hat, den Krieg; in der nun folgenden letzten langen Kriegsphase geht es vor allem um die Vorherrschaft in Europa.

1644 Beginn der Friedensverhandlungen in Osnabrück (Kaiser-Schweden) und Münster (Kaiser-Frankreich).

1648 Westfälischer Frieden (24. Oktober).

1 Wähle eine Aufgabe aus:

a) Verfolge den Kriegsverlauf (Datenüberblick und M1), indem du eine Tabelle mit drei Spalten anlegst:

Partei 1/Ziele	*Jahr/Ereignis*	*Partei 2/Ziele*

Übertrage die Angaben und notiere, welche Ziele die einzelnen Personen/Parteien verfolgten.

b) Der Dreißigjährige Krieg war ein „europäischer Konflikt um Glauben und Macht". Überprüfe diese Behauptung mithilfe des Datenüberblicks und M1.

M 1

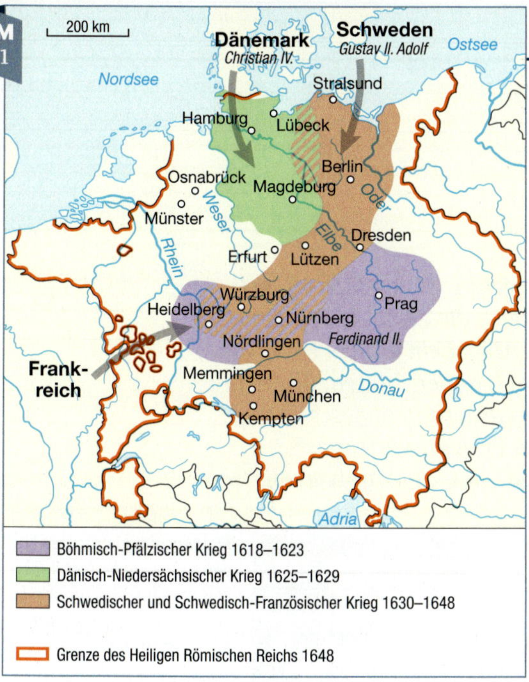

Verlauf des Dreißigjährigen Krieges

M 2

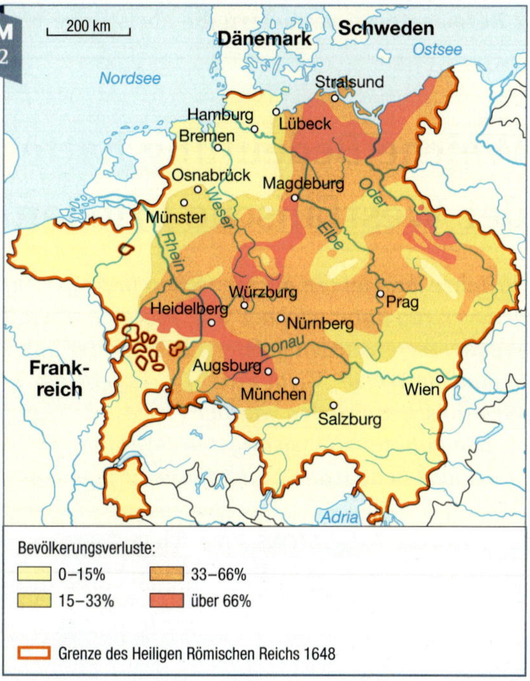

Bevölkerungsverluste im Dreißigjährigen Krieg. Von den 18 Millionen Einwohnern, die das Heilige Römische Reich um 1618 hatte, waren bis 1648 fünf bis sechs Millionen in den Schlachten, durch Misshandlungen, Hungersnöte und Seuchen umgekommen.

M 3

Hans Jakob Christoffel von Grimmelshausen, der selbst Soldat war, beschrieb 1669 in einem Roman das Leben im Dreißigjährigen Krieg

3A *Ein Kampf auf Leben und Tod:*

Im Treffen selbst aber suchte ein jeder seinem Tod mit Niedermachung des Nächsten, der ihm aufstieß, vorzukommen; das greuliche Schießen, das Gekläpper der Harnisch[1], das Krachen der Piken[2] und das Geschrei beider, der Verwundeten und Angreifenden, machten neben den Trompeten, Trommeln und Pfeifen ein erschröckliche Musik! Da sah man nichts als einen dicken Rauch und Staub, welcher schiene, als wollte er die Abscheulichkeit der Verwundeten und Toten bedecken, in demselbigen hörete man ein jämmerliches Weheklagen der Sterbenden und ein lustiges Geschrei derjenigen, die noch voller Mut staken ... Köpf lagen dorten, welche ihre natürlichen Herren verloren hatten ... das war nichts anders als ein elender jämmerlicher Anblick!

3B *Überfall auf ein Dorf:*

Das Erste, das die Reiter täten, war, dass sie ihre Pferd einstelleten, hernach hatte jeglicher seine sonderbare Arbeit zu verrichten, deren jede lauter Untergang und Verderben anzeigte ... Was sie nicht mitzunehmen gedachten, wurde zerschlagen ... Etliche schütteten Federn aus den Betten und fülleten hingegen Speck, andere dürr Fleisch und sonst Gerät hinein ... andere schlugen Ofen und Fenster ein ... Bettladen, Tisch, Stühl und Bänk verbrannten sie ... Den Knecht legten sie gebunden auf die Erd, steckten ihm ein Sperrholz ins Maul und schütteten ihm einen Melkkübel voll garstig Mistlachenwasser in Leib: das nennen sie ein Schwedischen Trunk ... es hatte jeder sein eigene Invention[3], die Bauren zu peinigen.

Zit. nach Hans Jakob Christoph von Grimmelshausen, Der abenteuerliche Simplicissimus, gekürzte Ausgabe, hg. v. Walter Schafarschik, Stuttgart (Reclam) 1980, S. 13 f., 61 f.

[1] *Rüstung* [2] *Spieße* [3] *Idee*

2 Begründe mit Blick auf den Kriegsverlauf (M1) die hohen Bevölkerungsverluste in den einzelnen Regionen Deutschlands (M2).

3 Arbeite aus M3 heraus, wie dieser Krieg geführt wurde. Erläutert dann, was mit der Feststellung „Krieg ernährt den Krieg" gemeint ist.

Zusatzaufgaben: siehe S. 142

Welche Bedeutung hatte der Westfälische Frieden?

30 Jahre lang lebten die Menschen in Angst und Schrecken. Als endlich ein Friedensvertrag unterzeichnet war, läuteten überall im Reich die Kirchenglocken und Freudenfeste wurden gefeiert. In Münster gab es am Abend ein großes Feuerwerk, in dem die Worte „Vivat Pax!" (= „Es lebe der Frieden!") aufleuchteten. Mit dem Westfälischen Frieden war der Prozess der Konfessionalisierung abgeschlossen.

- ***Wie lauteten die wichtigsten Bestimmungen dieses Friedensvertrages?***
- ***Welche Bedeutung hatte dieser „Allgemeine Friede" (lat. „Pax universalis")?***

M1

Friedensreiter verbreiten in ganz Europa die Nachricht von der Unterzeichnung des Friedensvertrages. Rechts oben ist der Götterbote Hermes zu sehen, der einen Brief mit der Aufschrift „Pax" (= Friede) hält. Flugblatt, Oktober 1648

Warum verhandelte man an zwei Orten?

Seit 1643 tagten in den westfälischen Städten Münster und Osnabrück Gesandte aus vielen deutschen und europäischen Staaten, um sich zu beraten. Man hatte diese beiden Städte ausgewählt, weil Münster katholisch, Osnabrück evangelisch war und sie ungefähr in der Mitte zwischen Paris und Stockholm lagen. Kaiserliche Gesandte waren an beiden Orten vertreten.

Ein Frieden, der das Reich und Europa verändert

• *Religiöse Bestimmungen:* Der Augsburger Religionsfrieden 1555 wurde bestätigt und erweitert: Neben Katholiken und Lutheranern wurden nun auch die Calvinisten als gleichberechtigt anerkannt. Die Regelung, wonach sich die Bevölkerung nach der Religion des Landesherrn richten musste, wurde aufgehoben.

• *Territoriale Bestimmungen:* Die Schweiz und die Niederlande schieden aus dem Reich aus und wurden selbstständige Staaten. Ausländische Kriegsparteien erzielten Gebietsgewinne im Reich: Frankreich Städte im Südwesten und Teile des Elsass; Schweden Gebiete im Norden mit den großen Flussmündungen.

• *Innenpolitische Bestimmungen für das Reich:* Die Fürsten innerhalb des Reichs wurden in ihren Gebieten politisch selbstständig. Damit zerfiel das Reich in über 300 Einzelstaaten. Der geschwächte Kaiser benötigte für alle wichtigen Entscheidungen die Zustimmung der Reichsstände* – das waren die Kurfürsten, die geistlichen und weltlichen Fürsten und die Reichsstädte. Sie wirkten an der Gesetzgebung und an den Steuererhebungen des Reichs mit. Der Kaiser konnte fortan nicht mehr ohne die Reichsstände Kriege erklären und Frieden schließen. Während in anderen Ländern wie Frankreich und England die königliche Zentralgewalt immer stärker wurde, verlief die Entwicklung im Deutschen Reich somit genau umgekehrt.

• *Wirkung der „pax universalis" (= allgemeiner Friede):* Der Westfälische Frieden wurde zum Vorbild für spätere Friedensverhandlungen, da hier erstmals alle an einem Konflikt beteiligten Staaten gleichberechtigt miteinander verhandelten. Das Ergebnis bedeutete für das Reich eine fast 150 Jahre dauernde Friedenszeit.

Webcode: FG643433-068
Virtuelle Ausstellung: Westfälischer Frieden

M 2

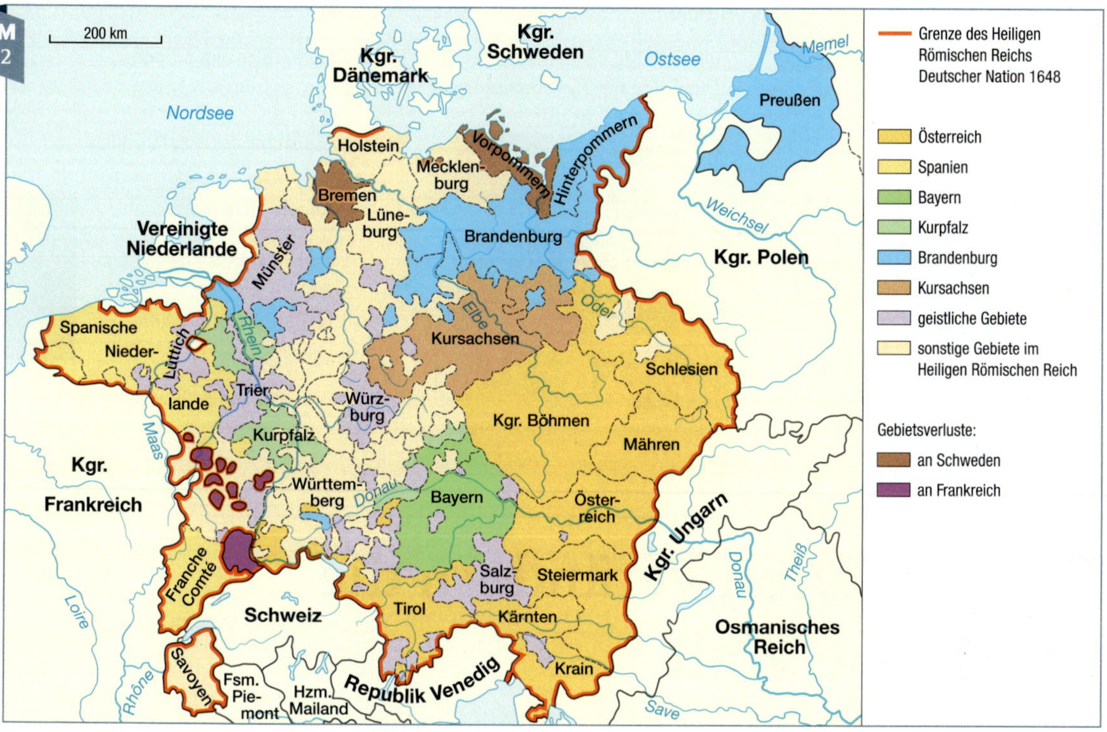

Das Heilige Römische Reich nach dem Westfälischen Frieden 1648

M 3

Der Historiker Franz-Josef Jakobi über den Westfälischen Frieden (1998):

1. Lösung der konfessionellen Konflikte
Der Westfälische Frieden bedeutete das Ende des Zeitalters der Glaubenskriege in Deutschland und schuf die Voraussetzungen für religiöse Toleranz[1].

2. Beilegung des deutschen Verfassungskonflikts
Das Verhältnis der deutschen Zentralgewalt [des Kaisers] zu den Partikulargewalten[2] [den über 300 Einzelstaaten] wurde endgültig zugunsten der Letzteren geregelt. Dies verhinderte im Gegensatz zu Frankreich, Spanien und Schweden die Ausbildung des [Deutschen] Reichs zu einem zentralistischen Einheitsstaat.

3. Neuregelung der europäischen Machtverhältnisse
Nach dem Westfälischen Frieden galt in Europa als Ordnungsprinzip nicht mehr die Einheit des christlichen Abendlandes mit Kaiser und Papst an der Spitze, sondern die auf Verträgen und Völkerrecht beruhende Ordnung prinzipiell gleichberechtigter Staaten. Das barg ständig neue Konflikte und Kriegsgefahren in sich, öffnete aber den Weg ... in das [18. Jahrhundert] und die Entfaltung einer ungeheuren Entwicklungskraft im Wettlauf der Mächte und Staaten.

Zit. nach Münster damals, hg. v. Stadtarchiv/Presse- und Informationsamt der Stadt Münster, März 1998, S. 14. Vereinf. v. Verf.

[1] *Duldung verschiedener Glaubensrichtungen*
[2] *Teilgewalten*

1 **Methode:** Untersuche M1 mithilfe der Arbeitsschritte „Ein Flugblatt untersuchen und deuten" (siehe S. 55). Welche Mittel werden eingesetzt, um die „Friedensstimmung" wiederzugeben?

2 Gib den Historikertext (M3) wieder. Verwende dafür folgende Überschriften:
Das Verhältnis der Konfessionen zueinander – Folgen für die Struktur des Reichs – Politische Ordnung in Europa
Tipp: Verständnishilfen bietet der Darstellungstext.

3 Diskutiert in der Klasse: Kann man von Gewinnern und Verlierern des Dreißigjährigen Krieges sprechen? Begründet euren Standpunkt und nutzt dazu den Darstellungstext sowie M2 und M3.

Zusatzaufgabe: siehe S. 142

1400 1450 1500

um 1450 Mit der Erfindung der Drucktechnik durch Gutenberg werden Flugblätter und Bücher zur Massenware

um 1500 Zunahme des Ablasshandels

1517 95 Thesen Martin Luthers; Beginn der Reformation

1519–1531 Ulrich Zwingli wirkt in Zürich

1521 Reichstag in Worms: Luther fällt in Reichsacht

1524–1526 Bauernkrieg

1534 Ignatius von Loyola gründet die „Gesellschaft Jesu“ (Jesuitenorden)

Reformatoren verändern die christliche Welt

Die Reformation führt zur Kirchenspaltung

In den Jahrzehnten vor der Reformation war das Lebensgefühl der Menschen von Angst geprägt. In ihrer Not erwarteten sie Trost und Hilfe von der Kirche. Doch viele Priester kümmerten sich nicht um die Sorgen der Menschen. Vor allem das verschwenderische Leben vieler Bischöfe und der Renaissancepäpste und das Geschäft mit dem Ablasshandel empörte viele Gläubige.

Martin Luther wollte mit seinen 95 Thesen (1517) gegen diese Missstände in der Kirche protestieren und diese erneuern (reformieren). Stattdessen begründete er ein neues Bekenntnis, und das Zeitalter der Konfessionalisierung begann. Seine theologischen Schriften rückten das Evangelium ins Zentrum des Glaubens und stellten damit die Autorität des Papstes radikal infrage. Mit seiner Übersetzung der Bibel ins Deutsche bildete sich dann eine neue, „evangelische“ Konfession heraus.

Die Reformation wurde zu einer immer mächtigeren Bewegung, da bald zahlreiche Reichsfürsten zum neuen Glauben übertraten, obwohl über Luther die Reichsacht ausgesprochen wurde. Auch andere Reformatoren, wie Ulrich Zwingli (1484–1531) und Johannes Calvin (1509–1564), kritisierten nun die katholische Kirche und reformierten den christlichen Glauben. Aus dem Streit um die Erneuerung der Kirche wurde außerdem ein politischer Machtkampf zwischen Kaiser und Fürsten, der schließlich zur religiösen und politischen Spaltung des Heiligen Römischen Reichs führte.

Der Bauernkrieg

Proteste und vereinzelte Aufstände unzufriedener Bauern hat es im Spätmittelalter immer wieder gegeben. Die Bauern verbanden 1524–1526 mit den Freiheitsgedanken der Reformation die Hoffnung, ihre Lebensverhältnisse zu verbessern: Ende der Leibeigenschaft und Verringerung der Dienste und Abgaben. Vor allem ging es ihnen um die Wiederherstellung der traditionellen Rechte ihrer Dorfgemeinden, die durch die zentral organisierte Territorialherrschaft der Landesherren immer stärker eingeschränkt wurden.

Luther stand anfangs dem Bestreben der Bauern positiv gegenüber. Als aber die Bauern im Südwesten des Reichs zum blutigen Kampf gegen Grundherren und Fürsten übergingen, rief Luther die Herrscher dazu auf, gegen die Aufständischen vorzugehen. Bei dieser Entscheidung spielte offenbar auch eine Rolle, dass Luther aufgrund der über ihn ausgesprochenen Reichsacht vom Wohlwollen der protestantischen Fürsten abhängig war. 1525 wurden die Bauernhaufen von landesherrlichen Truppen besiegt.

Veränderungen in der katholischen Kirche und der Augsburger Religionsfrieden

Auch die katholische Kirche besann sich im Verlauf des Konzils von Trient (1545–1563) auf innere Reformen, um Einfluss zurückzugewinnen. Der spanische Adlige Ignatius von Loyola gründete den Jesuitenorden, dessen Mitglieder vor allem als Lehrer und Erzieher in einer „Bildungsoffensive“ den Einfluss der katholischen Kirche bewahren und vergrößern wollte.

1550 | 1600 | 1650 | 1700

1618–1648 Dreißigjähriger Krieg

1545–1563 Konzil von Trient

1648 Westfälischer Frieden

1555 Augsburger Religionsfrieden

1535–1564 Johannes Calvin wirkt in Basel, Straßburg und Genf

Da die Konfessionalisierung schon weit fortgeschritten war, erschien der Kompromiss auf dem Augsburger Reichstag 1555 als tragfähiger Ausweg. Der wesentliche Inhalt dieses Augsburger Religionsfriedens bestand darin, dass die Gleichberechtigung beider Konfessionen beschlossen wurde. Außerdem wurde dem jeweiligen Landesherrn das Recht zugesprochen, über die Religionszugehörigkeit seiner Untertanen zu entscheiden. Immerhin gelang es so, die schwelenden Konflikte mehr als ein halbes Jahrhundert unter Kontrolle zu halten.

Machtgewinn durch die Konfessionalisierung

Kaiser Karl V. (1519–1556) sah die Einheit des Reichs bedroht, wenn es die Einheit im Glauben nicht mehr geben würde. Langjährige Kriege im Ausland hatten jedoch dazu geführt, dass er sich nur selten im Deutschen Reich aufhielt und sich kaum um die Reformation kümmerte. Dies nutzten die Fürsten zur Stärkung ihrer Macht in ihren Herrschaftsgebieten. Sie erreichten dies sowohl dadurch, dass sie als Landesherren die kirchliche Aufsicht übernahmen als auch durch eine Verwaltung mit gut ausgebildeten Beamten. Anstelle der im Lehnswesen üblichen personalen Bindung an den Herrn trat eine straff organisierte Territorialherrschaft. So förderte die Konfessionalisierung die Entstehung weitgehend selbstständiger Territorialstaaten innerhalb des Heiligen Römischen Reichs.

Dreißig Jahre Krieg verändern Europa

Auch weil der Augsburger Religionsfrieden von 1555 viele Formelkompromisse enthielt, blieb das Verhältnis zwischen Kaiser und protestantischen Fürsten angespannt. Aus der engen Verbindung von konfessionellen und machtpolitischen Interessen entbrannte der Dreißigjährige Krieg (1618–1648), der nicht zuletzt im Gebiet des heutigen Sachsen-Anhalts zahlreiche Opfer forderte. In manchen Regionen des Reichs ging infolge des Krieges die Bevölkerung sogar um zwei Drittel zurück. Die Motive der verschiedenen Kriegsparteien waren unübersichtlich und eng miteinander verbunden: Protestantische böhmische Adlige waren sowohl an der freien Ausübung ihres Glaubens als auch an größerer Selbstständigkeit und Unabhängigkeit gegenüber dem katholischen böhmischen König (und gleichzeitig Kaiser) des Reichs interessiert. Die Könige von Dänemark, Schweden und Frankreich verfolgten ebenfalls Machtinteressen, als sie zu unterschiedlichen Zeiten in diesen Krieg eintraten. Die geografische Ausdehnung des Krieges über ganz Mitteleuropa war für die Menschen eine neue Erfahrung.

Nach mehrjährigen Vorverhandlungen in Münster und Osnabrück gelang 1648 mit dem Westfälischen Frieden der Abschluss eines Friedensvertrags zwischen allen beteiligten europäischen Kriegsparteien. Der Friedensschluss hatte für die politischen Machtverhältnisse im Reich und in Europa tiefgreifende Folgen: Mit der Schweiz und den Niederlanden entstanden neue Staaten; Gebietsgewinne im Reich stärkten das schwedische und vor allem das französische Königtum; die nun verbriefte Selbstständigkeit der Reichsfürsten in ihren Territorien stärkte ihre Unabhängigkeit gegenüber dem Reich und führte zur dauerhaften Schwächung der Macht des Kaisers. Im konfessionellen Bereich wurde die evangelisch-calvinistische Konfession ebenfalls als gleichberechtigt anerkannt. Von nun an sollte jeder Gläubige selbst entscheiden dürfen, welcher Konfession er angehören wollte.

In diesem Kapitel konntest du folgende Kompetenzen erwerben:

- mithilfe verschiedener Quellen das Handeln von Persönlichkeiten vor und während der Reformation analysieren und herausarbeiten
- in einer Darstellung unter Einbeziehung von Quellen das Handeln einer historischen Persönlichkeit aufzeigen
- Geschichtsinszenierung am Beispiel der Reformation in Sachsen-Anhalt bewerten
- eine angemessene Würdigung von Persönlichkeiten der Reformation vorschlagen
- **Methode:** Ein Flugblatt untersuchen und deuten

M 1 *Flugblatt „Im Höllenrachen", Holzschnitt, vor 1536. Die Abbildung zeigt Nonnen und Mönche, die im Maul eines Teufels tafeln, der auf einem Ablassbrief sitzt.*

Folgende Begriffe und Personen hast du kennengelernt:

- Martin Luther
- Johannes Calvin
- Ulrich Zwingli
- Volksfrömmigkeit
- Christuszentrierung
- Wallfahrt
- Spottbilder
- Heiligenverehrung
- Ablassbriefe
- Medienrevolution
- Konfessionalisierung in Deutschland

1 **Partnerarbeit:**

a) Wähle drei Begriffe aus und erkläre sie deinem Banknachbarn.

b) Beschreibe den Einfluss der genannten drei Personen auf die Reformation.

M 2 **Über die Bedeutung Johannes Calvins (2006):**

Das Reformmodell der Kirche, das Calvin zwischen 1541 und 1560 schuf, erhielt für die Protestanten in vielen Ländern Europas Vorbildcharakter. Es prägte den Protestantismus in der Schweiz und in einigen Territorien des Alten Reichs, in Frankreich und Schottland, in den Vereinigten Niederlanden, in Ungarn, Böhmen-Mähren, Polen und Litauen ... Seither waren die Gegensätze innerhalb des protestantischen Lagers kaum weniger scharf als zwischen Protestanten und Katholiken.

Renate Dürr, Seit 1517. Religion und Politik, in: Anette Völker-Rasor (Hg.), Frühe Neuzeit, 2. Aufl., München (Oldenbourg) 2006, S. 23f. Bearb. v. Verf.

M 3

Aus einem Brief Calvins vom 25. 11. 1560:
Zum heiligen Abendmahl darf keiner kommen, der nicht seinen Glauben bekannt hat. Deshalb werden jährlich vier Prüfungen abgehalten, an denen die Kinder befragt und eines jeden Fortschritte festgestellt werden ... Was die Erwachsenen angeht, so wird jährlich eine Inspektion jeder Familie abgehalten ... Der Pfarrer ist von einem Ältesten begleitet. Dabei werden dann die neu Zugezogenen auch geprüft. Die Sittenzucht wird folgendermaßen gehandhabt: Jährlich werden zwölf Älteste gewählt ... Vor das kirchliche Gericht wird nur vorgeladen, über wen dies einstimmig beschlossen wird ... So werden Flucher, Trunkenbolde, Hurer, Raufbolde und Streitsüchtige, Tänzer ... und dergleichen Leute vorgeladen. Wer nur leicht gefehlt hat, wird mit freundlichen Worten zurechtgewiesen und entlassen. Bei schweren Sünden ist die Rüge strenger, der Pfarrer tut sie dann nämlich in den Bann, wenn auch nur für kurze Zeit; dadurch werden sie vom Abendmahl ausgeschlossen, bis sie um Verzeihung bitten ... Verachtet jemand verstockt die kirchliche Macht und lässt nicht innerhalb eines Jahres von seinem Trotze, so wird er vom Rat auf ein Jahr ausgewiesen.

Zit. nach Karl Heinrich Peter (Hg.), Briefe zur Weltgeschichte. München (dtv) 1964, S. 59ff. Bearb. v. Verf.

M 4

Auf der Website zum Reformationsjubiläum 2017 wird das Projekt „95 Türen zur Reformation" beschrieben:
Bis zum Reformationstag am 31. Oktober ist in der Lutherstadt Wittenberg die Open-Air-Ausstellung „95 Türen zur Reformation" zu sehen. In Anlehnung an die kirchenkritischen Thesen von Martin Luther (1483–1546) wurden 95 alte Türen von Schülern neu gestaltet und bemalt. Nun werden sie sechs Wochen lang ein bunter Teil des Stadtbildes sein ... Wie der stellvertretende Direktor der Evangelischen Akademie Sachsen-Anhalt, Alf Christophersen, am Dienstag (20. 9.) in der Lutherstadt mitteilte, wurden die Türen auf dem Weg von der Schlosskirche zur Stadtkirche am Geländer des Bachlaufes installiert. Damit sind sie jederzeit frei zugänglich und können besichtigt werden. Die Türen seien zu „Thesen eigener Art zum Reformationsjubiläum" geworden, das im kommenden Jahr gefeiert wird. Sie kündeten von regionaler Identität und öffneten den Blick für die Menschen aus aller Welt, die in Wittenberg erwartet würden, hieß es weiter. An dem Projekt beteiligten sich laut Christophersen vor allem Schulen und Schüler aus dem Landkreis Wittenberg, Konfirmanden, aber auch Kitas und Grundschulen. Die bearbeiteten Türen stammen aus alten Plattenbauten, die vor Jahren abgerissen wurden.

https://www.luther2017.de/de/neuigkeiten/95-tueren-zur-reformation/ (Stand: 12. 10. 2016)

Methoden- und Interpretationskompetenz

1 Untersuche das Flugblatt M1 mithilfe der Arbeitsschritte auf S. 55.

2 Fasse mithilfe von M3 in eigenen Worten zusammen, wie laut Calvin in der Kirchgemeinde Disziplin hergestellt werden sollte.

Geschichte darstellen (narrative Kompetenz)

3 **Wähle eine Aufgabe aus:**

a) Erstelle für ein Kurzreferat zum Thema „Johannes Calvin und die Reformation" eine ausführliche Gliederung. Nimm die Materialien aus diesem Kapitel zur Hilfe.

b) Erkläre, wie Johannes Calvin gegen die Missstände in der Kirche vorging und dabei eine neue Glaubenslehre schuf (siehe S. 50/51).

Geschichte heute (geschichtskulturelle Kompetenz)

4 **Partnerarbeit:**

a) Diskutiert mithilfe von M4, inwiefern die Ausstellung „95 Türen zur Reformation" eine angemessene Form des Luthergedenkens darstellt.

b) Johannes Calvin gilt für einige Kirchenhistoriker als der „Vollender der Reformation". Entwickelt Vorschläge, wie man diese Persönlichkeit der Reformation in der heutigen Zeit würdigen könnte.

Tipp: Nehmt M2 zu Hilfe.

Webcode: FG643433-073
Selbsteinschätzungsbogen

3 Herrschaftspraxis und -präsentation in der absoluten Monarchie

In anmutiger Haltung, nur leicht bekleidet, thront der Sonnengott Apoll inmitten seiner antiken Götterfamilie. Zu seiner Linken sitzt die antike Göttin Juno, umringt von ihren Kindern, und in der Mitte die Göttermutter Kybele mit einem Globus. Man könnte meinen, das Gemälde stammt aus der Zeit der Renaissance, als sich Kunst und Wissenschaft der Antike zuwandten. Doch es ist ein Gemälde, das der französische König Ludwig XIV. 1670 bei seinem Hofmaler bestellt hat. Es zeigt die französische Königsfamilie verkleidet als antike Göttinnen und Götter.

Welche Stimmung vermittelt das Bild? Stelle Vermutungen darüber an, warum sich Ludwig XIV. mit seiner Familie so malen ließ.

Ludwig XIV. und die königliche Familie. Gemälde von Jean Nocret, 1670 (Ausschnitt)

1600 | 1650

1643–1715 Ludwig XIV. in Frankreich; Absolutismus

1517 95 Thesen Martin Luthers; Beginn der Reformation

1648 Westfälischer Frieden

Wirtschaftsform des Merkantilismus

Dreißigjähriger Krieg

1661 Beginn Bau der barocken Schlossanlage von Versailles

Herrschaftspraxis und -präsentation in der absoluten Monarchie

Seit Beginn der Frühen Neuzeit versuchten Herrscher überall in Europa, ihre Macht auszubauen. Sie setzten Beamte ein und schufen Verwaltungen, um ihre Untertanen stärker zu kontrollieren. Sie beanspruchten die „absolute“, von allen gesetzlichen Bindungen befreite Herrschaft über ihre Untertanen. Anders als die Könige des Mittelalters wollten sie die Ständeversammlungen, in denen Geistliche, Adlige und Bürger vertreten waren, nicht an der Macht beteiligen.

Das Vorbild vieler Herrscher wurde der französische König Ludwig XIV. (1643–1715). In seiner Regierungszeit entwickelte sich Frankreich zum mächtigsten Staat Europas, Ludwig selbst herrschte unumschränkt. Er hatte eine neue Form der Herrschaft geschaffen: den Absolutismus*. Um seine Macht zu präsentieren, baute Ludwig XIV. in Versailles ein prachtvolles Schloss. Auch in vielen deutschen Städten erinnern heute noch prachtvolle Bauten an den Glanz des höfischen Lebens dieser Zeit. Somit blieb der Absolutismus kein französisches Phänomen, sondern fand im Heiligen Römischen Reich seine Nachahmer. Mit dem Absolutismus verbindet man auch eine besondere Gesellschafts- und Wirtschaftsform: den Ständestaat und den Merkantilismus*.

Der Machtanspruch der Landesherren stieß vor allem bei den Adligen, aber auch bei vielen Bürgern und Bauern auf Kritik und Ablehnung. Harte Kritik an der Stellung der Fürsten übten besonders die Gelehrten und Schriftsteller, die sich „Aufklärer“ nannten.

In diesem Kapitel beantwortest du folgende Fragen:

- Wie herrschten absolutistische Herrscher und wie begründeten sie ihren Machtanspruch?
- Wie sicherten absolute Herrscher ihre Macht?
- Wie präsentierten sie ihre Herrschaft?
- Welche Kritik übten die Aufklärer und was waren ihre Forderungen?

M 1

Politische Karte Europas um 1740

1700 | 1750 | 1800

1714 Ende des Vormachtstrebens Frankreichs

1789 Französische Revolution

17.–18. Jh. Aufklärung

1712–1786 Friedrich II. von Preußen; aufgeklärter Absolutismus

M2

Untertanen müssen im Pariser Rathaus erstmals eine Kopfsteuer an den König abliefern. Kolorierter Stich, 1695

M3

Gedenkmedaille für die erste Militärparade König Ludwigs XIV., 1666. Bei diesem Großereignis traten 18 000 Soldaten an. Sie unterstanden dem König und waren das ganze Jahr im Dienst. Die Inschriften lauten übersetzt: „Vorspiel zu Siegen" (oben) und „Wiederherstellung der Militärdisziplin" (unten).

M4

Betrieb zur Herstellung von Rasiermessern, um 1750. In solchen Betrieben stellten verschiedene Handwerker gemeinsam ein Produkt her. Der Besitzer war entweder ein bürgerlicher Kaufmann oder der König selbst. Die Arbeiter stellten alle Produkte selbst („manuell") her, daher wurden solche Betriebe Manufakturen genannt.*

1 Beschreibe anhand von M1 die Unterschiede zu heutigen Staatsgrenzen in Europa.
Tipp: Du kannst die Karte vorne im Buch zu Hilfe nehmen.

2 **a)** Wähle von den Bildern M2, M3 oder M4 eines aus, das dein Interesse weckt. Begründe, warum, und beschreibe das Bild genau.
b) Stelle anhand deines Bildes Vermutungen an, was im Fürstenstaat in der Frühen Neuzeit neu war.
c) Sammelt eure Vermutungen in der Klasse.

Wie regierte der französische König Ludwig XIV.?

Durch den Dreißigjährigen Krieg und dessen Folgen waren die machtpolitischen Verhältnisse in Europa stark verändert. Erst im 17. Jahrhundert entwickelte sich unter Ludwig XIV. in Frankreich eine neue Herrschaftsform, bei der es dem König gelang, die absolute Macht auf sich zu vereinen.

- ***Untersuche mithilfe dieser Doppelseite die Frage in der Überschrift.***

Ein junger Thronfolger

Durch den frühen Tod seines Vaters wurde Ludwig schon mit vier Jahren König von Frankreich. Aus heutiger Sicht herrschte in der absolutistischen Herrschaftsform ein dynastisches Denken vor: Starb ein Herrscher, folgte der älteste Sohn auf dem Thron. Auch wenn aufgrund seines Alters vorerst seine Mutter Anna von Österreich und der Minister Kardinal Mazzarin für ihn regierten, musste Ludwig Aufgaben eines Königs übernehmen, etwa die Sitzung des Pariser Gerichtshofs eröffnen. Als Mazarin im Jahr 1661 starb, regierte der 22-jährige König allein. Er lenkte die Staatsgeschäfte bis zu seinem Tod 1715 und prägte die Politik, Wirtschaft und Kultur weit über Frankreich hinaus.

„L'État c'est moi!" – Der Staat bin ich!

Dass König Ludwig XIV. dies wörtlich gesagt hat, ist nicht sicher belegt. Es steht jedoch fest, dass das Zitat Ludwigs Auffassung treffend wiedergibt. Seine Herrschaft leitete der König unmittelbar von Gott ab, deshalb wollte er sich nur diesem gegenüber rechtfertigen bzw. legitimieren (Gottesgnadentum*). Er fühlte sich zwar an göttliche Gebote gebunden, aber frei von menschlichen Gesetzen (lat. legibus absolutus). Ausgehend davon wird die Regierungszeit Ludwigs XIV. als Zeitalter des Absolutismus* bezeichnet. Ludwig XIV. wählte die Sonne als sein Zeichen und wurde deshalb auch „Sonnenkönig" genannt.

M 1

Ludwig XIV. (1638–1715) trat im Ballett „Die Nacht" mehrfach in der Rolle der Sonne auf, 1654.

Wie sicherte Ludwig seine Macht?

Ludwig konnte Frankreich nicht ohne Hilfe regieren. Er hatte Minister, die ihm beratend zur Seite standen. Entscheidungen traf er aber in der Regel allein. Auch verfügte nur er allein über die Staatsfinanzen. Um das Land zu verwalten, Gesetze auszuführen und Steuern einzutreiben, brauchte er Beamte. Sie stammten aus dem Bürgertum und waren dem König treu ergeben, weil sie ihm ihr Amt verdankten. Anderenfalls wurden sie ersetzt. Ludwig gelang es so, seine Untertanen zu kontrollieren und eine zentrale Verwaltung aufzubauen. Damit schuf er die Grundlagen für einen modernen Staat. Auch die Gerichte waren mit königstreuen Richtern besetzt.

Der Adel im goldenen Käfig?

Ludwig beseitigte den Adel nicht, entmachtete ihn aber weitgehend. Im Gegenzug durfte der Adel seine bisherigen Vorrechte behalten. Der „Sonnenkönig" versammelte einen Großteil Adel im Schloss Versailles außerhalb von Paris. Dieser wurde in die streng geregelten höfischen Zeremonien* eingespannt und erhielt gut bezahlte Ehrenstellen am königlichen Hof. Durch den am Hof üblichen Luxus verschuldeten sich viele Adlige und waren von Geschenken des Königs abhängig. Sie waren politisch „diszipliniert", d. h. gezähmt worden. Der König wollte Frankreich in vielen Kriegen die Vorherrschaft (Hegemonie*) über Europa sichern. Dazu ließ er ein stehendes Heer einrichten: Ausgebildete Soldaten waren ständig einsatzbereit, und Uniformen sorgten erstmals für ein einheitliches Erscheinungsbild.

„Ein König, ein Glaube, ein Gesetz"
Diesem Grundsatz folgend, stand auch die katholische Kirche im Dienst der absolutistischen Herrschaft. Ludwig ließ keine weitere Glaubensrichtung zu und befahl allen Protestanten, zum katholischen Glauben zu wechseln. Gewaltsame Ausschreitungen gegen die französischen Protestanten (Hugenotten) waren keine Seltenheit. Eine Massenauswanderung war die Folge der Religionspolitik Ludwigs. Andere absolutistische Herrscher wie der brandenburgische Kurfürst Friedrich Wilhelm I. (1620–1688) profitierten davon und bemühten sich um die Aufnahme der Flüchtlinge. Für das durch den Dreißigjährigen Krieg von Verwüstungen und Bevölkerungsverlusten gezeichnete Land erhoffte sich der Kurfürst durch die Ansiedlung der Hugenotten langfristig Vorteile. Er wollte sein Land zu neuem Wohlstand führen und sah die gut ausgebildeten und zum Teil wohlhabenden Flüchtlinge als Chance, die Bevölkerung planmäßig zu vergrößern (Peuplierung*), um seine Macht zu sichern.

M 2 **Jacques-Bénigne Bossuet, ein französischer Bischof, über den absolutistischen Herrschaftsanspruch (1682):**

Die königliche Autorität ist absolut: ... Der Fürst hat niemand Rechenschaft abzulegen von dem, was er anordnet. Ohne diese absolute Autorität kann er weder das Gute tun noch das Böse vernichten. Seine Macht muss so groß sein, dass niemand sich ihr entziehen kann ... Wenn der Fürst geurteilt hat, so gibt es kein höheres Urteil mehr ... Sie sind von Gott eingesetzt und haben gleichsam Teil an der göttlichen Unabhängigkeit. Gott allein kann ihre Urteile und Handlungen richten ... Daraus folgt, dass derjenige, der dem Fürsten nicht gehorchen will, nicht zu einem anderen Gerichtshof geschickt wird, sondern unweigerlich zum Tode verurteilt wird als Friedenstörer und Feind der menschlichen Gesellschaft ...
Die Fürsten handeln also als Gottes Diener und Statthalter auf Erden. Durch sie übt er seine Herrschaft aus ... Deshalb ist ... der königliche Thron nicht der Thron eines Menschen, sondern der Thron Gottes.

Zit. nach Alfons Fitzek, Staatsanschauungen im Wandel der Jahrhunderte, Bd. 2, Paderborn (Schöningh) 1977, S. 48.

M 3 **Ludwig XIV. in seinen Memoiren:**

Ich entschloss mich keinen „ersten Minister" mehr in meinen Dienst zu nehmen. Denn nichts ist unwürdiger, als wenn man auf der einen Seite alle Funktionen, auf der anderen Seite nur den leeren Titel eines Königs bemerkt. Ich wollte die oberste Leitung ganz allein in meiner Hand zusammenfassen ... Ich bin über alles unterrichtet, höre auch meine geringsten Untertanen an, weiß jederzeit über Stärke und Ausbildungszustand meiner Truppen und über den Zustand meiner Festungen Bescheid. Ich gebe unverzüglich meine Befehle zu ihrer Versorgung, verhandle unmittelbar mit den fremden Gesandten, empfange und lese die Nachrichten und entwerfe teilweise selbst die Antworten, während ich für die Übrigen meinen Sekretären das Wesentliche angebe. Ich regle Einnahmen und Ausgaben des Staates und lasse mir von denen, die ich mit wichtigen Ämtern betraue, persönlich Rechenschaft geben.

Zit. nach Geschichte in Quellen, Wolfgang Lautemann u. a. (Hg.), Bd. 3, München (bsv) 1966, S. 426. Sprachl. vereinf. v. Verf.

1 a) Arbeite aus dem Darstellungstext die „Stützen der Macht" Ludwigs XIV. heraus.
b) Begründe, ob man die Religion auch als Stütze der Macht bezeichnen kann.

2 Wähle eine Aufgabe aus:
a) Beschreibe die Aufgaben eines absoluten Monarchen (M3).
b) Erkläre, warum Ludwig XIV. ein absoluter Monarch ist (M3).

3 Beschreibe die Beziehung zwischen absolutistischem Herrscher und Gott (M2).

4 Ludwig XIV. hält in seinen Memoiren (M3) viele Details seiner Herrschaft für seine Nachkommen fest. Erkläre, welches Ziel er damit verfolgt.

5 Arbeite heraus, wie der König den Adel von sich abhängig machte (Darstellungstext).

Zusatzaufgabe: siehe S. 143

Ludwig XIV. führt immer Krieg

In der zweiten Hälfte des 17. Jahrhunderts war das oberste Ziel der Außenpolitik absolutistischer Herrscher, die Macht ihres Staates zu vergrößern. Vor allem Ludwig XIV. strebte danach, die Vorherrschaft in Europa zu erlangen.

- ***Welche Merkmale kennzeichnete die Außenpolitik Ludwig XIV.?***

Die Ziele der französischen Außenpolitik

Während seiner 54-jährigen Regierungszeit (1661 bis 1715) führte Ludwig XIV. insgesamt 29 Kriege. Sein Ziel war es, die Grenzen Frankreichs nach Norden und Osten bis an den Rhein zu verschieben. Damit sollte das Herrscherhaus der Habsburger in Spanien und Österreich geschwächt und als wirtschaftlicher Konkurrent ausgeschaltet werden. War eine Vergrößerung des Machteinflusses durch diplomatische Mittel wie Heirat und Erbschaft nicht zu erreichen, ließ Ludwig sein Heer in fremde Länder einmarschieren. So wurde z. B. die Stadt Straßburg Frankreich einverleibt und die Region Elsass französische Provinz. Ludwig verfügte über das modernste und größte Heer Europas. Durch Kriege und Bündnisse wurde Frankreich zur stärksten Macht des Kontinents. Als Soldaten eines stehenden Heeres mussten diese nicht einberufen werden, sondern sie standen dem Herrscher auch in Friedenszeiten zur Verfügung. Die Truppen waren in Kasernen untergebracht, wo sie ausgebildet wurden. Die Unterhaltung des Heeres war sehr teuer und machte die Hälfte der Staatsausgaben aus.

Ende der französischen Eroberungen

Erst am Anfang des 18. Jahrhunderts gelang es den anderen europäischen Mächten, Frankreichs Streben nach Vorherrschaft erfolgreich zu stoppen. In der Folge sollte das europäische Staatensystem in einem Gleichgewicht der Mächte gehalten werden. Die Friedensschlüsse von Utrecht (1713) und der Friedensschluss von Rastatt (1714) beendeten das Vormachtstreben Frankreichs. Fünf Großmächte bestimmten nun in einer stabilen Mächtekonstellation die europäische Politik: England, Frankreich, Preußen, Österreich und Russland.

A

M 1

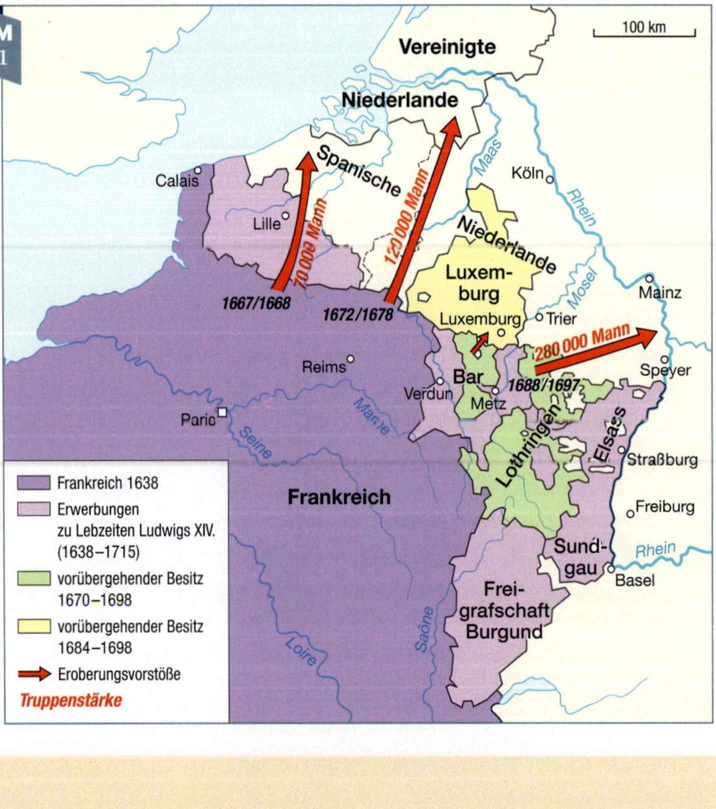

1 Erläutere mithilfe von M1 die Ziele und Erfolge der Außenpolitik Ludwigs XIV.
Tipp: Nimm auch den Darstellungstext zu Hilfe.

Die Kriege Ludwigs XIV.

B

M 2

Wichtige Kriege Ludwigs XIV.:

	Kriegsgrund	**Kriegführende Staaten**	**Ergebnis**
1667/68 Krieg gegen die spanischen Niederlande	Erbansprüche	Frankreich gegen Spanien, Republik der Niederlande, England	Frankreich erhält Grenzgebiete von spanischen Niederlanden
1672–78 Krieg gegen die Niederlande	Ausschaltung der Niederlande als Handelskonkurrenz	Frankreich u. Schweden gegen Niederlande, dt. Reichsfürsten, Spanien	Frankreich gewinnt Burgund, Grenzgebiete von spanischen Niederlanden
1688–97 Pfälzer Erbfolgekrieg	Erbansprüche Frankreichs an die Pfalz	Frankreich gegen Österreich, Spanien, Schweden, England, Niederlande	Frankreich verliert bisherige Eroberungen bis auf Elsass u. Straßburg
1701–1713/14 Spanischer Erbfolgekrieg	Französische u. österreichische Erbansprüche nach Aussterben der spanischen Habsburger	Frankreich gegen Österreich, England, Niederlande, deutsche Reichsfürsten	Verbot der Personalunion Frankreich-Spanien; Österreich und England erhalten Gebiete von Spanien

1 Erläutere mithilfe von M2 die Ziele der Außenpolitik Ludwigs XIV.

C

M 3

Kriegserklärung Ludwigs XIV. an die Vereinigte Niederlande, 6. April 1672:

Das Missfallen seiner Majestät über das Betragen, das die Generalstaaten der Vereinigten Niederlande seit einiger Zeit ihm gegenüber an den Tag gelegt haben, hat sich so gesteigert, dass Seine Majestät ohne Minderung seines Ruhmes nicht länger seine Empörung über eine Handlungsweise verbergen kann, die so wenig von den großen Wohltaten entspricht, mit denen Seine Majestät und dessen königliche Vorgänger sie so freigiebig überhäuft haben. Seine Majestät erklärt daher hiermit, dass er sich entschlossen hat, die Generalstaaten der Vereinigten Niederlande zu Meer und zu Lande mit Krieg zu überziehen.

Zit. nach Geschichte in Quellen, Bd. 3, hg. v. Wolfgang Lautemann und Manfred Schlenke, München (bsv) 1966, S. 514f. Übers. v. Fritz Dickmann.

1 Beschreibe die Politik Ludwigs XIV. gegenüber den Vereinigten Niederlanden (M3).
Tipp: Werden Gründe für die Kriegserklärung genannt?

2 Erläutere die Ziele der Außenpolitik Ludwigs XIV. (Darstellungstext).

D

M 4

Die Heeresstärke der französischen Armee:

1664	45 000 Mann
1672	120 000 Mann
1688	290 000 Mann
1703	400 000 Mann

Zusammengestellt nach Ricardo Krebs, Der europäische Absolutismus, 4. Aufl., Stuttgart (Klett) 1985, S. 39.

Aufgabe für alle:
Diskutiert Vor- und Nachteile eines stehenden Heeres für den absolutistischen Staat.
Tipp: Inwiefern diente das stehende Heer der Machtsicherung Ludwigs XIV.? Berücksichtigt den Darstellungstext und M4.

Ludwig XIV.: Ein Bild und seine Geschichte

Ludwig XIV. war ein Genie in Sachen Eigenwerbung. Bilder sollten seinen Ruhm in ganz Europa verbreiten. Das bis heute bekannteste Gemälde kannst du hier näher kennenlernen. Es wurde Vorbild für viele andere Herrscherdarstellungen.

- ***Was ist das Besondere an diesem Bild und wie ist es entstanden?***

M 1

Madame de Maintenon, langjährige Geliebte Ludwigs XIV., schrieb am 11. März 1701 aus Versailles:

Schon zweimal bin ich nach dem Abendessen aus Saint-Cyr [dem von ihr gegründeten Internat für verarmte Mädchen] hierher zurückgekommen, um den König dazu zu bringen, sich malen zu lassen. Die Gicht [eine Krankheit mit heftigen Gelenkschmerzen] ist uns hier zu Hilfe gekommen, ohne sie hätten wir ihn nicht dazu gebracht, drei bis vier Stunden stillzuhalten.

Lettres de Madame de Maintenon, Bd. 3, 1698–1706, hg. v. Hans Bots u. Eugénie Bots-Estourgie, Paris (Honoré Champion) 2011, S. 288. Übers. v. Verf.

M 2

Der französische Historiker Olivier Chaline über das Gemälde Rigauds (2005):

Der König ist 63 Jahre alt. Eine aufmerksame Betrachtung des Gesichts zeigt, dass die Zeit ihre Spuren hinterlassen hat, vor allem um die Augen und den Mund herum. Dennoch hat der von Gicht geplagte König, der sich in seinem Park mit einem Rollstuhl bewegt, eine jung gebliebene und graziöse Erscheinung. Er streckt das Bein vor, als wolle er einen Tanz beginnen. Doch das Tanzen musste er schon 30 Jahre zuvor aufgeben. Alles atmet Würde und Erhabenheit aus.

Olivier Chaline, Le règne de Louis XIV., Bd. 1, Paris (Edition Flammarion) 2005, S. 368f. Übers. v. Verf.

Hyacinthe Rigaud (1659–1743)

Rigaud war aufgrund seiner lebensechten Porträts einer der gefragtesten Künstler seiner Zeit. Er fertigte rund 400 Gemälde bevorzugt von Mitgliedern der europäischen Königshäuser, Vertretern des französischen Hochadels und der hohen Geistlichkeit an. Für das Porträt Ludwigs XIV. von 1701 erhielt er 40 000 Franc. Sein Jahreseinkommen lag bei etwa 30 000 Franc. Ludwig XIV. wollte dieses Gemälde ursprünglich seinem Enkel Philipp V., der gerade König von Spanien geworden war, schenken. Er entschloss sich aber, es selbst zu behalten. Rigaud fertigte mehrere Kopien an, eine davon erhielt Philipp. In Versailles durfte kein Untertan dem Gemälde den Rücken zukehren.

M 3 *Grobianix, Häuptling der rechten Dorfhälfte, aus dem Asterix-Band „Der große Graben", gezeichnet von Uderzo, 1980*

1 **Gruppenarbeit:**

a) Informiert euch mithilfe von M1 und der Biografie Rigauds über die Entstehung des Bildes M4.

b) Standbild: Stellt die Pose des Herrschers (M4) nach. Einer versucht die Haltung exakt nachzumachen, die anderen geben Anweisungen. Beachtet die Größe des Gemäldes: Warum ist es schwer, den Blickwinkel zwischen König und Betrachtern korrekt wiederzugeben?

Tipp: Verwendet die Methode „Standbild" (siehe S. 159).

2 **Wähle eine Aufgabe aus:**

a) Beschreibe und deute das Bild M4.

Tipp: Nimm M2, M3 und die Arbeitsschritte „Herrscherbild" (siehe S. 154) zu Hilfe.

b) Gestalte ein Gespräch zwischen Ludwig XIV. und Rigaud, in dem der König präzise Anweisungen zum Auftrag des Gemäldes formuliert (Zeichen seiner Macht, beabsichtigte Wirkung) und der Maler seine eigenen Vorstellungen (z. B. Lebensechtheit) darlegt.

Zusatzaufgabe: siehe S. 143

M 4

Ludwig XIV., Gemälde von Hyacinthe Rigaud, 1701, Größe: 297 x 190 cm

Lilien: Zeichen des französischen Herrschergeschlechts der Bourbonen

Schwert: „Joieuse", angebliches Schwert Karls des Großen

Hermelinpelz: hergestellt aus dem Winterfell des Großen Wiesels, selten und damit teuer

Vorhang: Verwendung üblicherweise bei Darstellungen des auferstandenen Christus, hier Zeichen für die Göttlichkeit des Herrschers

Säule mit Relief der Göttin Justitia: Justitia als römische Göttin der Gerechtigkeit

Versailles – Ausdruck des absoluten Herrschaftsanspruches?

Etwa 20 Kilometer von Paris entfernt hatte bereits Ludwig XIII. (1601 bis 1643) in dem Ort Versailles ein kleines Jagdschloss errichten lassen, das sein Sohn und Nachfolger, Ludwig XIV., nach dem Tod des Vaters als Lustschloss und Sommersitz benutzte. Er ließ dieses Jagdschloss jedoch zu einer gewaltigen und prunkvollen Schlossanlage ausbauen.

- *Inwiefern stellte das Schloss in Versailles ein Symbol des absoluten Herrschaftsanspruches dar?*

M 1

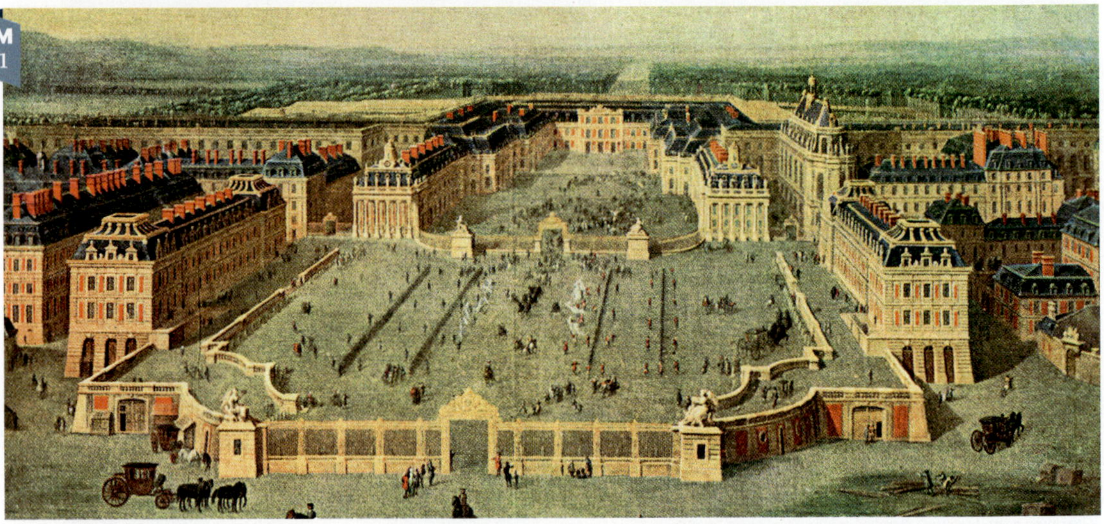

Die barocke Schlossanlage von Versailles im Jahr 1722, Gemälde von Pierre-Denis Martin

Das Schloss wird errichtet

Im Jahr 1661 begannen die Bauarbeiten, die nicht zuletzt deshalb besonders aufwendig waren, weil das Bauwerk in einem Sumpfgebiet entstand, das erst mühsam trockengelegt werden musste. Schätzungsweise 36 000 Arbeiter und 6000 Pferde beteiligten sich daran, den Traum des Königs zu verwirklichen. Auf der Baustelle gab es viele Unfälle, die teilweise sogar tödlich endeten. Der Bau verschlang riesige Summen – umgerechnet 100 Millionen Euro. Als der König mit seinem gesamten Hof 1682 nach Versailles umzog, war das Schloss noch immer eine Baustelle. Die Bauarbeiten waren erst Ende des 18. Jahrhunderts weitgehend beendet, als Ludwig XVI., der Nachfolger Ludwigs XIV., Frankreich regierte.

Das Leben am Hofe

Ein Kennzeichen der barocken* Schlossanlage war seine Größe und Pracht. Auf 51 000 Quadratmetern befanden sich Hunderte von Räumen. Etwa 10 000 Menschen lebten und arbeiteten am Hof von Versailles, davon war etwa die Hälfte im Schloss untergebracht. Der größte Teil der Bediensteten lebte in der Stadt. Die Adligen, die Ludwig XIV. in großer Zahl an seinen Hof geholt hatte, veranstalteten eindrucksvolle Feste, Bälle und Konzerte. Eine Trennung von öffentlichem und privatem Bereich gab es im Schloss nicht. So nahm die königliche Familie gewöhnlich Mahlzeiten vor Publikum ein. Als besonders hohe Ehre galt es außerdem, dem König am Morgen beim Aufstehen und Ankleiden, dem „Lever du Roi“, zusehen zu dürfen oder seine Toilette zu entsorgen. Auch wenn die Innenausstattung des Schlosses sehr prachtvoll war – komfortabel war das Leben nicht immer. Besonders im Winter war es sehr kalt, da nicht alle Räume mit einem Kamin ausgestattet waren oder die Fenster nicht richtig schlossen. Verarmte Adlige lebten daher oft in einfachen Dachkammern. Fließendes Wasser gab es, wie üblich im 17. und 18. Jahrhundert, auch nicht.

M2

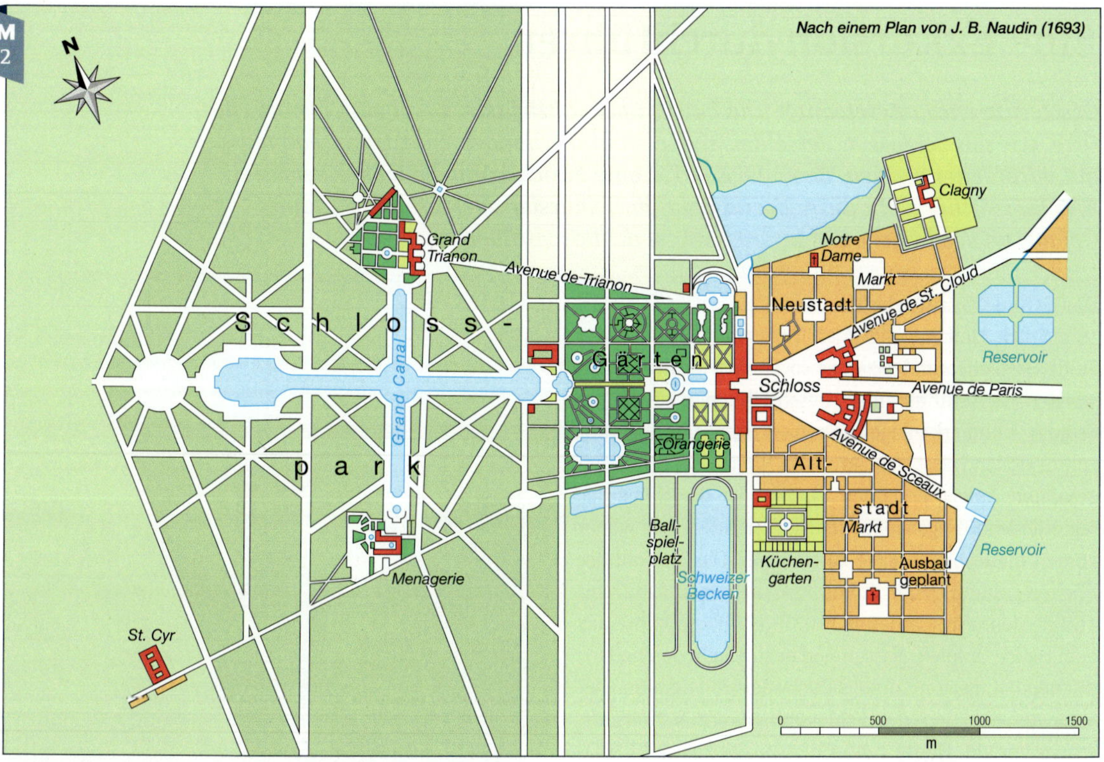

Plan der barocken Schlossanlage von Versailles

M3

Der Historiker Peter Burke über die Zeremonien am Hofe Ludwigs XIV. (1993):

Aus dem morgendlichen Aufstehen und dem nächtlichen Zubettgehen wurde das zeremoniell lever bzw. coucher ... Die königlichen Mahlzeiten ... waren Aufführungen vor einem Publikum. Es war eine Ehre, dem König beim Speisen zusehen zu dürfen, eine größere Ehre, während des Essens von ihm angeredet zu werden, doch am ehrenvollsten war die Einladung, ihm aufzutragen oder mit ihm zu speisen ... Auch auf die anderen Elemente des königlichen Alltags wäre das zu beziehen – auf die tägliche Messe, auf die Besprechungen mit seinen Ratgebern, ja sogar auf seine Feldzüge, auf die Jagd und seine Spaziergänge im Garten ... Der königliche Alltag bestand aus Handlungen, die sich nicht bloß ständig wiederholten, sondern mit symbolischer Bedeutung befrachtet waren, weil sie von einem Schauspieler, dessen Person heilig war, vor der Öffentlichkeit aufgeführt wurden.

Peter Burke, Ludwig XIV. Die Inszenierung des Sonnenkönigs, Berlin (Wagenbach) 1993, S. 111ff.

1 Beschreibe den Aufbau der barocken Schlossanlage von Versailles (M1, M2). Beachte die Lage des Schlosses.

2 **a)** Fasse zusammen, was man unter den Hofzeremonien am Schloss Versailles versteht (M3).

b) Erkläre die Bedeutung der Zeremonien für das Leben am Hof und für Ludwig XIV. (M3).

c) Peter Burke bezeichnet Ludwig XIV. als Schauspieler und seine Zeremonien als „Inszenierung". Begründe, ob diese Wortwahl geeignet ist (M3).

3 Erläutere, inwiefern das Schloss von Versailles Ausdruck des absoluten Herrschaftsanspruches Ludwigs XIV. war (M1, M2, Darstellungstext).

4 **Geschichte darstellen:** Deine Familie plant in den nächsten Ferien eine Reise nach Paris inklusive Besuch in Versailles und dem Bild von Rigaud im Louvre (Museum). Bereite ein Kurzreferat vor, indem du deiner Familie erklärst, wie Ludwig XIV. seine Macht präsentierte. Nutze dazu M1, M2, M3 und S. 82/83.
Tipp: Nutze dafür die Anleitung „Kurzvortrag" auf S. 158.

Webcode: FG643433-085
Barocke Schlossanlage von Versailles

Eine Exkursion durchführen

Geschichte wird interessanter und besser nachvollziehbar, wenn man historische Orte, wie das Schloss in Versailles, aufsucht und erkundet. Eine Exkursion muss gut vorbereitet werden, denn die Zeit für eine Besichtigung ist immer begrenzt. Wer sich vorher nicht ausreichend über das Exkursionsziel informiert, läuft Gefahr, an Wichtigem und Interessantem achtlos vorüberzugehen.

Das Schloss Oranienbaum

„Ein Stück Holland begegnet Ihnen beim Besuch der Stadt Oranienbaum." So oder so ähnlich beginnen die meisten Reiseführer ihre Beschreibungen über die Schloss- und Parkanlage in Oranienbaum. Der enge Bezug zu Holland lässt sich bereits im Namen der Stadt und gesamten Anlage erkennen. Oranien ist der Name des regierenden Königshauses der Niederlande. Doch woher kommt dieser enge Bezug zu Holland? Die Ehefrau des Fürsten Johann Georg II. von Anhalt-Dessau (1627 bis 1693), Henriette Catharina (1637–1708), stammte aus dem Hause Oranien-Nassau und beauftragte den holländischen Baumeister Cornelis Ryckwaert mit dem Bau der Schlossanlage und des Schlossgartens nach holländischem Vorbild. Heute gehört die Anlage zum UNESCO-Weltkulturerbe.

UNESCO-Weltkulturerbe

Die UNESCO (Organisation der Vereinten Nationen für Bildung, Wissenschaft und Kultur) verleiht historischen Stätten, die aufgrund ihrer Einzigartigkeit weltbedeutend sind, den Titel Weltkulturerbe. Dazu gehören Baudenkmäler, Gebäude, aber auch Industriedenkmäler und außergewöhnliche Naturlandschaften.

M 1

Pagode im englisch-chinesischen Garten, Foto, 2014. Typisch für die Zeit des Barocks war das Interesse an fremden Kulturen.

M 2

Schloss Oranienbaum, Sachsen-Anhalt, Foto, 2013

Arbeitsschritte „Eine Exkursion durchführen"

Informationen beschaffen	**Lösungshinweise**
1. Besorgt euch Informationsmaterial im Internet oder bei der Verwaltung der Sehenswürdigkeit.	*Offizielle Internetseite der Schlossanlage oder andere vertrauenswürdige Seiten, z. B.:* **Webcode:** FG643433-087
Exkursion organisieren	
2. Klärt, welcher Termin infrage kommt. Beachtet Termine in der Schule und die Öffnungszeiten der Sehenswürdigkeit. Ermittelt Fahrpreis, Fahrzeiten sowie Preise für Eintritt und Führungen.	*Die meisten Internetseiten der Sehenswürdigkeiten liefern dazu alle nötigen Informationen. Viele Museen haben z. B. montags geschlossen. Fragt nach, ob Fotografieren/Filmen erlaubt ist.*
Inhalte der Exkursion in der Schule vorbereiten	
3. Sichtet das Material und entscheidet euch für einige Schwerpunkte eurer Exkursion.	• *z. B.: Aufbau der Schlossanlage, Vergleich mit dem Schloss Versailles, Bedeutung der Anlage in der heutigen Zeit, Leben und Wirken der Familie Anhalt-Dessau ...*
4. Einigt euch auf den Ablauf der Exkursion und darauf, wie ihr eure Ergebnisse dokumentieren wollt.	• *z. B.: Schüler halten Informationsvorträge; Arbeitsmaterial zur eigenständigen Erkundung entwerfen* • *z. B.: Ausstellung in der Schule; Artikel für die Schülerzeitung*
5. Teilt die Klasse in Gruppen ein, die dann Einzelfragen zu ihrem Thema formulieren.	• *z. B.: Welche typischen Merkmale des Barocks lassen sich in der Anlage von Oranienbaum erkennen?*
Exkursion durchführen	
6. Verschafft euch gemeinsam einen ersten Überblick, z. B. durch eine Führung.	• ...
7. Fertigt Notizen, Skizzen und Fotos oder Videos an. Befragt das Personal der Sehenswürdigkeit. Teilt euch dazu in die vorher festgelegten Kleingruppen ein.	• *Achtet auf Bild- und Personenrechte.*
Befunde auswerten und dokumentieren	
8. Wertet eure Ergebnisse in der Schule in den Arbeitsgruppen aus und tragt sie der Klasse vor.	• ...
9. Dokumentiert eure Ergebnisse wie geplant.	• ...

1 **Gruppenarbeit:**

a) Entwickelt mithilfe der Abbildungen und Informationen dieser Doppelseite Einzelfragen, die ihr bei einer Exkursion zum Schloss erforschen könntet.

b) Bereitet mithilfe der Arbeitsschritte 1–5 eine Exkursion zum Schloss Oranienbaum vor.

2 **Geschichte heute:**

a) Partnerarbeit: Fertigt gemeinsam eine Mind-Map an, welche zeigt, warum es wichtig ist, dass die Schlossanlage Oranienbaum für die Zukunft erhalten wird.

b) Diskutiere, ob es nicht sinnvoller wäre, das viele Geld zur Erhaltung der alten Schlossanlagen für den Bau neuer Wohnungen auszugeben.

Tipp: Warum sollte man historische Bauten aus verschiedenen Zeiten erhalten?

3 Führt eine Exkursion zu einer barocken Schlossanlage in eurer Nähe durch. Nutzt dafür die Arbeitsschritte auf dieser Seite.

Der Merkantilismus: Ein neues Wirtschaftssystem im absolutistischen Staat

Die Verwaltung, der Bau des Schlosses Versailles, die aufwendige Hofhaltung und der Unterhalt stehender Heere verschlang riesige Summen. Die Abgaben der Bauern und einfachen Bürger reichten bald nicht mehr aus, um die Kosten zu decken. Ludwig XIV. und andere absolutistische Herrscher mussten sich neue Geldquellen erschließen. Sie förderten die Entstehung eines neuen Wirtschaftssystems – des Merkantilismus.

- *Was versteht man unter Merkantilismus?*
- *Welche Vor- und Nachteile brachte der Merkantilismus mit sich?*

Entstehung und Ausrichtung des Merkantilismus

Zwischen 1670 und 1710 verdreifachten sich die Ausgaben des französischen Staates. In anderen Ländern Europas sah es ähnlich aus. In Frankreich wurde der Finanzminister Jean Baptiste Colbert (1619–1683) von König Ludwig XIV. damit beauftragt, durch umfangreiche Reformen* die französische Wirtschaft zu stärken. Sein erster Schritt war die Gründung großer Betriebe. Das waren vor allem Verlage* und Manufakturen, die Luxusgüter wie Wandteppiche produzierten. Sie exportierten ihre Waren ins Ausland und zahlten Steuern auf ihre Gewinne. Gleichzeitig verhinderte der Staat, dass ausländische Händler ihre Produkte einführten (Protektionismus). Die für die Produktion notwendigen Rohstoffe bezog man besonders günstig aus den französischen Kolonien, z. B. aus Nordamerika. In Frankreich sollte der Handel und Austausch von Waren erleichtert werden. Hierfür wurden neue Straßen, Brücken und Kanäle gebaut und alle Zollgrenzen im Land beseitigt. Angestrebt wurden eine Vermehrung der Bevölkerungszahl (Peuplierung*) und eine Intensivierung der Arbeitsleistung der Menschen.

Forscher nennen diese Art der Wirtschaftspolitik „Merkantilismus". Für die Landwirtschaft interessierte sich Colbert dagegen kaum, obwohl mehr als zwei Drittel der Franzosen dort arbeiteten.

Wer profitierte von wem?

Historiker sehen einen Zusammenhang zwischen der Entstehung des „absolutistischen" Staates und dem Merkantilismus: Der König und seine Verwalter nutzten die Kräfte der Wirtschaft, um Reichtum und Macht des Staates zu vergrößern. Aber auch die Unternehmer spannten den Staat für ihre Ziele ein. Vor allem Kaufleute, Bankiers, Verleger und Manufakturbesitzer profitierten von der merkantilistischen Wirtschaftspolitik. Sie konnten großen Wohlstand erwerben. Der König förderte diese Gesellschaftsschicht ganz bewusst, denn hier gab es die meisten Steuerzahler.

Aufstieg des Bürgertums

Das Bürgertum entwickelte sich zur wirtschaftlich tragenden Kraft. Politisch blieb es aber weitgehend ohne Einfluss. Schlechter erging es den Arbeitern: Ihre Löhne wurden bewusst niedrig gehalten. Unternehmer rechtfertigten das damit, dass die Preise ihrer Waren mit der ausländischen Konkurrenz mithalten mussten.

M 1

Finanzminister Colbert präsentiert König Ludwig XIV. einen Plan zum Bau des „Canal du Midi", Farbdruck, um 1788. Der Kanal wurde 1667 bis 1681 gebaut und verbindet das Mittelmeer mit der Garonne, die in den Atlantik mündet. Er wird heute noch genutzt.

Webcode: FG643433-088
Merkantilismus

M 2

Der Historiker Ilja Mieck beschrieb 1993 die kurzfristigen und langfristigen Wirkungen des merkantilistischen Systems:

Angesichts der hohen Investitionen[1] [durch den König und die Kaufleute] ... ist es nicht überraschend, dass sich Erfolge einstellten. Ganze Gewerbszweige oder auch einzelne, von den Fürsten besonders geschätzte Unternehmen erlebten regelrechte Blütezeiten, aber fast immer waren es Scheinblüten, die aus dem Sumpf des Subventionsbeetes[2] emporwuchsen und beim leisesten Windhauch einer freien Konkurrenz rasch verdorrten ... Außerdem funktionierte der merkantilistische Außenhandel nur, solange die dahinterstehende Idee neu war: Wollten erst einmal alle Staaten nur noch wertvolle Fertigwaren exportieren und lediglich Rohstoffe einführen, musste ... der Welthandel theoretisch zusammenbrechen.

Zit. nach Ilja Mieck, Wirtschaft und Gesellschaft Europas 1650–1850, in: ders. (Hg.), Handbuch der europäischen Wirtschafts- und Sozialgeschichte, Bd. 4, Stuttgart (Klett-Cotta) 1993, S. 144.

[1] *Zuschüsse von Geld, um Gewinne zu steigern*
[2] *Subventionen: staatliche Förderungen eines Unternehmens*

M 3

Der Finanzminister Jean B. Colbert schilderte Ludwig XIV. 1664 die Grundsätze seiner Wirtschaftspolitik:

Ich glaube, man wird ohne weiteres in dem Grundsatz einig sein, dass es einzig und allein der Reichtum an Geld ist, der die Unterschiede an Größe und Macht zwischen den Staaten begründet. Was dies betrifft, so ist es sicher, dass jährlich aus dem Königreich einheimische Erzeugnisse (Wein, Branntwein, Weinessig, Eisen, Obst, Papier, Leinwand, Eisenwaren, Seide, Kurzwaren) für den Verbrauch im Ausland im Wert von 12 bis 18 Millionen Livres hinausgehen. Das sind die Goldminen unseres Königreiches, um deren Erhaltung wir uns sorgfältig bemühen müssen ... Je mehr wir die Handelsgewinne, die die Holländer den Untertanen des Königs abnehmen, und den Konsum der von ihnen eingeführten Waren verringern können, desto mehr vergrößern wir die Menge des hereinströmenden Bargeldes und vermehren wir die Macht, Größe und Wohlhabenheit des Staates.

Jean Baptiste Colbert, Denkschrift über den Handel. Zit. nach Geschichte in Quellen, hg. v. Wolfgang Lautemann u. a., Bd. 3, 3. Aufl., München (bsv) 1982, S. 448.

Merkantilismus
(lat. mercatus = Handel) Wirtschaftspolitik des 16.–18. Jahrhunderts. Sie sollte die Staatseinnahmen erhöhen. Der Staat schottete sich gegen ausländische Waren ab, förderte den Export und verlangte Steuern von Unternehmern.

Manufaktur
(lat. manu = mit der Hand, facere = machen) Große Produktionsstätte, in der verschiedene Handwerker gemeinsam ein Produkt herstellen. Vorläufer der Fabrik.

1 Beschreibe die Ursachen und Folgen des Merkantilismus (Darstellungstext).
Tipp: Lege dazu eine Tabelle an:

Ursachen des Merkantilismus	*Folgen*
...	...

2 **a) Partnerarbeit:** Erstellt ein Schaubild, das zeigt, wie das Wirtschaftssystem des Merkantilismus funktionierte (M3, Darstellungstext).
b) Begründe, warum der Merkantilismus die Macht des Königs sicherte.

3 **a)** Beschreibe die Szene in Bild M1.
b) Erläutere, in welchem Zusammenhang sie mit dem Merkantilismus steht.

4 Wähle eine Aufgabe aus:
a) Fasse die Aussagen über den Merkantilismus (M2) in eigenen Worten zusammen.
b) Verfasse eine Darstellung, in der du die Schwächen des Merkantilismus aufzeigst (Darstellungstext, M2).

5 **Gruppenarbeit:** Diskutiert, wie ein französischer Beamter, Bauer, Manufakturarbeiter und Kaufmann, der Wolltuch exportiert, jeweils zum Merkantilismus stand. Stellt eure Ergebnisse in der Klasse vor.

Die französische Gesellschaft in der Frühen Neuzeit

Auf den letzten Seiten hast du erfahren, wie der französische König in Versailles den Adel um sich scharte und mit enormem Luxus an sich band. Ein Großteil der Bevölkerung Frankreichs bekam davon nichts ab, im Gegenteil – er musste hohe Abgaben entrichten, um den teuren Hofstaat des Königs zu finanzieren.

- ***Wie war die französische Gesellschaft in der Frühen Neuzeit gegliedert?***
- ***War sie starr aufgebaut oder hatten die Menschen Chancen zum Aufstieg?***

Der Wandel der Gesellschaft

Die französische Gesellschaft im 16. bis 18. Jahrhundert war eine Ständegesellschaft: Der erste Stand war der Klerus*, der zweite der Adel, der dritte die Bürger und Bauern. Unter Ludwig XIV. entstand die „absolute" Monarchie* mit einer zentral gesteuerten Verwaltung. Das veränderte die Machtverhältnisse zugunsten des Königs. Gleichzeitig wandelte sich auch die Gesellschaft des 18. Jahrhunderts: Medizinische und hygienische Fortschritte erhöhten in ganz Europa die Lebenserwartung der Bevölkerung. Die Überlebenschancen der Kinder und die Geburtenraten stiegen an, die Einwohnerzahl wuchs. Außerdem wanderten junge, unversorgte und unverheiratete Menschen vom Land in die Städte, wo sie sich bessere Lebens- und Berufschancen erhofften. Diesen Prozess der Verstädterung nennt man Urbanisierung*. In Frankreich wuchs die Stadtbevölkerung zwischen 1740 und 1800 etwa fünfmal stärker als die Landbevölkerung.

M 1

Das Austernfrühstück, Gemälde von Jean François de Troy, 1734

M 2

Sébastian Vauban, der berühmte Festungsbaumeister Ludwigs XIV., schrieb 1698 über die französische Gesellschaft:

Durch diese langjährigen Studien ... bin ich zu der Wahrnehmung gelangt, dass in der letzten Zeit fast ein Zehntel der Bevölkerung ... sich tatsächlich durch Betteln erhält; dass von den übrigen... [viele] nicht in der Lage sind, das erste Zehntel durch Almosen zu unterstützen, weil sie selber diesem Elendszustand um Haaresbreite nahe sind ... Ich glaube ..., dass es keine zehntausend ... Familien gibt, von denen man sagen könnte, dass es ihnen wirklich gutgeht ... Nun ist es aber die untere Schicht des Volkes, die durch ihre Arbeit, ihren Handel, ihre Abgaben den König und sein ganzes Reich emporbringt. Sie stellt Soldaten und Matrosen für Flotte und Heer, dazu zahlreiche Offiziere, alle Kaufleute und unteren Justizbeamten. Sie übt alle Künste und Gewerbe aus, sie betreibt den gesamten Handel und die Manufakturen* des Königreiches, sie stellt die Arbeiter, Weingärtner und Tagelöhner auf dem Lande, sie pflegt und füttert das Vieh, sät und erntet das Korn, bestellt die Weingärten und keltert den Wein; mit einem Wort: Sie verrichtet alle große und geringe Arbeit in Stadt und Land.

Zit. nach Fritz Dickmann, Renaissance, Glaubenskämpfe, Absolutismus, München (bsv) 1966, S. 460f. Übers. von F. Dickmann.

M 3

Bauernfamilie, Gemälde von Louis Le Nain, 1643

M 4

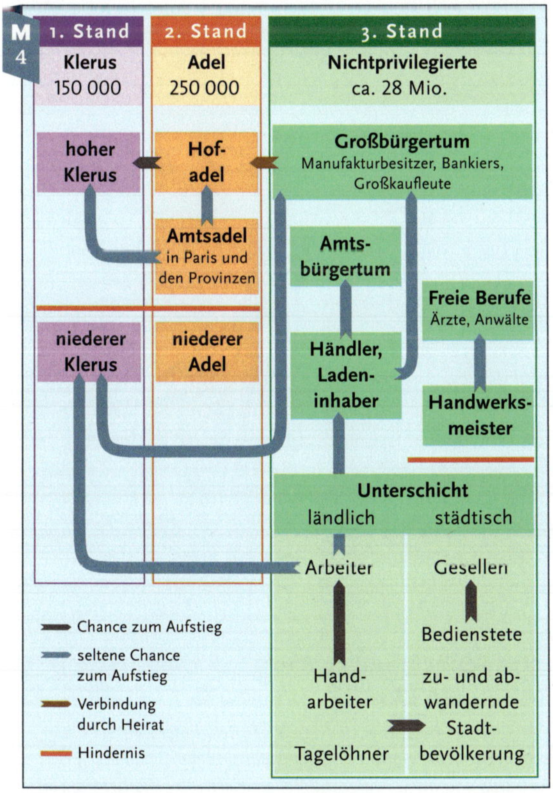

Die Struktur der französischen Gesellschaft im 18. Jahrhundert

1 Beschreibe den Wandel der französischen Gesellschaft in der Frühen Neuzeit (Darstellungstext).
Tipp: Stelle deine Ergebnisse als Mind-Map dar:

Wandel der franz. Gesellschaft

2 **Partnerarbeit: a)** Erklärt euch gegenseitig M4:
- Wie war die Gesellschaft aufgebaut?
- Wo gab es Chancen zum Aufstieg?
- Wo gab es Hindernisse?

b) Diskutiert, ob heute alle Menschen die Chance zum Aufstieg haben oder es immer noch Hindernisse gibt.

3 **a)** Fasse zusammen, wie der Festungsbaumeister Vauban (M2) die Gesellschaft beschreibt.
b) Vergleiche seine Beobachtungen mit M4.

4 **Wähle eine Aufgabe aus:**
a) Beschreibe die Bilder M1 und M3 in Stichworten. Nenne dabei Adjektive, die die jeweilige Stimmung auf den Bildern wiedergeben.
b) Vergleiche M1 und M3. Gehe insbesondere auf die Wirkung der Bilder ein.

Zusatzaufgabe: siehe S. 144

Aufklärer kritisieren die absolutistische Herrschaft

„Habe Mut, dich deines eigenen Verstandes zu bedienen!", schrieb der deutsche Philosoph Immanuel Kant im Jahre 1784. Dieser Satz forderte die Menschen des 18. Jahrhunderts zum kritischen Denken auf. Sie sollten z. B. die Rechtmäßigkeit der absolutistischen Herrschaft hinterfragen. Kant war ein Vertreter der Aufklärung.

- ***Untersuche, was man unter der neuen Denkrichtung „Aufklärung" versteht und welche Ziele sie hatte.***

M 1

Immanuel Kant (1724–1804)

Der Begriff „Aufklärung"

Zunächst bedeutet Aufklärung* nichts anderes als einen Gewinn an Erkenntnis. Das heißt, der Mensch ist in der Lage zu denken, sich seine eigene Meinung zu bilden und vernünftig zu handeln. Dies alles führt ihn aus dem Dunkel der Unwissenheit in das Licht des klaren Denkens und der persönlichen Selbstbestimmung. Was heutzutage selbstverständlich ist, war für den Großteil der Menschen im 17. und 18. Jahrhundert etwas völlig Neues. Sie waren es gewohnt, die bestehenden Herrschaftsverhältnisse des Königs und der Kirche nicht infrage zu stellen. Aber Gelehrte wie Galilei oder Kopernikus hatten schon im Zeitalter der Renaissance angefangen, vieles durch genaues Beobachten und Experimentieren zu hinterfragen und waren zu neuem Wissen gelangt (siehe S. 14–15). Seit dem 17. Jahrhundert beschäftigten sich in Westeuropa Philosophen und Schriftsteller mit politischen Fragen. Sie lehnten es ab, die Herrschaft der Monarchen als „von Gottes Gnaden" und die Ständegesellschaft* als „naturgegeben" anzuerkennen. Auch in allen anderen Bereichen des menschlichen Lebens wollten sie Vorurteile abbauen. Deshalb traten sie für die Freiheit und Gleichheit aller Menschen ein und forderten Toleranz* gegenüber anderen Meinungen und Einstellungen. Damit verbanden sich die Kritik an den traditionellen Lehren der Kirche und die Vorstellung, dass andere Religionen neben dem Christentum gleichberechtigt sein sollten. Mit der Aufklärung ging auch ein optimistischer Glaube an den Fortschritt und die Kraft der Vernunft einher, nach denen der Mensch in Staat und Gesellschaft denken und handeln sollte.

Aufklärung – auch für das Volk

Nach Ansicht vieler Gelehrter sollte nicht nur der Adel, sondern auch das Volk die Ideen der Aufklärung kennenlernen. Die Schriftsteller und Philosophen der Aufklärung wollten über Wissenschaft und Erziehung auf das Volk einwirken und veröffentlichten ihre Ansichten in Büchern, Zeitschriften und Theaterstücken. So entstand zum Beispiel eine besondere Art von Literatur, die sich an die Landbevölkerung richtete, die mit Abstand größte Gruppe im Staat. Die politisch interessierten Adligen und Bürger trafen sich in den vornehmen Salons ihrer Häuser, um aus den neu erschienenen Werken vorzulesen und über sie zu diskutieren. Es bildete sich in dieser Schicht eine öffentliche Meinung, die in vielen europäischen Staaten die Macht der absolutistischen Herrscher und damit das Ancien Régime infrage stellte.

Ancien Régime
Regierungsform der absolutistisch regierenden Könige in Frankreich in den beiden Jahrhunderten vor der Französischen Revolution

M 2

Die Toleranz besänftigt den Streit der Religionen um die allein selig machende Wahrheit. Dargestellt sind die Göttin der Erkenntnis und im Vordergrund Religionsvertreter. Radierung von Daniel Nicolas Chodowiecki, 1791

Kritik an den Herrschaftsverhältnissen

Wie lässt sich staatliche Herrschaft rechtfertigen, und ist die Herrschaft des Monarchen rechtmäßig (legitim)? Diese und andere Fragen stellten sich die sogenannten Aufklärer. Sie kritisierten die Herrschaftsform des Absolutismus. Aufklärer wie Immanuel Kant, der Engländer John Locke und die Franzosen Charles de Montesquieu sowie Jean-Jacques Rousseau forderten Reformen*. Sie betonten, dass eine Regierung nur dann legitim sei, wenn sie die natürlichen Rechte (von Natur aus hat jeder Mensch bestimmte Rechte: Freiheit, Gleichheit, Recht auf Leben) jedes Einzelnen beachte und schütze. Die Grundlage zwischen der Regierung und dem Volk müsse ein Gesellschaftsvertrag sein, durch den das Volk die Macht an die Regierung überträgt. Die Bürger sollten das Recht haben, die Herrschenden abzuberufen und neu einzusetzen. Verstößt die Regierung gegen Gesetze und missachtet den Willen des Volkes, dürfe das Volk Widerstand leisten. Die Aufklärer waren der Auffassung, dass die Staatsgewalt vom Volk ausgehe – dies bedeutet Volkssouveränität* und Ende des Gottesgnadentums*.

M 3

Der französische Rechtsgelehrte und Aufklärer Charles de Montesquieu (1689–1755) schrieb 1748 über die Verteilung der Macht in einem Staat:

Es gibt in jedem Staat drei Arten von Gewalt ... Aufgrund der ersten erlässt der Herrscher ... Gesetze auf Zeit oder für die Dauer, ändert geltende Gesetze oder schafft sie ab. Aufgrund der zweiten stiftet er Frieden oder Krieg, sendet oder empfängt Botschaften, stellt die Sicherheit her, sorgt gegen Angriffe vor. Aufgrund der dritten bestraft er Verbrechen oder sitzt zu Gericht über die Streitfälle der Einzelpersonen ... Alles wäre verloren, wenn ein und derselbe Mann folgende drei Machtvollkommenheiten ausübte: Gesetze erlassen, öffentliche Beschlüsse in die Tat umsetzen, Verbrechen und private Streitfälle aburteilen.

Charles de Montesquieu, Vom Geist der Gesetze 1748, hg. und übers. v. Kurt Weigand, Stuttgart (Reclam) 1994, S. 216f. Bearb. v. Verf.

M 4

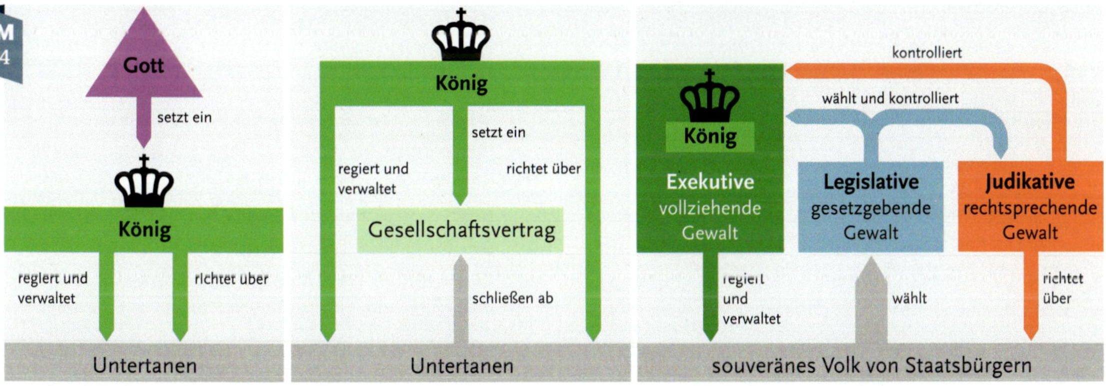

Herrschaftsmodelle

1 Erkläre mithilfe des Darstellungstextes den Begriff „Aufklärung".
Tipp: Erstelle dazu eine Mind-Map.

2 **a)** Beschreibe M2.
b) Erkläre die Bedeutung des Lichts und der Toleranz in der Zeit der Aufklärung (M2).

3 **Wähle eine Aufgabe aus:**
a) Beschreibe mithilfe des Darstellungstextes und des Schaubildes M4, von wem die Herrschaft jeweils ausgeht.
b) Ordne Montesquieus Auffassung (M3) einem Herrschaftsmodell (M4) zu und begründe.

4 **Partnerarbeit:** Entwickelt ein Streitgespräch zwischen einem Monarchen und einem Aufklärer. Zur Vorbereitung notiert ein Partner (absoluter Monarch) Argumente, die gegen die Gewaltenteilung sprechen, und der andere Partner (Aufklärer) Argumente, die für die Gewaltenteilung sprechen.
Tipp: Verwendet in eurem Streitgespräch Wörter wie gerecht, legitim, Gottesgnadentum, natürliche Rechte, Volkssouveränität, Staatsbürger.

Webcode: FG643433-093
Gewaltenteilung

Philosophische Textquellen analysieren und vergleichen

Viele Aufklärer waren Philosophen und beschäftigten sich mit dem menschlichen Denken. Sie strebten nach Reformen für die Gesellschaft, in der sie lebten. Ihre Schriften gehören zu den wichtigsten Quellen für die Zeit der Aufklärung. Da Quellen immer eine Perspektive* widerspiegeln, ist es wichtig, sich mit mehreren Textquellen zu einem Thema bzw. zu einer Fragestellung auseinanderzusetzen. Das Kennenlernen anderer Sichtweisen macht ein objektiveres Urteil über historische Sachverhalte möglich. Die Arbeitsschritte auf dieser Doppelseite zeigen dir, wie du philosophische Quellen analysierst und vergleichst.

M1

Der englische Philosoph John Locke (1632–1704) schrieb 1690 zum Gesellschaftsvertrag:

Menschen befinden sich von Natur aus in einem Zustand vollkommener Freiheit innerhalb der Grenzen des Gesetzes der Natur ... Es ist darüber hinaus ein Zustand der Gleichheit ... Jeder Mensch, der mit einem anderen übereinkommt, einen einzigen politischen Körper[1] unter einer Regierung zu bilden, verpflichtet sich gegenüber jedem Einzelnen dieser Gesellschaft, sich dem Beschluss der Mehrheit zu unterwerfen und sich ihm zu fügen. Denn sonst würde dieser ursprüngliche Vertrag, durch den er sich mit anderen zu einer Gesellschaft vereinigt, keinerlei Bedeutung haben und kein Vertrag sein, wenn der Einzelne weiter frei bliebe und unter keiner anderen Verpflichtung stände als vorher im Naturzustand ... Die Menschen sind bereit, sich zum gegenseitigen Schutz ihres Lebens, ihrer Freiheiten und ihres Vermögens zu vereinigen.

John Locke, Zwei Abhandlungen über die Regierung. Zit. nach Norbert Hoerster (Hg.), Klassische Texte der Staatsphilosophie, 11. Auflage, München (dtv) 2001, S. 133ff. Bearb. v. Verf.

[1] *eine Gesellschaft*

M2

Der französische Philosoph Jean-Jacques Rousseau (1712–1778) schrieb 1762 zum Gesellschaftsvertrag:

Wie findet man eine Gesellschaftsform, die mit der ganzen gemeinsamen Kraft die Person und das Vermögen jedes Gemeinschaftsmitgliedes verteidigt und schützt und in der jeder Einzelne frei bleibt wie vorher? Dies ist die Hauptfrage, deren Lösung der Gesellschaftsvertrag gibt ... Jeder von uns stellt sich und seine ganze Kraft unter die oberste Leitung des allgemeine Willens ... An die Stelle der einzelnen Person ... setzt ein solcher Gesellschaftsvertrag sofort einen geistigen Gesamtkörper[1], dessen Mitglieder aus sämtlichen Stimmabgebenden bestehen ... Diese öffentliche Person [= die Gesellschaft], die sich auf solche Weise aus der Vereinigung aller übrigen bildet, ... heißt Republik ... Die Gesellschaftsgenossen [= die Gesellschaftsmitglieder] führen als Gesamtheit den Namen Volk ... Die wichtigste Schlussfolgerung ist, dass der allgemeine Wille allein die Kräfte des Staates ... die Regierung leiten kann.

Jean-Jacques Rousseau, Du contrat social. Zit. nach Norbert Hoerster (Hg.), a. a. O., S. 197ff. Bearb. v. Verf.

[1] *eine Gesellschaft*

1 Untersuche M1 und M2 mithilfe der Arbeitsschritte. Einige Fragen wurden schon beantwortet, bei den anderen (...) sollst du die Antwort geben.

2 **Partnerarbeit:**

a) Ein Partner arbeitet aus M1, der andere aus M2 die Kritik am Absolutismus heraus.

b) Vergleicht eure Ergebnisse.

Philosophische Textquellen analysieren und vergleichen

	Lösungshinweise zu M1 und M2
Leitfrage formulieren	• *Wozu dient ein „Gesellschaftsvertrag“ und welche Bedeutung hat er?*
Formale Aspekte	
1. Wer sind die Autoren?	• ...
2. Wann und wo sind die Texte veröffentlicht worden?	• *M1: 1690 in England; M2: 1762 in Frankreich*
3. Um welche Textarten handelt es sich?	• *Beide Texte sind Auszüge aus wissenschaftlichen Schriften des 17. bzw. 18. Jahrhunderts.*
4. Wovon handeln die Texte?	• ...
5. An wen richten sich die Texte?	• *an die gebildeten Bürger der Zeit, aber auch an interessierte Adlige und Geistliche*
Inhalt erschließen	
6. Was sind die wesentlichen Textaussagen?	• ...
7. Wie antworten beide Texte auf die Leitfrage?	• *M1: um die Freiheit, die Gleichheit und den Schutz der Menschen zu sichern; um eine Gesellschaft zu bilden* • *M2: um die Freiheit und den Schutz des Einzelnen zu sichern; um eine Gesellschaft zu bilden, von der die Macht im Staat ausgeht*
Aussagen vergleichen	
8. Welche Unterschiede und Gemeinsamkeiten lassen sich feststellen?	• *Gemeinsamkeiten: z. B. betonen beide Texte den Naturzustand des Menschen; um diesen zu sichern, sind Gesetze notwendig.* • *Unterschied: z. B. betont Rousseau die Macht der Gesellschaft über die Regierung.*
Beurteilen (sich in die Menschen der Zeit hineinversetzen und ein Urteil bilden)	
9. Welche Ziele verfolgten die Autoren?	• *Sie möchten, dass der Leser die Rechtmäßigkeit (Legitimation) der Herrschaft des Monarchen hinterfragt und ...*
10. Wie kann die Leitfrage aus Sicht der beiden Philosophen beantwortet werden?	• *Ein Gesellschaftsvertrag dient dazu, dass sich Menschen zu einer Gemeinschaft vereinigen. Diese Gemeinschaft hat folgende Funktionen ...*
Bewerten (ein Urteil aus heutiger Sicht mit Blick auf die Leitfrage bilden)	
11. Welche Bedeutung hat der „Gesellschaftsvertrag“ heute?	• *In der heutigen Gesellschaft sind in vielen Ländern die Menschen frei und gleich; in Demokratien bekommt die Regierung ihre Macht von der Gesellschaft durch Wahlen übertragen.*

Preußenkönig Friedrich II. – ein aufgeklärter Monarch?

Die Forderungen der Aufklärer drangen bis zu den Monarchen Europas durch. Zu ihnen gehörte auch König Friedrich II., der im 18. Jh. Brandenburg-Preußen 46 Jahre lang regierte. Außenpolitisch übernahm er die Rolle des uneingeschränkten Machthabers, der das Territorium seines Königreiches erhalten und im Idealfall vergrößern wollte.

- ***Untersuche, warum Friedrich II. trotzdem als aufgeklärter Monarch gesehen wurde.***

M 1

Brandenburg-Preußen 1640 bis 1786

Vom Kurfürstentum zum Königreich

Das Territorium Brandenburg-Preußen gehörte zu den Gewinnern des Dreißigjährigen Krieges. Mitte des 18. Jahrhunderts reichte es vom Niederrhein bis zur Ostsee. Herrscher über diese Ländereien waren die Hohenzollern, ein sehr altes und bedeutendes Adelsgeschlecht. Sie mussten das stetig wachsende Kurfürsten- und seit 1701 Königtum vereinheitlichen, kontrollieren und die durch Kriege oder Heiratspolitik hinzukommenden Gebiete integrieren. Nach dem Vorbild Ludwig XIV. bauten auch die preußischen Kurfürsten und Könige ein stehendes Heer auf und drangten die Mitsprache des Adels zurück. So gelang es, das größer werdende Territorium unter einer starken Herrschaft zu festigen.

Friedrich II. von Preußen (1712–1786)

Mit Friedrich II. kam 1740 ein Herrscher an die Macht, der durch eine kriegerische Außenpolitik Schlesien und Westpreußen eroberte und damit den Weg Brandenburg-Preußens zu einer Großmacht in Europa bereitete. Er erhielt dafür den Beinamen „der Große“, obwohl eine halbe Million seiner Soldaten in den Kriegen den Tod fand. Andererseits war dieser Herrscher, den sein Vater, „Soldatenkönig“ Friedrich Wilhelm I. (1688–1740), mit äußerster Strenge erzogen hatte, ein begabter Musiker, ein Freund der schönen Künste und stand mit Philosophen in engem Briefkontakt.

„Alles für das Volk, nichts durch das Volk“

Friedrich teilte die Vorstellung der Aufklärer, dass nicht das Gottesgnadentum, sondern der Zufall der Geburt die Macht des Monarchen begründe. Diese Macht aber beanspruchte er als „erster Diener des Staates“ ungeteilt – auch um die Forderungen der Aufklärung durch sogenannte Reformen umzusetzen, etwa indem er seine Untertanen durch die Einführung der Schulpflicht zu vernünftigen, gebildeten Menschen erziehen wollte. Zudem erhoffte er dadurch u. a. pflichtgetreue, gut ausgebildete Beamte zu erhalten. Friedrich sprach sich für Toleranz aus, ließ Glaubensflüchtlinge aus dem katholischen

Frankreich in Preußen einwandern, sorgte für eine Verbesserung der Ernährungslage, ließ Straßen und Kanäle bauen und förderte damit auch Handel und Gewerbe. Alle Bürger sollten vor dem Gesetz gleich sein, der Adel nicht mehr bevorzugt werden. Es galt ein vereinfachtes, einheitliches Recht, das den Untertanen ein bis dahin unbekanntes Maß an Rechtssicherheit bot. Friedrich ging bei seinen Reformen aber nur so weit, wie dies das Staatsinteresse Preußens erlaubte. So hob er die Leibeigenschaft der Bauern, die auf den Besitzungen der Adligen arbeiteten, nicht auf, weil er die Adligen als Offiziere im Heer brauchte. Im Heer behielt er die Prügelstrafe bei, um die Soldaten zu unbedingtem Gehorsam zu erziehen, auch wenn er sie im Allgemeinen abgeschafft hatte. Der Leitspruch eines weiteren Herrschers, der wie Friedrich zu den typischen Vertretern des aufgeklärten Absolutismus gehörte, gilt deswegen ebenso für den preußischen König: „Alles für das Volk, nichts durch das Volk." Diese Worte werden Kaiser Joseph II. (1741–1790) zugeschrieben. Er führte in ähnlicher Weise in Österreich Reformen durch.

M 2

Der König ist überall, Gemälde von Robert Warthmüller, 1886. Friedrich II. setzte sich persönlich für die Anwendung fortschrittlicher Methoden in der Landwirtschaft ein. So ermunterte er die Bauern zur Anpflanzung der in Preußen noch unbekannten Kartoffel.

M 3

Friedrich II. über die Grundlagen seiner Macht:
Die große Wahrheit, dass wir gegen die anderen so handeln sollen, wie wir von ihnen behandelt zu werden wünschen, wird zur Grundlage der Gesetze ... Da jedoch die Gesetze ohne unaufhörliche Überwachung weder fortbestehen noch Anwendung finden konnten, so bildeten sich Obrigkeiten heraus, die das Volk erwählte und denen es sich unterordnete ... Die Aufrechterhaltung der Gesetze war der einzige Grund, der die Menschen bewog, sich Obere zu geben, denn das bedeutet den wahren Ursprung der Herrschergewalt. Ihr Inhaber war der erste Diener des Staates.

Friedrich II., Regierungsformen und Herrscherpflichten (1777), in: Die Werke Friedrichs des Großen, hg. v. Gustav Berthold Volz, Bd. 7, Berlin (Reimar Hobbing) 1913, S. 226.

M 4

Im „Noth- und Hülfsbüchlein" (1788) schrieb ein Gutsherr über den preußischen Landesherrn:
Der weise, tapfre und gute König Friedrich arbeitet vielleicht mehr und lässt es sich saurer werden als mancher arme Bauer in seinen Landen ... Ein Hausvater braucht nur ein Wirtschaftswesen im Kopfe zu haben und nur für seine Frau, Kinder und Gesinde zu sorgen: Aber ein Regent muss dafür sorgen, dass viele tausend Haushaltungen unter seiner Regierung zufrieden leben können.

Rudolph Z. Becker, Noth- und Hülfsbüchlein für Bauersleute, Leipzig 1788. Nachdruck: Dortmund (Harenberg) 1980, S. 419.

1 Lege eine Tabelle an. Ordne unter den Begriffen Aufklärung und Absolutismus die passenden Maßnahmen Friedrichs II. zu (Darstellungstext).

2 **a)** Beschreibe die territoriale Vergrößerung Brandenburg-Preußens entsprechend der Chronologie (M1).
b) Nenne Schwierigkeiten, die sich bei der Verwaltung des Königreiches aufgrund des Staatsgebietes ergeben könnten.
Tipp: Beachte die Gebiete zwischen Elbe und Rhein.

3 **a)** Beurteile, welches Herrscherbild M2 und M4 von Friedrich II. vermitteln sollen.
b) Erkläre, wie Friedrich II. seine Rolle als „erster Diener des Staates" begründet (M3).
c) Partnerarbeit: Diskutiere mit deinem Sitznachbarn, ob Friedrich II. für einen aufgeklärten Philosophen seiner Zeit entweder ein aufgeklärter König oder ein absolutistischer Herrscher war.

Webcode: FG643433-097
Film: Friedrich II.

1600

1650

1643–1715 Ludwig XIV. („Sonnenkönig") von Frankreich regiert absolut und führt insgesamt 29 Kriege

Absolutismus nach französischem Vorbild in Deutschland

1661 Beginn der Bauarbeiten der barocken Schlossanlage von Versailles

17.–18. Jh. Gedanken der Aufklärung und Kritik an der absolutistischen Herrschaftsform

Herrschaftspraxis und -präsentation in der absoluten Monarchie

Neue Herrschaftsform – der Absolutismus

Ein Gewinner des Dreißigjährigen Krieges war der französische König. Er konnte seine Machtposition gegenüber den Adligen stärken und entwickelte einen neuen Herrschaftsanspruch. Der französische König sah sich fortan als Herrscher, der über dem Gesetz stand (Absolutismus, von lat. absolutus – losgelöst). Der Monarch fühlte sich von Gottes Gnaden eingesetzt (Gottesgnadentum*) und übte alleine die Regierungs-, Gesetzgebungs- und Richtergewalt aus. Bei uns heute sind diese Aufgaben auf verschiedene Einrichtungen aufgeteilt. Besonders der „Sonnenkönig" Ludwig XIV. (1643 bis 1715) verkörperte die neue Herrschaftsform des Absolutismus.

Herrschaftspraxis – die Stützen der Macht

Auch wenn Ludwig XIV. als Alleinherrscher bezeichnet wird, war es nicht möglich, das gesamte Land ohne Hilfe zu regieren. Die wichtigste Stütze seiner Macht waren die Minister und Beamten, die Eliten, die er in seine Regierung einband. Diese übernahmen die Aufgabe, Ludwig beratend zur Seite zu stehen. Die Ausführung und Einhaltung der Gesetze sowie das Eintreiben der Steuern fiel ebenso in den Aufgabenbereich der Beamten. Bei der Wahl dieser Bediensteten griffen Ludwig und seine Berater meist auf Menschen aus dem Bürgertum zurück, die dem König sehr dankbar für ihr Amt waren und ihm demnach treu ergeben dienten. Auch bei der Besetzung der richterlichen Ämter achtete Ludwig sehr darauf, dass nur königstreue Richter ins Amt gesetzt wurden. Um die Adligen noch mehr zu kontrollieren und an sich zu binden, versammelte er sie in Versailles und band sie in sein Hofzeremoniell ein. Viele Adlige verschuldeten sich durch das kostspielige Leben am Hof und wurden vom König abhängig. Zur außenpolitischen Absicherung seiner Macht investierte Ludwig einen großen Teil des Staatshaushaltes in die Aufrechterhaltung eines starken stehenden Heeres.

Wie präsentierte der König seine Macht?

Ludwig XIV. legte viel Wert darauf, dass seine absolute Macht im Staat in Frankreich und ganz Europa für jedermann sichtbar war. Ein wichtiges Beispiel für den Ausdruck seiner Herrschaft ist das Schloss Versailles. Dieser Herrschaftssitz mit einer Fassade von fast einem halben Kilometer Länge bildete den gesellschaftlichen, politischen und kulturellen Mittelpunkt des französischen Absolutismus. Das Verständnis seines Machtanspruchs lässt sich auch an dem Symbol der Sonne, welches er für sich gewählt hat, wiedererkennen. Auch in vielen deutschen Städten erinnern heute noch prachtvolle Bauten an den Glanz des höfischen Lebens dieser Zeit, so auch in Sachsen-Anhalt, wie z. B. das Schloss Oranienbaum zeigt. Der Absolutismus blieb daher kein französisches Phänomen, sondern fand im Heiligen Römischen Reich seine Nachahmer.

Neben der prachtvollen und aufwendig errichteten barocken Schlossanlage von Versailles sollten darüber hinaus auch Bilder den Ruhm des absoluten Herrschers in ganz Europa verbreiten. Das bis heute bekannteste Gemälde stammt von dem Maler Hyacinthe Rigaud, wurde 1701 angefertigt und zeigt Ludwig XIV. als absoluten Monarch in der Tradition vorhergehender großer Herrscher, wie Karl der Große. Auch die Göttlichkeit des Herrschers wurde in solchen Gemälden hervorgehoben, womit der absolutistische Herrschaftsanspruch durch Gottes Gnaden noch einmal deutlich unterstrichen werden sollte.

1700 1750 1800

1712–1786 Friedrich II. von Preußen: aufgeklärter Absolutismus

1713 Vertrag von Utrecht

1714 Friedensschluss von Rastatt

Wirtschaftsform des Merkantilismus

Neue Wirtschaftsform – der Merkantilismus

Mit dem Absolutismus entstand auch ein neues Wirtschaftssystem: der Merkantilismus. Erstmals begannen Fürsten, aktiv in die Belange der Wirtschaft einzugreifen. Sie brauchten Geld für ihren teuren Hofstaat und die stehenden Heere. Der Merkantilismus entwickelte sich vor allem in Frankreich. Seine Kennzeichen waren:

- Abschottung gegen Waren aus dem Ausland durch Einfuhrverbote und Zölle
- Export eigener Waren ins Ausland
- Bau von Manufakturen mit staatlichem Geld. Diese Großbetriebe waren die Vorläufer unserer heutigen Fabriken und stellten z. B. Textilien her
- große Bauprojekte, um die Wirtschaft zu fördern (Straßen, Kanäle)

Leben im Zeitalter des Absolutismus

Gewinner der neuen Wirtschaftspolitik war eine kleine Schicht von Kaufleuten, Manufakturbesitzern, Verlegern und Bankiers. Arbeiter und Bauern dagegen lebten oft weiter in Armut. So blieb die französische Gesellschaft streng in drei Stände gegliedert (Klerus, Adel und einfache Bürger), auch wenn einige Menschen sozial aufsteigen konnten – etwa durch den Umzug vom Land in die Stadt oder die Heirat mit Höhergestellten. Viele absolutistische Fürsten begnügten sich nicht damit, prunkvolle Schlösser zu errichten. Sie griffen ganz aktiv in das Leben der Untertanen ein und versuchten es bis ins kleinste Detail zu regeln. Sie erließen Verordnungen und Vorschriften, zum Beispiel über das richtige Verhalten oder die angemessene Kleidung. Aus heutiger Sicht ist umstritten, wie erfolgreich diese Verordnungen durchgesetzt wurden.

Orientierung am Vorbild Frankreich

Der Absolutismus blieb nicht auf Frankreich beschränkt, sondern fand in ganz Europa seine Nachahmer. In Deutschland, das damals aus vielen Fürstentümern bestand, konnte sich der Kaiser nicht gegen die Landesfürsten durchsetzen. Ihre Position war nach dem Ende des Dreißigjährigen Krieges sogar noch stärker geworden. So entwickelten sich viele kleine absolutistische Herrschaftsgebiete. Die Folge davon kannst du heute noch sehen: Die meisten Bundesländer sind aus ehemaligen Fürstentümern hervorgegangen. Sie genießen große Unabhängigkeit und entscheiden über vieles selbst – anders als in Frankreich, das zentral von Paris aus regiert wird.

Die Zeit der Aufklärung

Seit Anfang des 17. Jahrhunderts beschäftigten sich vor allem in Westeuropa Philosophen und Schriftsteller wie Montesquieu, Locke oder Rousseau mit politischen Fragen. Sie übten Kritik an dem Machtanspruch der absolutistischen Herren und lehnten es ab, deren Herrschaft mithilfe der Religion zu rechtfertigen; auch wollten sie nicht die Ständegesellschaft als naturgegeben anerkennen. Die Vernunft sollte der Maßstab aller Dinge sein. Die Aufklärer forderten die Freiheit und Gleichheit aller Menschen, Toleranz und Bildung für alle. Diese aufklärerischen Ideen verbreiteten sich vor allem im gebildeten Bürgertum (Beamte, Professoren, Ärzte) und in Teilen des Adels. Es gab jedoch auch Bemühungen, die Ideen der Aufklärung dem „einfachen" Volk zu vermitteln. Dass die Herrscher Änderungen dieser Art nicht freiwillig durchführten, ist nachvollziehbar, denn sie bedeuteten das Ende ihrer absoluten Herrschaft.

Dennoch griffen auch einige absolutistische Herrscher wie Friedrich II. von Preußen die Ideen der Aufklärung auf. Sie betrachteten sich nicht mehr als Herrscher von Gottes Gnaden, sondern als „erste Diener des Staates".

In diesem Kapitel konntest du folgende Kompetenzen erwerben:

- die Herrschaftspraxis und Herrschaftspräsentation in der absoluten Monarchie aus verschiedenen Quellen herausarbeiten und beurteilen
- in einer Darstellung die Herrschaftspraxis oder -präsentation beschreiben und aufzeigen
- beurteilen, inwieweit die Erhaltung barocker Schloss- und Gartenanlagen für die Gegenwart bedeutsam ist
- **Methode:** Eine Exkursion durchführen
- **Methode:** Philosophische Textquellen analysieren und vergleichen

Folgende Begriffe hast du kennengelernt:
- Einbindung der Eliten
- Reformen
- stehendes Herr
- Beamte
- Peuplierung
- dynastisches Denken
- barocke Schlossanlage von Versailles
- Hofstaat
- Hofzeremoniell
- Herrscherporträts
- Merkantilismus
- Manufakturwesen
- Aufklärung

1 **Partnerarbeit:** Wählt jeweils drei Begriffe aus und erklärt sie eurem Partner.

M1

Ludwig XIV. in seinen Memoiren über das Symbol der Sonne:

Ich war der Meinung, dass sich das Zeichen nicht bei irgendetwas Untergeordnetem und Gewöhnlichem aufhalten, sondern gewissermaßen die Pflichten eines Herrschers darstellen und mich selber ständig an ihre Erfüllung mahnen sollte. Man wählte daher als Figur die Sonne, die ... durch ihre Einzigartigkeit, durch den Glanz, der sie umgibt, durch das Licht, das sie den anderen, sie wie ein Hofstaat umgebenden Sternen mitteilt, durch die gleichmäßige Gerechtigkeit, mit der sie dieses Licht allen Zonen der Erde zuteilt, durch das Gute, das sie allerorten bewirkt, indem sie unaufhörlich auf allen Seiten Leben, Freude, Tätigkeit weckt, durch ihre unermüdliche Bewegung, die gleichwohl als ständige Ruhe erscheint, durch ihren gleichbleibenden und unveränderlichen Lauf, von dem sie sich nie entfernt und niemals abweicht, sicher das lebendigste und schönste Sinnbild eines großen Herrschers darstellt. Gott, der die Könige über die Menschen gesetzt hat, wollte, dass man sie als seine Stellvertreter achte ... Es ist sein Wille, dass, wer als Untertan geboren ist, willenlos zu gehorchen hat.

Louis XIV., Mémoires, zit. nach Memoiren. Ludwig XIV., Basel/Leipzig (Kompass-Verlag) 1931, S. 187. Übers. v. Leopold Steinfeld.

M2 *Eingangstor Schloss Versailles mit dem Abbild Ludwigs XIV., Foto, undatiert*

M 3

Auszug aus einem Zeitungsartikel über das Dornburger Schloss (2015):

Auf die Frage, warum er sich in Dornburg engagiere, sagt Stefan Schüler aus Schönebeck, ... Kenner der Schlossgeschichte: „Seitdem ich 1976 bei einer Radtour das Schloss zum ersten Mal gesehen habe, bin ich von seinem Anblick und der Einbindung in die Elbauenlandschaft fasziniert. Noch heute ist es ein großes Abenteuer, die Geschichte zu erforschen und sie anderen Interessierten zugänglich zu machen.“ ... Das Gebäude schenkte man [nach 1992] dem Land Sachsen-Anhalt. Mehrere Verkaufsversuche scheiterten. So wollte 1996 ein Investor das Schloss zur Seniorenresidenz umwandeln. Das Vorhaben zerschlug sich ebenso wie die im Jahr 2000 ins Spiel gebrachte Idee, das Objekt als Fundus für das Landesamt für Denkmalpflege und Archäologie Sachsen-Anhalt zu nutzen. In dieser Zeit wurde wenigstens das Dach neu gedeckt, so dass das Gebäude vor dem Verfall gerettet ist. Bis zum gegenwärtigen Zeitpunkt ist allerdings kein neuer Käufer für die imposante Anlage in Sicht. Umso wichtiger ist es daher, dass ein Verein wie die Stengel-Gesellschaft in Dornburg dafür Sorge trägt, dass dieses Kleinod[1] barocker Palastarchitektur nicht aufs Neue in einen langen Dornröschenschlaf versinkt.

Kai Agthe, Dornburg: Dornröschens Märchenschloss, Zit. nach http://www.mz-web.de/1638028 (Stand: 9. 12. 2016)

[1] *wertvolles Schmuckstück*

M 4

Schloss Dornburg, Foto, 1994

Methoden- und Interpretationskompetenz

1 Beschreibe das Eingangstor zum Schloss Versailles (M2).

2 Erkläre, welche Bedeutung das Sonnensymbol am Eingangstor für die absolutistische Herrschaft Ludwigs XIV. hatte (M1).
Tipp: Nimm S. 78/79 zu Hilfe.

3 Beschreibe die Beziehung zwischen absolutistischem Herrscher und Gott (M1).

Geschichte darstellen (narrative Kompetenz)

4 Verfasse einen kurzen Lexikoneintrag zum Thema „Herrschaftspräsentation Ludwigs XIV.“ (M1 und entsprechende Seiten aus dem Kapitel).

Geschichte heute (geschichtskulturelle Kompetenz)

5 Vergleiche Schloss Oranienbaum und Schloss Dornburg miteinander (M4 und S. 86, M2).

6 **Partnerarbeit:** Entwerft einen Werbeflyer, um mögliche Investoren für das Schloss Dornburg zu gewinnen.
Tipp: Warum ist die Erhaltung des Schlosses für die Gegenwart bedeutsam?

7 Beurteilt die in M3 angesprochenen Nutzungskonzepte für Schloss Dornburg.

Webcode: FG643433-101
Selbsteinschätzungsbogen

4

Fachpraktikum: Für die Spuren des aufgeklärten Absolutismus in Sachsen-Anhalt werben

In Sachsen-Anhalt lassen sich viele Spuren des aufgeklärten Absolutismus finden. Dazu gehört der Wörlitzer Park im Gartenreich Dessau-Wörlitz im ehemaligen Fürstentum Anhalt-Dessau. Das Gartenreich zählt seit dem Jahr 2000 zum UNESCO-Welterbe.

Um auf das Bundesland über die Landesgrenzen hinaus aufmerksam zu machen, sollt ihr in diesem Fachpraktikum einen Werbeflyer für Kinder und deren Eltern entwerfen. Er soll für den Besuch des Wörlitzer Parks im Gartenreich Dessau-Wörlitz werben und dabei die Spuren des aufgeklärten Absolutismus in Sachsen-Anhalt beschreiben.
Sammelt in der Klasse Überlegungen, wie ihr in einem Werbeflyer für einen Besuch im Gartenreich Wörlitz-Dessau werben könntet. Nehmt die Abbildung zu Hilfe.

Das gotische Haus im Gartenreich Dessau-Wörlitz, Foto, undatiert*

Einen Werbeflyer erstellen

Sicherlich hast du schon einmal auf der Straße Menschen gesehen, die gefaltete Werbezettel verteilt haben. Diese Informationsblätter werden auch Flyer genannt und sollen über bestimmte Themen informieren oder dafür werben. Ein Flyer wirbt beispielsweise auch knapp und anschaulich für den Besuch eines historisch bedeutsamen Ortes oder einer neuen Museumsausstellung. Wie du selbst einen Werbeflyer erstellen kannst, zeigen dir die Arbeitsschritte.

M 1

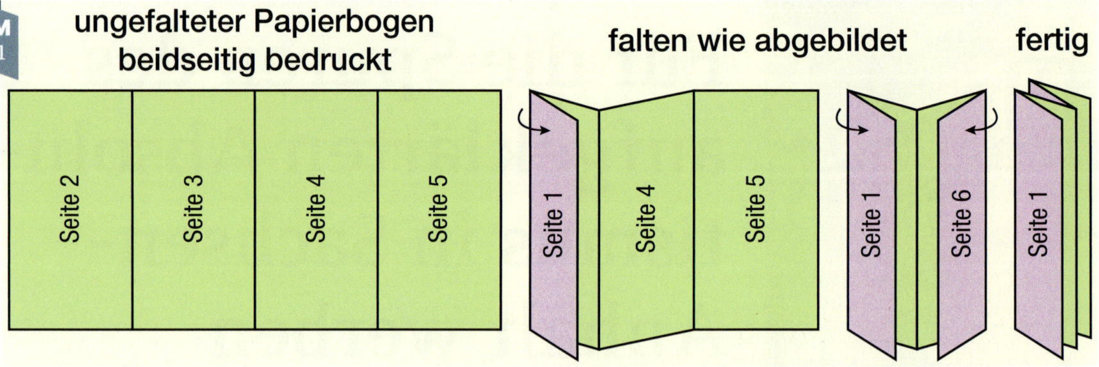

Faltanleitung zur Erstellung eines Werbeflyers. Ein Werbeflyer ist in der Regel ein schmales Faltblatt mit Informationen in Bild- und Textform. Zur Erstellung eines Werbeflyers kannst du ein Blatt Papier im A3- oder A4-Format (siehe M2) verwenden. Beim A3-Format solltest du das Blatt Papier, nachdem es gefaltet wurde, auf eine Höhe von ungefähr 20 cm beschneiden, damit der Flyer nicht zu groß wird.

Was ist ein Werbeflyer?

Im Alltag begegnet uns häufig Werbung. Ob im Fernsehen, im Radio oder auf der Straße: Überall finden sich Reklamen, die für den Kauf eines Produktes oder für den Besuch eines Ortes werben. Ein Werbeflyer soll die Menschen direkt ansprechen und das Interesse wecken. Wenn für den Besuch eines Museums oder eines historisch bedeutsamen Ortes geworben werden soll, finden sich in dem Werbeflyer ansprechende Fotos und erklärende Sätze, die dem interessierten Besucher Hintergrundinformationen, z. B. zur Geschichte, zu wichtigen Personen und deren Leistungen anbieten. Auch können Objekte, wie z. B. Gebäude, Gegenstände oder wie im Falle des Wörlitzer Parks eine ganze Parkanlage, und ihre Geschichte beworben werden, um Besucher anzulocken. Auf einem Werbeflyer werden nicht nur Bilder abgedruckt, sondern auch informative Texte. In der Regel enthält er zwei verschiedene Textsorten. Zum einen, wissenschaftsorientierte Darstellungen, die für Fachleute geschrieben wurden und daher Vorkenntnisse des Lesers voraussetzen. Im Fall eines Werbeflyers für historische Orte wurden diese oft von Historikern verfasst. Andererseits publizistische Darstellungen, die sich nicht an Fachleute, sondern an ein breiteres Publikum wenden, wobei keine Vorkenntnisse vorausgesetzt werden. Dazu zählen z. B. Beiträge von Journalisten.

M 2 *Ein Werbeflyer im A4-Format. Statt zweimal kannst du das Blatt im A4-Format auch nur einmal in der Mitte falten.*

M 3

Einen Werbeflyer erstellen

Informationen recherchieren	Lösungshinweise
1. Finde einen Titel/ein Thema für den Werbeflyer.	• *Nutze einen ansprechenden Titel, z. B.: Die Spuren des aufgeklärten Absolutismus im Fürstentum Anhalt-Dessau am Beispiel des Wörlitzer Parks.*
2. Recherchiere Informationen aus Büchern (Schulbuch, Lexika oder Überblicksdarstellungen) und aus digitalen Medien.	• *Schulbuchseiten, Besuch der örtlichen Bibliothek, Internetrecherche ...* • *Recherchiere Informationen, z. B. zu wichtigen Gebäuden oder Personen, die im Werbeflyer besonders hervorgehoben werden sollen.* • *Der Fundort der Informationen und der Bilder muss dokumentiert werden.*
3. Wähle schon bei der Vorbereitung das Text- und Bildmaterial für den Werbeflyer aus; überlege, an welcher Stelle des Flyers es am besten eingebaut werden soll.	• *Nutze aussagekräftige und gut erkennbare Farbbilder.* • *Bildunterschriften und Texteinführungen beachten; sie enthalten oft wichtige Informationen.*
Werbeflyer vorbereiten	
4. Wie kann mit dem recherchierten Text- und Bildmaterial geworben werden?	• *z. B. mit Geschichte eines Ortes, Leistungen einer historischen Persönlichkeit, Kultur, Traditionen, Architektur ...*
5. Wie soll der Werbeflyer aufgebaut sein, damit er die größte Wirkung erzielt? Welche grafischen Elemente sollen enthalten sein? Was ist das Ziel des Werbeflyers?	• *Erstelle eine Skizze des Werbeflyers – welche Inhalte sollen abgebildet werden?* • *Denke daran, wer der Adressat des Werbeflyers ist.*
Werbeflyer umsetzen	
6. Setze den Werbeflyer in die Realität um. Du kannst verschiedene Formate wählen (M1, M2 oder ein anderes Format deiner Wahl).	• *Verwende eigene, wissenschaftsorientierte oder publizistische Darstellungen, schriftliche Quellen sowie verschiedenes Bildmaterial.* • *Texte und Bilder müssen zueinander passen und sich aufeinander beziehen.* • *Achte auf die Übersichtlichkeit des Werbeflyers: Beachte Schriftgröße und verwende Überschriften.*

1 Fasse den Darstellungstext kurz zusammen.
Tipp: Womit kann grundsätzlich geworben werden?

2 **Partnerarbeit oder Gruppenarbeit:**
a) Bearbeitet die folgenden Doppelseiten aus dem Fachpraktikum.
b) Erstellt mithilfe von M3 anschließend einen Werbeflyer, der für den Besuch des Wörlitzer Parks im Gartenreich Dessau-Wörtlitz wirbt und dabei die Spuren des aufgeklärten Absolutismus in Sachsen-Anhalt beschreibt. Ihr könnt auch zusätzliches Material für den Werbeflyer recherchieren und verwenden.
Tipp: Diskutiert und einigt euch darauf, welche Informationen für den Flyer wichtig sind und welche nicht.
c) Stellt euren Werbeflyer in der Klasse vor.

Wie entstand das Fürstentum Anhalt-Dessau?

Im Jahr 2012 hatte die Region Anhalt ihr 800-jähriges Jubiläum. Anlass war die Gründung der Grafschaft Anhalt im Jahre 1212. Seitdem entwickelte sich in dem heutigen Teil des Bundeslandes Sachsen-Anhalt eine Region, die in den Bereichen Architektur, Musik und Literatur großen Einfluss besaß.

- ***Untersuche die Geschichte der Grafschaft Anhalt und wie das Fürstentum Anhalt-Dessau entstand.***

M 1

Die anhaltischen Fürstentümer im 17. Jahrhundert

Die Entstehung der anhaltischen Fürstentümer

Als Herzog Bernhard von Sachsen aus dem Herrschergeschlecht der Askanier 1212 verstarb, wurde sein Erbe zwischen den Söhnen Heinrich und Albrecht aufgeteilt. Heinrich erhielt die Grafschaft Anhalt, die nach der Burg Anhalt im Selketal im Harz benannt war. Bis ins 15. Jahrhundert konnte sich die Grafschaft territorial vergrößern. Nach dem Dreißigjährigen Krieg (S. 66/67) kam es im 17. Jahrhundert erneut zu einer Teilung des Herrschaftsgebietes – es entstanden die Fürstentümer Anhalt-Bernburg, Anhalt-Dessau, Anhalt-Köthen und Anhalt-Zerbst. In allen anhaltischen Fürstentümern entstanden absolutistische Herrschaftsformen, in denen es zu einer kulturellen Blüte in den Bereichen Architektur, Musik oder Literatur kam. Viele Regenten ließen Residenzschlösser oder Gärten errichten, die die Landschaft Sachsen-Anhalts bis heute prägen.

Das Fürstentum Anhalt-Dessau

Der Kleinstaat, der nur ca. 30 000 Einwohner hatte, wurde unter Fürst Leopold I. (1676–1747) zu einem bedeutenden deutschen Staat. Der Fürst reformierte die wirtschaftlichen Verhältnisse und führte Binnenzölle auf alle Waren, die in die Städte ein- bzw. ausgeführt wurden, ein. Durch Peuplierung* kam es zu einem enormen Bevölkerungszuwachs. Leopold I. schaffte durch groß angelegte Entwässerungsmaßnahmen bewohnbares Land und es konnten viele Dörfer errichtet werden. Dessau wurde nach absolutistischer Stadtplanung mit sternenförmigen Straßenkreuzungen und geraden Straßen ausgebaut und es wurden neue Stadtteile gegründet. Ab 1708 begann auf Befehl Leopolds I. der Umbau des Residenzschlosses nach dem barocken Zeitgeschmack. Der fürstliche Hof in Dessau bestimmte alle politischen Geschäfte und Verwaltungsangelegenheiten. Er hatte die vollständige Macht über das Land.

M 2

Leopold I. von Anhalt-Dessau, Gemälde von Georg Lisiewski, 1741. Der Fürst residierte als preußischer Gouverneur von 1701 bis 1747 im Residenzschloss Dessau, das damals zum Kurfürstentum Brandenburg-Preußen gehörte. Er war seit 1712 auch preußischer Feldmarschall und oberster Befehlshaber der preußischen Armee unter König Friedrich Wilhelm I. von Preußen. Er reformierte das preußische Heer und machte es zu einer der stärksten Armeen Europas.

M 3

Der Landeshistoriker Prof. Dr. Mathias Tullner über die Geschichte Anhalts (2001):

Die anhaltischen Staaten waren in der Zeit nach dem Dreißigjährigen Krieg politisch weitgehend bedeutungslos geblieben, erreichten dafür aber besonders auf dem Gebiet der kulturellen Entwicklung[1] eine Reihe von Ausprägungen, die für den mitteldeutschen Raum von großem Gewicht und darüber hinaus auch von europäischer Bedeutung waren ... Der bekannteste anhaltische Fürst war in diesem Zusammenhang Fürst Leopold I. von Anhalt-Dessau, der „Alte Dessauer" ... Leopold I. setzte als Herrscher seines Kleinstaates Dessau eine kleinstaatlich-anhaltische Variante des Absolutismus durch. Fast der gesamte adlige Grundbesitz wurde von ihm an sich gebracht und so der Adel wirtschaftlich entmachtet, sogar weitgehend außer Landes getrieben. Dies bildete eine wichtige Voraussetzung dafür, dass im Dessauer Kleinstaat für eine fürstliche landeskulturelle Gestaltung poltischer Spielraum vorhanden war. Fürst Leopold I. veranlasste darüber hinaus den Ausbau Dessaus als Residenzstadt.

Mathias Tullner, Geschichte des Landes Sachsen-Anhalt, Opladen (Leske + Budrich) 2001, S. 84f.

[1] *Die anhaltischen Staaten hatten wenig politischen Einfluss, sie konnten sich aber in den Bereichen Architektur, Kunst und Literatur zu bedeutenden Gebieten entwickeln.*

1 Beschreibe das Herrscherporträt M2.

2 Begründe, ob Leopold I. ein absolutistischer oder ein aufgeklärter Herrscher war (Darstellungstext, M2, M3).

3 Erstelle eine Chronik zur Entstehung des Fürstentums Anhalt-Dessau (Darstellungstext, M1).
Tipp: Nimm den **Webcode** zur Hilfe.

4 Arbeite Merkmale der Herrschaftspraxis Leopolds I. heraus (Darstellungstext, M3).

5 In Anhalt-Dessau wurde vom Enkel Leopolds I. zwischen 1769 und 1773 der Wörlitzer Park und das Gartenreich Dessau-Wörlitz errichtet.
a) Fasse die wichtigsten Informationen dieser Doppelseite zusammen, die du für den Werbeflyer verwenden kannst.
b) Vergleiche deine Ergebnisse mit deinem Partner oder in der Gruppe.

Webcode: FG643433-107
Die Geschichte Anhalt-Dessaus

Wie regierte Fürst Franz von Anhalt-Dessau?

Seit 1758 regierte der erst 18-jährige Enkel Leopolds I., Fürst Leopold III. Friedrich Franz (1740 bis 1817), Fürst Franz genannt, in Anhalt-Dessau. Unter ihm entwickelte sich das Fürstentum zu einem Beispielstaat des aufgeklärten Absolutismus. Er führte Reformen durch, die bis weit über die Grenzen Anhalt-Dessaus hinaus wirkten.

- ***Untersuche die Leistungen von Fürst Franz und entscheide, inwiefern mit seiner Persönlichkeit für den aufgeklärten Absolutismus geworben werden könnte.***

M 1

Unterricht an der „Schule für Menschenfreundschaft“, kolorierter Kupferstich, 1774

Eine „Schule der Menschenfreundschaft“

Das Bildungswesen war für den Fürsten von entscheidender Bedeutung. Dieses stand bislang noch unter der Aufsicht der Kirche. Im Jahr 1771 berief Fürst Franz den Aufklärer und Pädagogen Johann Bernhard Basedow nach Dessau und beauftragte diesen, das Schulwesen zu reformieren. Ziel sollte es sein, die Ideen der Aufklärung zu verbreiten. In Dessau gab es bis dahin nur eine Schule für Mädchen und eine für Jungen, in denen arbeitsunfähige Handwerker, ehemalige Soldaten oder Beamte im Ruhestand unterrichteten. Basedow vertrat die Ansicht, dass das in der Schule vermittelte Wissen unmittelbar anwendbar sein müsse. Den Kindern sollte nur „nützliches Wissen“ gelehrt werden, das später auch gebraucht wurde. Sie sollten Unterrichtsinhalte nicht nur stur auswendig lernen: Das Lernen sollte Spaß machen und möglichst spielerisch erfolgen.

Am 27. Dezember 1774 wurde in Dessau schließlich die „Schule der Menschenfreundschaft“ – das Philanthropinum (Philanthrop = Menschenfreund) – gegründet. Die Schule, die von Kindern einfacher Eltern und Adeliger besucht wurde, legte viel Wert auf Naturwissenschaften, Sport, Fremdsprachen und das praktische Arbeiten. Im Sachunterricht, dem sogenannten Realienunterricht, wurde den Lernenden mithilfe von Modellen oder großen Bildtafeln das Entstehen und die Auswirkungen verschiedener Naturereignisse veranschaulicht. Weiterhin wurde die Toleranz gegenüber Andersdenkenden und Andersgläubigen in den Mittelpunkt der Erziehung gerückt.

Die Wirtschaft unter Fürst Franz

Im Bereich der Wirtschaftspolitik vertraute Fürst Franz auf Ökonomen, die in England das Vorbild modernen

Wirtschaftens sahen. Er versuchte, den Staat aus wirtschaftlichen Angelegenheiten herauszuhalten. Damit wandte sich der Fürst von der Politik des Merkantilismus weitgehend ab. Dies galt für die Produktion von Waren und für landwirtschaftliche Güter. Im Bereich des Agrarwesens wurden die durch seine Vorgänger geschaffenen Großgüter aufgeteilt und die Fruchtwechselwirtschaft* eingeführt. Beides führte zu höheren Erträgen und stabilisierte die Wirtschaft.

Reformen im Sozialwesen

Nach einer Auslandsreise richtete Fürst Franz 1764 ein zentrales Armenhaus ein. Es wurde von Steuergeldern finanziert und beherbergte zeitweise 200 Menschen. Nach einem Hochwasser stiegen 1771 die Preise für Lebensmittel. Zahlreiche Krankheiten brachen aus und viele Menschen gerieten unschuldig in Armut. Fürst Franz errichtete daraufhin ein System der Armenversorgung, das bedürftige Menschen mit Nahrung versorgte. Auch ließ er kostenlos Getreide verteilen. Finanziert wurde dieses System durch den Fürsten, durch Spenden und durch Steuergelder.

M2

Der Historiker Marian Kirchner über Fürst Leopold III. von Anhalt-Dessau (2005):

Franz war gewiss ein Reformer im sozialen, ökonomischen und architektonischen Bereich, nicht aber im politischen ... Insofern war er ein Fürst seiner Zeit. Er führte auch in seinem Land Reformen ein, die die Lebensbedingungen seiner Untertanen verbesserten; er war sogar vorbildlich darin. Er schuf aber keine moderne Regierungsform, die auf einem gleichberechtigten Bürgertum aufbaute und die Idee der Aufklärung konsequent, aber auch staatsrechtlich umsetzte. Den Staatsaufbau seines Landes hat Franz nicht reformiert, er hat ihn von seinen Vorgängern übernommen und in seinem Sinne ausgebaut ... Ein politisches System, in dem eine ... kontrollierende Instanz den Fürsten als gleichgestellte Volks- oder Bürgerverwaltung überwachte, blieb in Deutschland ... insgesamt ebenso undenkbar wie in Anhalt-Dessau.

Marian Kirchner, Franz macht Macht. Wie regiert man ein Fürstentum?, in: Heinrich Dilly (Hg.), Fürst Franz. Beiträge zu seiner Lebenswelt in Anhalt-Dessau 1740–1817, Halle/Saale (Mitteldeutscher Verlag) 2005, S. 30f. Bearb. v. Verf.

M3

Fürst Franz, Gemälde von Anton von Maron, um 1766

1 **Recherche:** Recherchiere weitere wichtige Lebensdaten und Leistungen von Fürst Franz.
Tipp: Nimm den **Webcode** zur Hilfe.

2 **a)** Beschreibe die neuen Unterrichtsmethoden am Philanthropinum (M1, Darstellungstext).
b) Vergleiche die Unterrichtsmethoden im Philantropinum mit denen, die ihr heute kennt.

3 Die Bevölkerung nannte seinen Regenten „Vater Franz“. Sammle Argumente für und gegen diese Bezeichnung (Darstellungstext, M1, M2).

4 Vergleiche M3 mit dem Herrscherporträt von Ludwig XIV. (S. 83, M3).

5 **Wähle eine Aufgabe aus:**
a) Fertige eine Tabelle an, in der du in der linken Spalte die Maßnahmen des Fürsten notierst und diesen in der rechten Spalte die Begriffe Aufklärung oder Absolutismus zuordnest (Darstellungstext, M2).
b) Nenne Gründe, warum Fürst Franz ein aufgeklärter Monarch war (Darstellungstext, M2, M3).

6 **a)** Liste auf, welche Informationen du für den Werbeflyer verwenden könntest.
b) Vergleiche deine Ergebnisse mit deinem Partner oder in der Gruppe.

Webcode: FG643433-109
Fürst Franz Leopold III.

Der Wörlitzer Park – anschauliche Aufklärung?

Fürst Franz von Anhalt-Dessau ließ ein prächtiges Gartenreich errichten. Dazu gehört auch der Wörlitzer Park, dessen Gestaltung von Gedanken der Aufklärung beeinflusst wurde.

- ***Untersuche, warum der Park errichtet wurde und wo sich in der Parkgestaltung Einflüsse der Aufklärung widerspiegeln.***

M 1

Das Wörlitzer Schloss im Gartenreich Dessau-Wörlitz, Foto, 2013

M 2

Die Rousseau-Insel, Foto, undatiert. Der französische Philosoph und Fürst Franz kannten sich persönlich. Aus Verehrung ließ der Fürst nach dem Tod Rousseaus ein Denkmal errichten.

Die Entstehung des Gartenreichs

Errichtet wurde das so genannte Gartenreich (siehe S. 169) nach englischem Vorbild. Im Jahr 1763 unternahm Fürst Franz gemeinsam mit dem Adligen Friedrich Wilhelm von Erdmannsdorff, einem wichtigen Freund und Berater, eine Bildungsreise nach England. Wenige Zeit später folgten Reisen nach Frankreich und Italien. Von den Landschaftsgestaltungen im Ausland inspiriert, entstand in einem Zeitraum von über vierzig Jahren ein aus mehreren Abschnitten bestehendes Gartenreich mit sechs Schlössern, acht Parkanlagen und über einhundert Gebäuden. Es war ursprünglich so groß, dass es fast die gesamte Fläche des Fürstentums bedeckte. Neben dem Wörlitzer Park zählen seit 2000 auch die Anlagen in Mosigkau, Oranienbaum, Großkühnau, das Georgium, das Luisium und der Sieglitzer Berg zu den UNESCO*-Welterbestätten.

Aufbau des Wörlitzer Parks

Der Wörlitzer Park wurde am Wörlitzer See angelegt und bis 1813 immer wieder erweitert. Er besteht aus fünf Gartenteilen, die durch ein System von Fähren, Brücken und Wegen miteinander verbunden sind. Das im Schlossgarten befindliche englische Landhaus spiegelt zusammen mit anderen Bauwerken des Parks die Auslandserfahrungen des Fürsten wider: Die Innenausstattung besteht aus antiken Plastiken, englischen Keramiken sowie italienischen und niederländischen Gemälden.

„Das Schöne mit dem Nützlichen verbinden"

Der Park sollte ein „Lehrbuch für die Menschen" sein. So waren die Gartenanlagen und die Gebäude stets öffentlich zugänglich, auf Zäune und Mauern wurde verzichtet. Dienten barocke Gärten vorher nur der Bewunderung durch den Betrachter, wurden die Bauernhöfe in den Landschaftsgärten tatsächlich genutzt. Den Besuchern wurden fortschrittliche, moderne Agrarmethoden, wie das Bewässern mit Wasserleitungen und Pumpen, vorgeführt. Der Fürst ließ in einer planmäßigen Folge verschiedene Feldfrüchte, wie Weizen, Roggen oder Klee, anbauen (siehe S. 108/109).

Die aufklärerische Grundhaltung spiegelt sich auch in den Gartenbildern wider. So scheinen Synagoge und die christliche Kirche St. Petri gleichberechtigt nebeneinander erbaut worden zu sein. Damit wurde das Toleranzdenken der Aufklärer in das Gartenbild übertragen.

M3 *Der Tempel der Venus, der römischen Göttin der Liebe, Foto, 2005*

M4 *Die Weiße Brücke im Wörlitzer Park, Foto, 2012*

M5

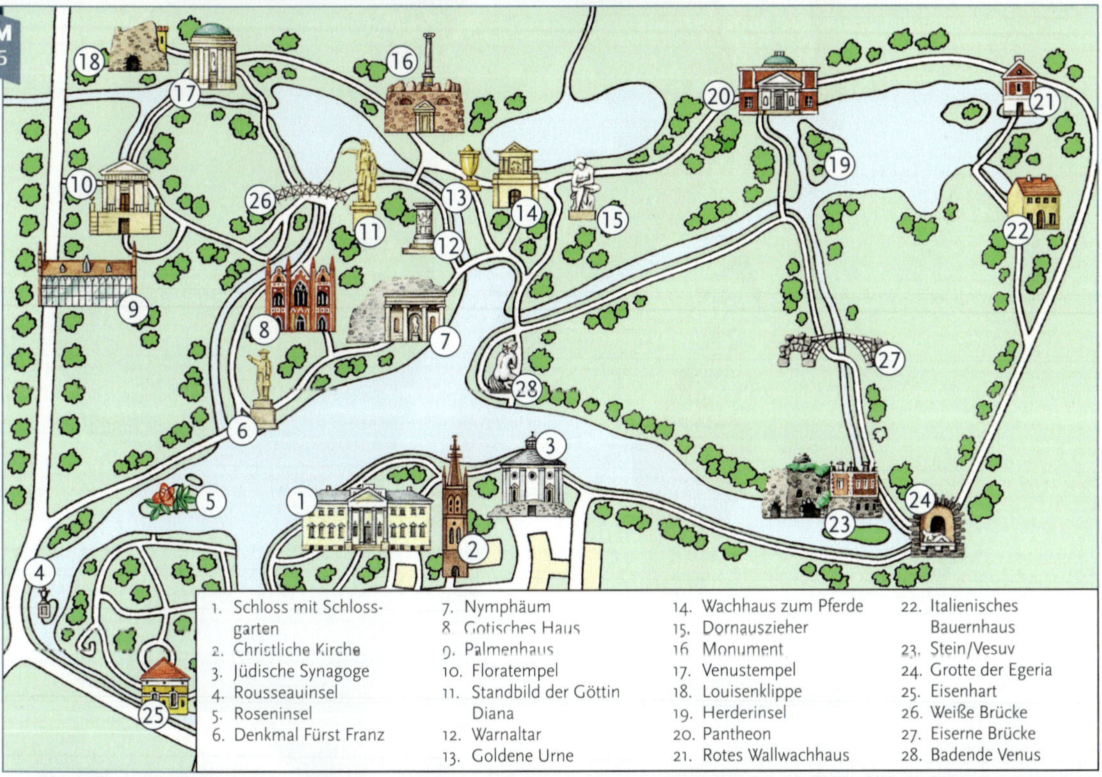

Wörlitzer Park, Rekonstruktionszeichnung, 2000. Fürst Franz wollte das „Schöne mit dem Nützlichen verbinden". Daher wurden an Alleen Obstbäume gepflanzt, die dem Nutzen und der Verschönerung des Landes dienten.

1 Wähle eine Aufgabe aus:

a) Beschreibe, inwiefern sich in der Gestaltung des Wörlitzer Parks Ideen der Aufklärung widerspiegeln (Darstellungstext, M1 bis M4).

b) Erkläre folgende Aussage: „Fürst Franz wollte mit dem Gartenreich das Schöne mit dem Nützlichen verbinden" (Darstellungstext, M5).

2 Erkläre, inwiefern sich im Wörlitzer Park die Auslandserfahrungen des Fürsten widerspiegeln (M5).

3 Recherche: Finde heraus, warum der Wörlitzer Park ein UNESCO-Welterbe wurde.

Tipp: Nutze den **Webcode**.

4 a) Fasse zusammen, welche Informationen du für den Werbeflyer verwenden könntest.

b) Vergleiche deine Ergebnisse mit deinem Partner oder in der Gruppe.

Webcode: FG643433-111

REVEIL DU TIERS

Ma feinte, il étoit tems que je me réveillisse, car l'opreſsion de mes fers me

5
Die Französische Revolution

Der Philosoph Jean-Jacques Rousseau stellte im 18. Jahrhundert fest: „Der Mensch wird frei geboren, und überall ist er in Ketten.“ Damit kritisierte er das in weiten Teilen Europas geltende absolutistische Herrschaftssystem. Immer breitere Bevölkerungsteile forderten Reformen. Auf dem französischen Flugblatt erkennst du, dass sich der dritte Stand erhebt. Er schreckt nicht davor zurück, eine Revolution zu beginnen, um gewaltsam die bisherigen Verhältnisse im Staat und in der Gesellschaft zu verändern. Im Hintergrund stürmt er sogar die Bastille, Gefängnis und Symbol für die Macht des französischen Königs.

Beschreibe das Flugblatt und arbeite heraus, welche Merkmale einer Revolution du auf dem Flugblatt erkennen kannst. Stelle Vermutungen über die Ursachen für das „Erwachen des dritten Standes“ an.

Das Erwachen des dritten Standes, anonyme Flugblatt aus der Zeit der Französischen Revolution vom Juli 1789. Unter der Zeichnung steht: „Es wurde verdammt Zeit, dass ich erwache, denn der Druck der Ketten sorgte für einen heftigen Alptraum.“

1780 1790

1715
Tod des französischen Königs Ludwig XIV.

1758–1817
Fürst Franz Leopold III.; aufgeklärter Absolutismus in Anhalt-Dessau

1763
Baubeginn des Wörlitzer Parks

1789
17. Juni: die Abgeordneten des französischen dritten Standes erklären sich zur Nationalversammlung
20. Juni: Ballhausschwur
14. Juli: Sturm auf die Bastille
4./5. August: die französische Nationalversammlung schafft die Vorrechte des ersten und des zweiten Standes ab
26. August: Erklärung der Menschen- und Bürgerrechte

1791
Ende der absoluten Monarchie in Frankreich: der König ist an eine Verfassung gebunden

1792
Ludwig XVI. wird abgesetzt, Frankreich wird Republik

Die Französische Revolution

Ausgehend von der Kritik der Aufklärer an den bestehenden absolutistischen Herrschaftsverhältnissen und der Ständegesellschaft, fand in Frankreich 1789 eine Entwicklung statt, die mit diesen Zuständen brechen sollte. Die Französische Revolution, die unter den Prinzipien „Freiheit, Gleichheit und Brüderlichkeit" stand, führte zum gewaltsamen Ende der alten Ordnung (Ancien Régime). Es entstanden neue Herrschaftsformen, in denen das Volk mehr Mitbestimmung hatte und das Gottesgnadentum keine Rolle mehr spielte. Erstmals konnten Teile der Bevölkerung Abgeordnete in eine Nationalversammlung wählen, die neben dem König ein mächtiges Machtorgan darstellte. Des Weiteren wurden alle Vorrechte des Adels und der Kirche abgeschafft und die Menschen- und Bürgerrechte eingeführt, die bis heute für uns von Bedeutung sind.

- Warum geriet Frankreich 1789 in eine Krise?
- Wie verlief die Französische Revolution und der Bruch mit der Ständegesellschaft?
- Was passierte mit dem König, dem ersten und dem zweiten Stand?
- Was bedeuteten die Menschen- und Bürgerrechte für die Zeitgenossen, welche Bedeutung haben sie heute?

M 1

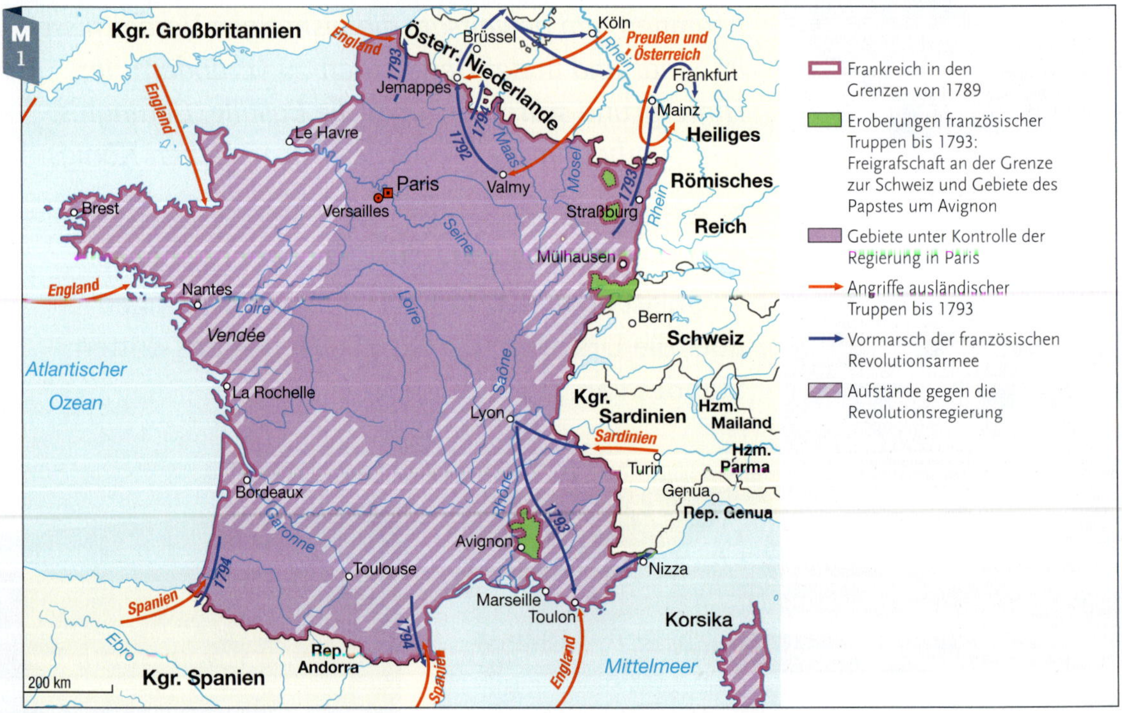

Frankreich 1789 bis 1794

1800

1810

1793/94
Hinrichtung Ludwigs XVI., Beginn der Schreckensherrschaft („Grande Terreur“)

1795–1799
die Französische Republik wird von einem Direktorium regiert

1804
Kaiserkrönung Napoleons

1806
Ende des Heiligen Römischen Reichs Deutscher Nation

1813
Niederlage Napoleons

1814/15
Wiener Kongress, Deutscher Bund

M 2

Die Verhaftung des französischen Königs Ludwig XVI. auf seiner Flucht 1791, kolorierte Radierung, unbekannter Künstler, 1792

M 3

1 Beschreibe mithilfe der Legende die Karte M1 und stelle Vermutungen an über
   a) die Widerstände gegen die Revolution in Frankreich,
   b) die Befürchtungen der angrenzenden Staaten.
2 **Partnerarbeit:**
   a) Beschreibt gemeinsam M2.
   b) Benennt die Veränderungen im Vergleich zur Stellung des Königs zur Zeit des Absolutismus.
3 Stelle anhand von M3 Vermutungen an, welche Bedeutung die Französischen Revolution für die Franzosen heute hat.

Parade zum französischen Nationalfeiertag, dem 14. Juli. Jedes Jahr findet diese auf der berühmten Straße Champs-Élysées in Paris statt. Zu sehen ist hier auch der Triumphbogen. Foto, 2000

Warum geriet Frankreich in die Krise?

Die Ideen der Aufklärung gelten als geistige Ursache für den Ausbruch der politischen Revolution in Frankreich Ende des 18. Jahrhunderts. Zu dieser Zeit herrschte in Frankreich der Monarch absolutistisch und stand an der Spitze der Ständegesellschaft. Anders als Friedrich II. von Preußen leitete er nur zögerlich Reformen ein.

- ***Was waren die Ursachen für die Krise des französischen Absolutismus?***
- ***Welche Forderungen erhob der dritte Stand?***

M 1 **Die französische Ständegesellschaft 1789**

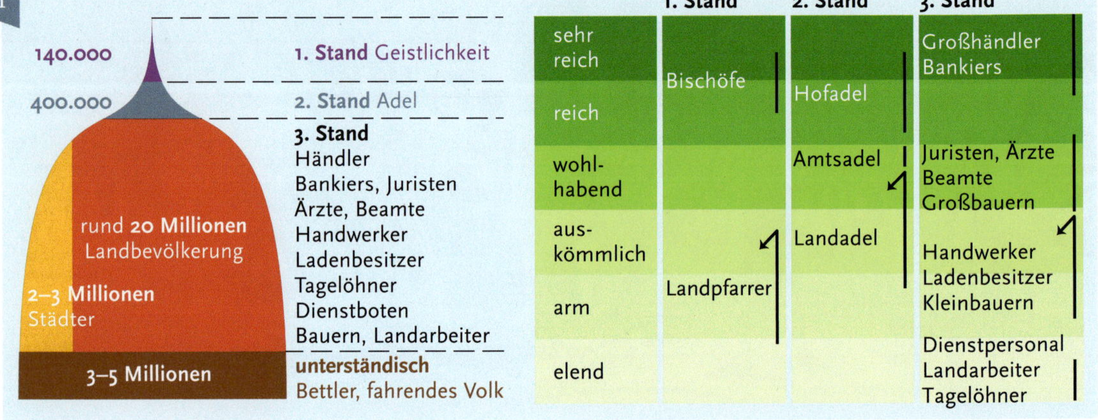

Die französische Gesellschaft: Stände und Vermögensunterschiede. Die abgeknickten Pfeile zeigen, dass hier kein Aufstieg möglich war.

Privilegien für wenige: Klerus und Adel

Sowohl der erste Stand, die Geistlichkeit – auch Klerus genannt –, als auch der zweite Stand, der Adel, lebten überwiegend in Wohlstand. Ihre Mitglieder besaßen gegenüber der Bevölkerungsmehrheit viele Vorrechte (Privilegien): Sie zahlten fast keine Steuern und lebten von den Erträgen ihres Grundbesitzes. Adel und Klerus wehrten sich gegen Reformen, die ihren Wohlstand als auch ihre gesellschaftliche Stellung gefährden konnten.

Allen drei Stände gemeinsam war eine weitgehende politische Rechtlosigkeit. Zwar gab es seit dem Spätmittelalter eine Versammlung von Vertretern aus allen drei Ständen – die Generalständeversammlung* –, die den König beriet und Steuern bewilligte. Hier saßen für jeden Stand ca. 300 Abgeordnete. Allerdings war sie von den absolut herrschenden Monarchen seit 1614 nicht mehr einberufen worden.

Der dritte Stand trug die Steuerlast fast allein; insbesondere die oberste Schicht des Bürgertums, wie Kaufleute, Bankiers, Ärzte und Rechtsanwälte, zahlte die höchsten Steuern. Bestärkt durch die Ideen der Aufklärer, forderten sie neben Mitbestimmung in der Politik auch Gleichberechtigung mit dem Adel und dem Klerus. Unter hohen Steuerabgaben litten auch die kleinen Kaufleute, Handwerker und Bauern. Letztere mussten zusätzlich Frondienst* sowie Abgaben an die adligen und geistlichen Grundherren leisten.

Wachsende Not

Die Bevölkerungszahl nahm – wie im 18. Jahrhundert fast überall in Europa – rasch zu. Wenn es Missernten gab, dann trafen Versorgungsengpässe und steigende Preise vor allem den dritten Stand. Das Einkommen reichte in Notzeiten kaum für die Grundbedürfnisse wie Nahrung, Kleidung und Wohnung. In den Städten stiegen die Lebenshaltungskosten. Der Großteil der Franzosen – 70 Prozent lebten von der Landwirtschaft – hatte auch wegen der hohen Steuern und Abgaben kaum genug zum Überleben. Hungerunruhen waren die Folge.

Frankeich befand sich seit 1770 in einer wirtschaftlichen Krise. Der Merkantilismus hatte Frankreich in eine erfolgreiche Exportnation verwandelt. Das ging jedoch auf Kosten vieler Handwerker und Händler, die angesichts der Konkurrenz der staatlichen Manufakturen* zu niedrigen Preisen arbeiten und auch um ihr Überleben kämpfen mussten.

Droht eine Staatskrise?

Die wirtschaftliche Krise wirkte sich auch auf den Staatshaushalt aus: Steuereinnahmen deckten schon lange nicht mehr die Ausgaben des Staates. Die Schuldenlast stieg an. Jedes Jahr musste der Staat unter König Ludwig XVI. hohe Zinsen für Schulden bezahlen, die noch aus Kriegen seiner Vorgänger, aber auch aus dem verschwenderischen Luxusleben am Hofe in Versailles stammten. Als 1788 bekannt wurde, wie viel Geld der König und seine Familie ausgaben, war die französische Öffentlichkeit empört. Um den drohenden Zusammenbruch der Staatsfinanzen zu verhindern, wollte Ludwig XVI. die Steuerfreiheit für den ersten und zweiten Stand aufheben und weitere Steuerreformen durchführen.

Doch diese Pläne scheiterten vor allem am Widerstand des privilegierten Adels, der dem König immer selbstbewusster gegenüberstand. Um gemeinsam Lösungen vor allem für die finanziellen und wirtschaftlichen Probleme zu finden, entschied Ludwig XVI. die Generalstände nach 175 Jahren für den Mai 1789 ins Schloss von Versailles einzuberufen. Die Teilnehmer waren aufgerufen, die Beschwerden der Bevölkerung ihrer Landkreise, die sie repräsentierte (vertrat), zu sammeln und nach Versailles mitzubringen.

Formen der Kritik

Vor allem das Bildungsbürgertum äußerte seinen Unmut über die gesellschaftlichen, wirtschaftlichen und politischen Probleme und forderte Reformen. Neben Karikaturen und Flugblättern sorgte besonders die Schrift „Was ist der dritte Stand?“ des aufgeklärten Geistlichen Sieyès vom Januar 1789 für Aufsehen. Er forderte darin die Aufhebung aller Privilegien, Gleichheit vor dem Gesetz und Wahl einer Volksvertretung. Die Zweifel an der absoluten Herrschaft des Königs wurden immer lauter.

M 2

Aus einem Beschwerdeheft der Bauern der Gemeinde Letteguives im Norden Frankreichs (29. März 1789):

2. Die Großbauern bestimmen die Lebensmittelpreise und damit das Schicksal der Allgemeinheit. Sie halten das Getreide teilweise Jahre zurück und spekulieren damit ... Wegen des hohen Getreidepreises wird es kaum noch gehandelt. Wenn man Brot gekauft hat, bleibt kein Geld mehr für den Kauf anderer Lebensmittel übrig. Einige wenige können sich gerade die Hälfte der nötigen Nahrung kaufen. Andere haben gar nichts und sterben an Hunger ...

8. Möge der König uns vor dem Zusammenbruch des Handels bewahren.

9. Großen Ärger erzeugt die Tatsache, dass die Armen für ihren Platz auf der Kirchenbank bezahlen müssen, damit die Kirche eine zusätzliche Einnahme hat.

10. Wir fordern das Ende des Getreideexports ...

14. Die Salzsteuer sollte abgeschafft werden und der Verkauf von Salz sollte freigegeben werden.

15. Die Bestimmungen zur Wahl der Gemeindeversammlung sollen geändert werden. Der König soll zur Vermeidung der Korruption erlauben, dass auch Repräsentanten gewählt werden können, die weniger als 30 Pfund Steuern im Jahr zahlen.

16. Alle drei Stände sollen gemäß ihren Einkünften Steuern zahlen ...

18. Der König wird inständig gebeten, alle fünf Jahre die Generalstände einzuberufen, damit er von unserem Unglück erfährt.

Cahiers de doléances du Tiers État du Bailliage de Rouen pour les États généraux de 1789, Band II, Paris 1957. Übers. v. Hans-Joachim Cornelißen.

1 Erstelle anhand des Darstellungstextes eine Mind-Map zur Situation Frankreichs Ende des Jahres 1788.

2 Erkläre, warum eine Steuerreform scheiterte. Nimm M1 und den Darstellungstext zu Hilfe.

3 Begründe, warum der König Ludwig XVI. die Generalstände einberief.
Tipp: Bedenke, dass sich die Ideen der Aufklärer verbreiteten und eine Ständegesellschaft existierte.

4 **Wähle eine Aufgabe aus:**
a) Arbeite die zentralen Beschwerden der Bauern heraus (M2).
b) Formuliere aus Sicht Ludwigs XVI. bzw. seiner Beamten am Hof ein Antwortschreiben an die Bauern der Gemeinde Letteguives. Lies dazu M2.

Eine Karikatur analysieren

Karikaturen (von ital. caricare = etwas überladen, übertreiben) sind bildliche Darstellungen, bei denen gesellschaftliche, wirtschaftliche und politische Zustände, Entwicklungen und Ereignisse bewusst übertrieben und bis ins Lächerliche verzerrt werden – es wird Kritik geübt. Viele dieser Zeichnungen aus der Zeit der Französischen Revolution liegen uns heute noch als bildliche Quellen vor. Um sie vollständig verstehen zu können, müssen sie beschrieben, gedeutet und in die Zeit, in der sie entstanden sind, eingeordnet werden. Wie dies funktioniert, kannst du auf den folgenden Seiten herausfinden.

Karikaturen aus der Zeit der Französischen Revolution

Um Kritik an König Ludwig XVI., dem Adel und dem Klerus üben zu können sowie auf die gesellschaftliche Ungerechtigkeit und Ungleichheit aufmerksam zu machen, bedienten sich aufgeklärte Künstler neben Flugschriften auch Karikaturen. Gedruckt auf Flugblättern und verteilt im ganzen Land, erreichten die einfachen bildlichen Darstellungen viele Menschen. Da im Grunde nur Vertreter des ersten und zweiten Standes sowie das gebildete Bürgertum des dritten Standes lesen konnten, eigneten sich die Zeichnungen besser, um von allen Franzosen verstanden zu werden. Jeder Einzelne sollte begreifen, dass Veränderungen notwendig seien und dass es an der Zeit sei, dafür einzutreten und vielleicht auch zu kämpfen.

M 1

M 2

Französische Karikatur eines unbekannten Künstlers, 1789

„Man muss hoffen, dass dieses Spiel bald ein Ende hat.“ Anonyme kolorierte Radierung, 1789. Auf der Hacke steht: „von Tränen getränkt“. Auf dem Taschentuch der unteren Figur steht: „Salz- und Tabaksteuer, Grundsteuer, Zehnt, Frondienst, Militärdienst“, auf dem Säbel: „gerötet von Blut“.

Arbeitsschritte „Eine Karikatur analysieren“

Ersten Eindruck festhalten	**Lösungshinweise zu M1**
1. Wie wirkt die Karikatur auf dich?	• *Notiere hier alle Ideen und Gedanken, die dir beim ersten Betrachten spontan einfallen.*
Einzelheiten beschreiben	
2. Welche Personen, Gegenstände und anderen Details lassen sich erkennen? Achte auf den Gesichtsausdruck und die Körperhaltung. Beziehe die Bildunterschrift mit ein.	• *gebeugter Mann, blaue Hose mit einem Taschentuch, auf dem steht: „...“, linke Socke runtergerutscht, Holzschuhe usw., stützt sich auf eine Hacke, auf der steht: „von Tränen getränkt“, auf seinem Rücken sitzen zwei Männer* • *Hasen fressen den Kohl, die Vögel picken die Saat usw.*
Zusätzliche Informationen heranziehen	
3. Wer ist der Zeichner?	• *unbekannter Künstler*
4. Wann und wo ist die Karikatur entstanden?	• ...
5. Gibt es einen Titel?	• *„Man muss hoffen, dass dieses Spiel bald ein Ende hat.“*
6. Welches Thema hat die Karikatur?	• *die Unterdrückung des dritten Standes durch den ersten und zweiten Stand*
Bildaussage erkennen	
7. Welche Bedeutung haben die Personen und Gegenstände?	• *Der gebeugte Mann mit Holzschuhen und Hacke ist ein Bauer und steht für den dritten Stand.* • *Der Mann mit der roten Jacke, dem Säbel usw. ist ein ...* • *Der Mann in blau mit Priesterkragen usw. ist ein ...* • *Hasen und Vögel zerstören die Ernte und dürfen vom Bauern nicht gejagt werden; die Jagd ist ein Adelsprivileg.*
8. Auf welches Ereignis bezieht sich die Karikatur?	• *Wiederhole deine Kenntnisse über die Krise des französischen Absolutismus (siehe S. 116/117).*
Aussage der Karikatur formulieren	
9. Was ist die Botschaft?	• *Der dritte Stand soll sich befreien, soll diesen Zustand nicht länger dulden.*
10. Was wird kritisiert?	• ...
11. Welche Wirkung könnte die Karikatur haben?	• *Die Menschen des dritten Standes erkennen die Ungerechtigkeit, die Ausbeutung und Demütigung.* • *Sie sind entsetzt und kämpfen gegen diese Zustände an.*

1 Analysiere M1 mithilfe der Arbeitsschritte. Ergänze die Lösungshinweise dort, wo du Auslassungszeichen siehst (...).

2 Analysiere M2 mithilfe der Arbeitsschritte.

3 Jetzt kannst du auch die Karikatur auf den Auftaktseiten 112/113 analysieren. Vergleiche die so erhaltenen Informationen mit deinen ersten Eindrücken.

Sommer 1789 – die Revolution der Bürger und Bauern

Im Sommer 1789 spitzte sich die Lage in Frankreich immer weiter zu. Aufgrund der politischen und wirtschaftlichen Krise (S. 116/117) machte sich eine revolutionäre* Stimmung breit. Die Frage war, wie der König darauf reagieren würde?

- ***Mithilfe dieser Doppelseite kannst du die Ereignisse im Sommer 1789 beschreiben und am Beispiel Frankreichs den Begriff „Revolution" erläutern.***

Der dritte Stand erhebt sich

Die Berater König Ludwigs XVI. (1754–1793) hatten zur Lösung der Finanzkrise empfohlen, die Generalstände* einzuberufen. Im Februar und März 1789 wählten deshalb alle drei Stände ihre Abgeordneten, die am 5. Mai 1789 zur feierlichen Eröffnungssitzung in Versailles zusammenkamen. In seiner Rede ging der König jedoch nicht auf die Beschwerden der Bevölkerung ein. Die Vertreter des dritten Standes wollten nicht nur den Vorschlägen des Königs zustimmen, sondern mitbestimmen und Einfluss nehmen. Einige Wochen verhandelten die Generalstände ohne jeden Erfolg. Schließlich verloren die Abgeordneten des dritten Standes die Geduld und erklärten sich zusammen mit Gleichgesinnten aus dem ersten und zweiten Stand zur Nationalversammlung. Als Ludwig XVI. deshalb wenige Tage später ihren Versammlungsraum schließen ließ, wichen die Abgeordneten in das Ballhaus – einer Art Sporthalle – des Hofes aus. Dort schworen sie sich, so lange nicht auseinanderzugehen, bis Frankreich eine Verfassung (regelt die Herrschaftsverhältnisse und enthält neben Gesetzen die Freiheits- und Gleichheitsrechte der Bürger) besäße. Mit dieser Verfassungsrevolution, die einer politischen Revolution gleichkommt, erklärte die Nationalversammlung das Gottesgnadentum, den Absolutismus und das Ständesystem in Frankreich für beendet. Ludwig XVI. ließ als Reaktion auf diesen revolutionären Akt etwa 20 000 Soldaten um Versailles und Paris zusammenziehen.

Die städtische Revolution

Als die Menschen von den Truppenbewegungen rund um ihre Stadt Paris hörten, gerieten sie in höchste Aufregung. Viele Einwohner bewaffneten sich. Am 14. Juli 1789 stürmte eine Menschenmenge die Bastille, das königliche Gefängnis und Symbol absolutistischer Herrschaft, wo sie glaubte, Waffen zu finden. Zum Schutz von Paris bildeten die Einwohner eine revolutionäre Bürgerwehr, die Nationalgarde. Auch in vielen anderen Städten vertrieben die Bürger königliche Beamte und traten der königlichen Armee mit Gewalt entgegen. Damit hatte sich die Revolution von der Nationalversammlung auf die Straße verlagert.

M 1

Schwur im Ballhaus am 20. Juni 1789, Kupferstich aus dem Jahr 1820 von Jean-Pierre-Marie Jazet nach einer Federzeichnung von Jacques-Louis David

M 2

Ein Augenzeuge berichtete über den 14. Juli 1789:

Die Wut flammt auf. Nun gibt es in Paris nur noch einen Schrei: Zu den Waffen! ... Die Menge und die Verwegensten [Draufgänger] begeben sich zum Invalidenhaus [hier lebten ältere Soldaten, und Waffen der Armee wurden hier aufbewahrt]; man verlangt Waffen vom Gouverneur ... Kaum hat man Waffen, so geht's zur Bastille. Der Kommandant, Graf de Launay, der gewiss überrascht war, hunderttausend Flinten und Bajonette zu sehen muss sehr in Verwirrung gewesen sein. Man knallt ein oder zwei Stunden drauflos, man schießt von den Türmen herunter, was sich dort sehen lässt; Graf Launay ergibt sich; er lässt die Zugbrücke herunter, aber er zieht sie sofort wieder hoch und schießt mit Kartätschen [Munition] drein ... binnen einer halben Stunde ist der Platz im Sturm genommen. Es grenzt ans Wunderbare, um halb drei Uhr war die Bastille schon genommen. Die Bastille hätte sich sechs Monate halten können, aber sie wurde von Bürgersleuten und führerlosen Soldaten genommen, ohne einen einzigen Offizier! ... Herrn de Launay macht man zum Gefangenen ... und ein Schlächter schneidet ihm den Kopf ab.

Zit. nach Wolf Dietrich Behschnitt, Die Französische Revolution, Stuttgart (Klett) 1979, S. 44. Vom Verf. gekürzt.

Revolution

Eine Revolution (lat. revolutio = Umwälzung) wird als ein absichtlicher, zeitweise gewaltsamer und rascher Umsturz der bestehenden politischen und gesellschaftlichen Ordnung verstanden. Unterstützt wird eine Revolution durch breite Bevölkerungsschichten.

Die Revolution der Bauern

Die Nachricht von den Ereignissen in Paris löste bei der Landbevölkerung Panik aus. Sie hatte Angst vor einer Verschwörung des Adels, zudem kursierten Gerüchte über plündernde Räuberbanden. Seit Monaten hatte sich die Lage der Bauern nicht verbessert – Hunger und Armut bestimmten ihren Alltag. Auch sie wählten jetzt den Weg der Gewalt und erstürmten an vielen Orten die Schlösser und Klöster ihrer Grundherren, um deren befürchteten Angriffen zuvorzukommen und die Urkunden über die verhassten Abgaben zu vernichten.

M 3

Bauern stürmen das Schloss ihres Grundherrn. Stich eines unbekannten Künstlers

1 **a) Methode:** Analysiere M1 mithilfe der Arbeitsschritte „Eine Bildquelle interpretieren" auf S. 154.
b) Ganz rechts vorn sitzt ein Mann der die Arme verschränkt. Es ist Joseph Martin-Dauch, ein Repräsentant des dritten Standes. Stelle Vermutungen an, warum er den Schwur verweigert.
Tipp: In welchen Situationen verschränkst du die Arme?

2 Erkläre, warum und mit welchen Mitteln Bürger und Bauern sich im Sommer 1789 zur Wehr setzten (Darstellungstext, M1, M2 und M3).

3 **Gruppenarbeit:** Verteilt folgende Aufgaben und vergleicht eure Ergebnisse: Schreibe aus der Sicht eines Journalisten für ein historisches Magazin einen Artikel über:
a) die Ereignisse im Ballhaus (Darstellungstext, M1)
b) die Geschehnisse um die Bastille (Darstellungstext, **Webcode**)
c) die Ausschreitungen auf dem Land (M3).

4 Erarbeite aus dem Darstellungstext zentrale Kennzeichen einer Revolution.
Tipp: Nimm den Begriffskasten zu Hilfe.

Zusatzaufgabe: siehe S. 144

Webcode: FG643433-121
Die Erstürmung der Bastille

Die Erklärung der Menschen- und Bürgerrechte – Forderungen der Aufklärer werden Gesetz

Die Abgeordneten der Nationalversammlung befürchteten, dass die revolutionäre Stimmung in Frankreich noch radikaler werden könnte und das Land im Chaos versinken würde. Sie fassten daher Beschlüsse, die dazu beitragen sollten, Ruhe, Ordnung und Stabilität wiederherzustellen. Die Erklärung der Menschen- und Bürgerrechte im August 1789 leitete das Ende des Ancien Régime ein.

- ***Welche Beschlüsse fasste die Nationalversammlung, und sind die Reformen auch heute noch von Bedeutung?***

Die Nationalversammlung handelt …

Nach den revolutionären Ereignissen im Sommer 1789 war die Stimmung in ganz Frankreich angsterfüllt. Vertreter des Adels und des Klerus fürchteten um ihr Leben, das Bürgertum hatte Angst, sein Eigentum zu verlieren, und die einfache Bevölkerung auf dem Land und in der Stadt zweifelte daran, dass sich ihr Zustand nach den Unruhen verbessern würde. Deshalb musste die Nationalversammlung rasch handeln. So beschloss sie in einer stürmischen Nachtsitzung vom 4. zum 5. August 1789 die Abschaffung der Leibeigenschaft, das Ende der Steuerbefreiung für Klerus und Adel sowie die Zulassung aller Bürger zu Ämtern in Staat und Heer. Abgaben und Frondienste konnten durch Geldzahlungen abgelöst werden – sofern die Bauern das nötige Geld dazu hatten.

… aber die Unruhen bleiben

Die Beseitigung der Privilegien beendete die alte Ständegesellschaft und schuf rechtsgleiche Staatsbürger. Die Unruhen blieben jedoch bestehen, da die meisten Bauern nicht das Geld hatten, sich von ihren Verpflichtungen freizukaufen. Weiterhin herrschten Hunger und Armut. In Paris unternahmen im Oktober 1789 Tausende Bürger – vor allem Frauen – den nächsten Schritt. Sie marschierten zum Schloss von Ludwig XVI. nach Versailles (ca. 20 Kilometer) und erzwangen die Übersiedlung der königlichen Familie und der Nationalversammlung nach Paris. Gemeinsam sollten beide die Probleme des Landes lösen. Die absoluten Monarchen in den Nachbarstaaten wollten ein Übergreifen der revolutionären Stimmung auf ihre Länder um jeden Preis verhindern und waren bereit, gegen Frankreich Krieg zu führen.

Im Sinne von Freiheit, Gleichheit, Brüderlichkeit – „liberté, egalité, fraternité"

Trotz dieser schwierigen Situation schaffte die Nationalversammlung etwas Außergewöhnliches. Am 26. August 1789 veröffentlichte sie die „Erklärung der Menschen- und Bürgerrechte" und beendete damit – zusammen mit der Beseitigung aller Privilegien für Klerus und Adel – den Absolutismus in Frankreich. In der Erklärung fanden sich die Gedanken der Aufklärer wieder.

Die Menschenrechte* sollten nach dem Willen der französischen Abgeordneten nicht auf ein bestimmtes Land begrenzt, sondern weltweit gültig sein.

Die „Erklärung der Menschen- und Bürgerrechte" hat alle modernen Verfassungen beeinflusst. Im 19. Jahrhundert lieferten die Menschenrechte Argumente für Reformen in den europäischen Monarchien. Nach dem Zweiten Weltkrieg (1939–1945) verabschiedeten die Vereinten Nationen (UNO) eine „Allgemeine Erklärung der Menschenrechte". Zum ersten Mal in der Geschichte einigten sich die Völker auf verbindliche Menschenrechte, die weltweit – universell – gültig sein sollen. Für deren Umsetzung in allen Ländern setzt sich die UNO* bis heute ein.

M 1

Die Erklärung der Menschen- und Bürgerrechte, Ölgemälde von Jean Jacques Le Barbier d. Ä., 1789/90 (Ausschnitt). Die Erklärung wurde in Flugschriften im ganzen Land verbreitet.

M 2

Die „Erklärung der Menschen- und Bürgerrechte" vom 26. August 1789

Die 17 Artikel wurden später der Verfassung von 1791 vorangestellt:

Art. 1: Die Menschen sind und bleiben von Geburt an frei und gleich an Rechten ...

Art. 2: Das Ziel einer jeden politischen Vereinigung besteht in der Erhaltung der natürlichen und unantastbaren Menschenrechte. Diese Rechte sind Freiheit, Eigentum, Sicherheit und Widerstand gegen Unterdrückung.

Art. 3: Die Nation bildet den hauptsächlichen Ursprung jeder Souveränität [der höchsten Gewalt] ...

Art. 4: Die Freiheit besteht darin, alles tun zu können, was dem anderen nicht schadet ...

Art. 7: Kein Mensch kann anders als in den gesetzlich ... verfügten Fällen und vorgeschriebenen Formen angeklagt, verhaftet und gefangengenommen werden ...

Art. 10: Niemand darf wegen seiner Meinung, selbst religiöser Art, belangt werden ...

Art. 11: Die freie Mitteilung der Gedanken und Ansichten ist eines der kostbarsten Menschenrechte; jeder Bürger kann daher frei schreiben, reden und drucken, unter Vorbehalt des Missbrauchs dieser Freiheit ...

Art. 17: Da das Eigentum ein unverletzliches und heiliges Recht ist, kann es niemandem genommen werden, außer im Falle öffentlicher Notwendigkeit unter der Bedingung einer gerechten ... Entschädigung.

Zit. nach Geschichte in Quellen, Bd. 4, hg. v. Wolfgang Lautemann u.a., München (bsv) 1981, S. 199ff. Bearb. v. Verf.

M 3

In der „Allgemeinen Erklärung der Menschenrechte" verpflichteten sich 1948 die Mitgliedsstaaten der UNO, die Grundrechte* weltweit zu verteidigen:

Art. 1: Alle Menschen sind frei und gleich an Würde und Rechten geboren. Sie sind mit Vernunft ... begabt und sollen einander im Geiste der Brüderlichkeit begegnen ...

Art. 3: Jeder Mensch hat das Recht auf Leben, Freiheit und Sicherheit der Person.

Art. 4: Niemand darf in Sklaverei oder Leibeigenschaft gehalten werden ...

Art. 5: Niemand darf der Folter oder grausamer, unmenschlicher oder erniedrigender Behandlung oder Strafe unterworfen werden ...

Art. 7: Alle Menschen sind vor dem Gesetz gleich und haben ohne Unterschied Anspruch auf gleichen Schutz durch das Gesetz ...

Art. 9: Niemand darf willkürlich festgenommen, in Haft gehalten oder des Landes verwiesen werden ...

Art. 13: Jeder hat das Recht, sich innerhalb eines Staates frei zu bewegen und seinen Aufenthaltsort frei zu wählen ...

Art. 17: Jeder hat das Recht, sowohl allein als auch in Gemeinschaft mit anderen Eigentum innezuhaben. Niemand darf willkürlich seines Eigentums beraubt werden.

Art. 18: Jeder hat das Recht auf Gedanken-, Gewissens- und Religionsfreiheit ...

Art. 19: Jeder hat das Recht auf Meinungsfreiheit und freie Meinungsäußerung ...

Art. 21: ... Der Wille des Volkes bildet die Grundlage für die Autorität der öffentlichen Gewalt ...

Zit. nach http://www.un.org/depts/german/grunddok/ar217a3.html (Stand: 5.5.2013). Bearb. v. Verf.

1 a) Nenne die Beschlüsse der Nationalversammlung und erläutere, warum sie den Absolutismus in Frankreich beendeten (Darstellungstext).
b) Begründe, warum die Menschen- und Bürgerrechtserklärung im Sommer 1789 verabschiedet wurde.

2 a) Beschreibe M1.
b) Nenne Elemente, die sich auch in der Radierung S. 92, M2 wiederfinden und erkläre deren Bedeutung.

3 Wähle eine Aufgabe aus:
a) Erkläre die Artikel in M2 mit eigenen Worten.
b) „Freiheit, Gleichheit, Brüderlichkeit" waren die Schlagworte der Revolutionäre. In welchen Artikeln in M2 lassen sich diese Gedanken wiederfinden?

4 Vergleiche die Artikel von 1789 (M2) mit denen von 1948 (M3). Stelle inhaltlich ähnliche Artikel in einer Tabelle gegenüber.

5 Diskutiere den Einfluss der Menschen- und Bürgerrechte von 1789 für die Gegenwart.
Tipp: Welche Recht(e) sind für euch bedeutsam und warum?

Zusatzaufgabe: siehe S. 145

Webcode: FG643433-123
Menschen- und Bürgerrechte heute

Ein Verfassungsschaubild auswerten

Die Abgeordneten hatten im Ballhaus im Juni 1789 geschworen, erst auseinanderzugehen, wenn eine Verfassung* geschaffen worden war. Im September 1791 war es so weit. Verfassungen bestehen aus Gesetzen, die kompliziert zu lesen sind, aber in Schaubildern vereinfacht dargestellt werden können. Die Arbeitsschritte helfen dir bei der Untersuchung eines Verfassungsschaubildes.

Die konstitutionelle Monarchie

Am 3. September 1791 verabschiedete die Nationalversammlung die Verfassung (M1). Ihr wurde die Erklärung der Menschen- und Bürgerrechte von 1789 vorangestellt. Nach Verfassung ging die oberste Gewalt im Staat, die Souveränität, nicht mehr vom König, sondern vom Volk aus – das aufklärerische Prinzip der Volkssouveränität fand nun Anerkennung und das Gottesgnadentum wurde beendet. Das Amt des Königs blieb auch weiterhin erblich, aber es wurde ein Staatsorgan und in seinen Regierungsbefugnissen eingeschränkt. Frankreich war nun eine konstitutionelle Monarchie (von lat. constitutio = Verfassung). Die Verfassung garantierte Freiheit und Gleichheit der Bürger vor dem Gesetz. Zwar wurde das Ständesystem abgeschafft, trotzdem waren nicht alle Franzosen gleich. Durch ein Zensuswahlrecht* war die politische Mitbestimmung der Bürger begrenzt. Wählen konnten nur „Aktivbürger“, die eine bestimmte Steuersumme zahlen konnten. Das war knapp die Hälfte der 28 Millionen Franzosen. Männliche „Passivbürger“ und Frauen blieben bei politischen Entscheidungen ausgeschlossen.

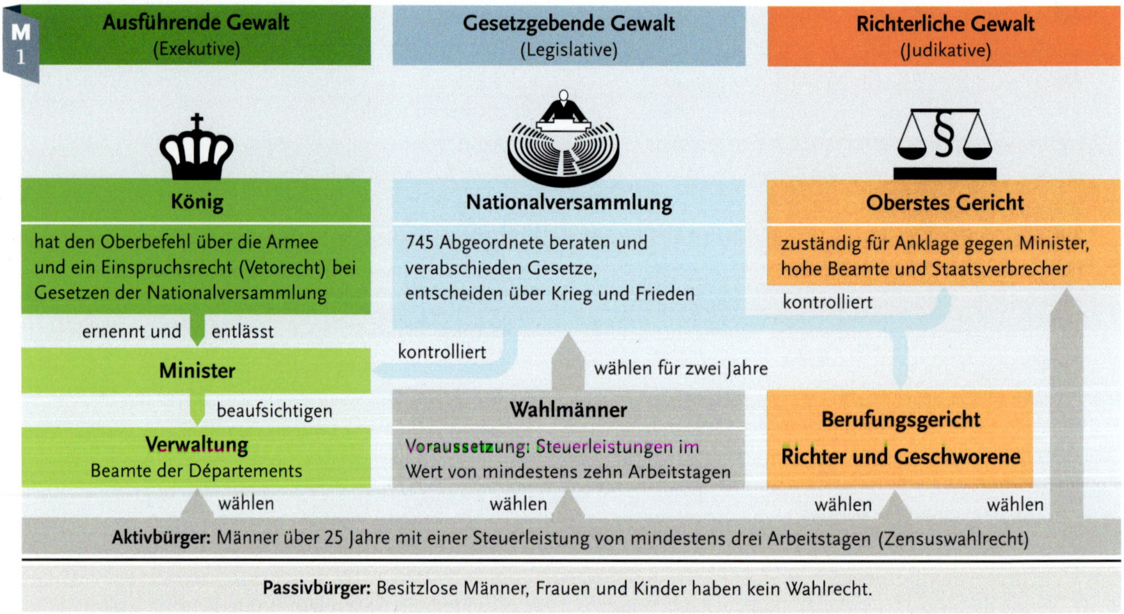

Die französische Verfassung von 1791, Schaubild. Der König blieb Staatsoberhaupt. Er besaß ein Einspruchsrecht (aufschiebendes Vetorocht), mit dem er Beschlüsse der Nationalversammlung sechs Jahre lang verhindern konnte.

1 Analysiere M1 mithilfe der Arbeitsschritte aus der Tabelle. Einige Fragen wurden schon beantwortet, bei den anderen (...) sollst du die Antwort geben oder sie vervollständigen.

2 **Wähle eine Aufgabe aus:**

a) Erkläre die Stellung des Königs in der Verfassung und arbeite Unterschiede zur absoluten Monarchie heraus (Darstellungstext, M1).

b) Begründe, warum Ludwig XVI. kein Anhänger der Revolution war (Darstellungstext, M1).

Arbeitsschritte „Ein Verfassungsschaubild auswerten“

Einzelne Elemente der Abbildung erfassen	Lösungshinweise zu M1
1. Welche Fachbegriffe werden genannt?	• *Neben Vetorecht werden ... genannt.*
2. Welche Bedeutung haben Farben, Pfeile etc.?	• *Grün, Blau und Orange kennzeichnen die drei ... Die Pfeile machen deutlich ...*
Formale Aspekte	
3. Wie ist das Schaubild zu lesen?	• *Das Schaubild kann von links nach rechts gelesen werden, dann beginnt man mit ... Möglich ist aber auch, unten zu beginnen und mit den ...*
Inhalt erschließen	
4. Welche Verfassungsorgane sind dargestellt?	• *Neben der Nationalversammlung sind ... dargestellt.*
5. Inwiefern ist die Gewaltenteilung dargestellt?	• *Der Exekutive gehören ..., der Legislative ... und der ... an.* • *Der König hat folgende Machtbefugnisse ...* • *Die Nationalversammlung kann ...*
6. Wer kontrolliert wen?	• *Die Nationalversammlung kontrolliert die Minister sowie ...* • *Das Oberste Gericht kontrolliert Teile des Exekutive, indem es ...*
7. Wer darf wen wie oft wählen?	• *Alle zwei Jahre wählen die Aktivbürger ..., die wiederum ... Der König ist nicht ..., sein Amt ist ...*
8. Um welche Staatsform handelt es sich?	• *Es handelt sich um eine ... Monarchie, weil ...*
Aussagen überprüfen	
9. Sind die Angaben im Verfassungsschema richtig?	• *Ich habe die Angaben unter anderem mit folgender Internetseite ..., Lexika ..., dem Darstellungstext auf Seite ... überprüft und festgestellt, dass ...*
Urteilen	
10. Werden Vorteile, Fortschritte und/oder Nachteile, Schwierigkeiten offensichtlich?	• *Vorteilhaft im Vergleich zur absoluten Monarchie ... Von Nachteil mit Blick auf die Erklärung der Menschen- und Bürgerrechte ist, dass Frauen ...*
11. Worüber gibt das Schaubild keine Auskunft?	• *Es wird nicht deutlich, aller wie viel Jahre ...*

3 **Geschichte darstellen:** Beschreibe, inwiefern die Verfassung einen Bruch mit der Ständegesellschaft darstellt und welche Einflüsse der Aufklärung hier deutlich werden.
Tipp: Verwende dabei Begriffe wie: Souveränität, Gottesgnadentum, Gewaltenteilung, Alleinherrschaft, ständische Privilegien, Bürger, Freiheit, Gleichheit.

4 Fasse in einer Zeitleiste den Weg Frankreichs von der absoluten Monarchie 1789 bis zur Republik 1793 zusammen.
Tipp: Nutze dafür den Darstellungstext und die vorherigen Seiten.

Über ein historisches Ereignis erzählen

König Ludwig XVI. stand der Revolution ablehnend gegenüber und hatte sogar versucht, das Land durch Flucht zu verlassen. Im September 1791 unterschrieb er wiederwillig die von der Nationalversammlung verabschiedete Verfassung. Dennoch wurde Ludwig XVI. zum Tode verurteilt und die Republik ausgerufen.

- ***In einer Erzählung sollst du vom Prozess im Nationalkonvent und den unterschiedlichen Ansichten, die hier vertreten wurden, berichten.***

Das Ende der Monarchie

Ludwig XVI. akzeptierte nach außen hin die Verfassung, die seine Macht stark einschränkte. Das Volk zweifelte aber, ob er wirklich hinter der neuen Staatsform stand. Bei einem Fluchtversuch wurde er im Juni 1791 mit seiner Familie erkannt. Als Gefangener kehrte Ludwig XVI. nach Paris zurück. Er wollte eigentlich mithilfe des Auslands eine Armee aufstellen, nach Paris zurückkehren und die Monarchie wiederherstellen. Für die absoluten Monarchen im Ausland war die Gefangennahme untragbar, sodass Österreich und Preußen mit militärischer Gewalt drohten. In dieser Situation erklärte die Nationalversammlung am 20. April 1792 Österreich und Preußen den Krieg. Von der Pariser Bevölkerung wurde dem König vorgeworfen, mit den absolut regierenden Monarchen im Ausland zu sympathisieren. Am 10. August 1792 stürmten Bürger das königliche Schloss. Die Abgeordneten der Nationalversammlung erklärten den König für abgesetzt und klagten ihn wegen Hochverrats an. Die Monarchie wurde beendet und am 21. September 1792 die französische Republik* ausgerufen. Damit endete die Monarchie. Ludwig XVI. wurde am 21. Januar 1793 hingerichtet. Darüber entschied kein Gericht, sondern die Nationalversammlung, die sich nun Nationalkonvent nannte, mit 387 gegen 334 Stimmen.

M 1

Romain de Sèze (1748–1828) verteidigte Ludwig XVI. als Rechtsanwalt vor dem Nationalkonvent und hielt am 26. Dezember 1792 eine Verteidigungsrede:

Ohne Zweifel kann die Nation heute erklären, dass sie kein monarchisches Regiment mehr will, weil dieses ohne Unverletzlichkeit seines Hauptes nicht bestehen kann; sie kann wegen ebendieser Unverletzlichkeit auf diese Verfassungsart verzichten; aber sie kann sie nicht auslöschen für die ganze Zeit, in der Ludwig den verfassungsmäßigen Thron eingenommen hat. Ludwig war unverletzlich, solange er König war; die Abschaffung des Königtums kann an seiner Rechtslage nichts ändern ... Aber nehmt euch in Acht; nehmt ihr Ludwig die Unverletzlichkeit des Königs, so seid ihr ihm wenigstens die Rechte des Bürgers schuldig; denn ihr könnt nicht bewirken, dass Ludwig aufhört, König zu sein, wenn ihr erklärt, ihn richten zu wollen, und dass er wieder König wird in dem Augenblick, da ihr das Urteil sprecht. Wollt ihr nun aber Ludwig als König richten, dann frage ich euch: Wo sind die schützenden Formen, die jeder Bürger kraft unveräußerlichen Rechtes verlangen kann? Ich frage euch: Wo ist jene Teilung der Gewalten, ohne die weder Verfassung noch Freiheit möglich ist? ...

Zit. nach Histoire parlementaire XXII, S. 17–19, in: Irmgard und Paul Hartig, Die Französische Revolution, Stuttgart (Klett) 1988, S. 83f. Bearb. v. Verf.

Möglichkeiten historischen Erzählens

Auf der Grundlage von Quellen kann über historische Ereignisse erzählt werden. Wichtig ist dabei, dass die Darstellung logisch aufgebaut und zusammenhängend erzählt wird. Der Erzähler möchte dem Leser oder Zuhörer etwas ganz Konkretes aus der Vergangenheit berichten und verfasst deshalb eine mündliche oder schriftliche Geschichte. Beim Erzählen stehen ihm unterschiedliche Erzählhandlungen zur Verfügung. Natürlich kann die Erzählung auch auf bereits verfassten Darstellungen basieren. Jede Erzählhandlung sollte bestimmten Kriterien gerecht werden.

M 2

Maximilien de Robespierre (1758–1794) war Abgeordneter im Nationalkonvent und hielt hier im Sinne eines Anklägers gegen den König am 3. Dezember 1792 folgende Rede:

Hier ist kein Prozess zu führen. Ludwig ist kein Angeklagter, ihr seid keine Richter. Ihr seid nur Staatsmänner und Vertreter der Nation und könntet nichts anderes sein. Ihr habt kein Gerichtsurteil für oder gegen einen Menschen zu Wohlfahrt zu treffen, ... Wenn Ludwig tatsächlich noch Gegenstand eines Prozesses sein kann, so kann er auch freigesprochen werden, er kann unschuldig sein; was sage ich? Er wird als unschuldig angenommen, bis er gerichtet ist. Wenn aber Ludwig als unschuldig angenommen werden kann, was wird dann aus der Revolution? ... Aber ein entthronter König im Schoße einer Revolution, die noch weit davon entfernt ist, durch gerechte Gesetze verankert zu sein, ... dessen Dasein kann weder durch Haft noch Verbannung für das öffentliche Wohl gleichgültig werden. Mit Schmerz spreche ich die verhängnisvolle Wahrheit aus: Es ist besser, dass Ludwig stirbt, als dass 100 000 tugendhafte Bürger umkommen; Ludwig muss sterben, weil das Vaterland leben muss.

Zit. nach Histoire parlementaire XXI, S. 162f., in: Irmgard und Paul Hartig, Die Französische Revolution, Stuttgart (Klett) 1988, S. 81f. Bearb. v. Verf.

Erzählhandlungen und ihre zu beachtenden Kriterien

Erzählen im ursprünglichen Sinn	Lösungshinweise
• Aus Quellen werden Ereignisse entnommen und in einer zusammenhängenden Geschichte erzählt.	• *Die Erzählung muss einen Anfang und ein Ende besitzen; zwischen beiden muss ein Zusammenhang bestehen.* • *Zeitliche Verläufe (z. B. vorher, nachher, anschließend, gleichzeitig) und Verlaufsformen (z. B. Fortschritt, Rückschritt, Aufstieg, Abstieg) sollten berücksichtigt werden.* • *Widersprüche in den Quellen sollten benannt werden.* • *In der Erzählung sollten Angaben zur Nachweisbarkeit der Aussagen getroffen werden (z. B.: sicher belegt, teilweise belegt, vermutlich, unklar).* • *Personen, die in der Erzählung handeln, müssen immer wieder in Erscheinung treten.*
Fiktionales Erzählen	
• Unter Einbeziehung von Fiktionen, also etwas Erfundenem (z. B. aus Sicht einer erfundenen Person), wird das historische Geschehen auf der Grundlage von Quellen erzählt.	• *In der fiktionalen Erzählung sind ein Anfang, ein Ende, Zusammenhänge sowie Verlaufsformen zu berücksichtigen; es können fiktive Dialoge stattfinden.* • *Daten, Namen, Personen, Orte und Ereignisse, die historisch sicher belegt sind, werden verwendet.* • *Lücken in Quellen werden durch Fiktionen ergänzt (z. B. ausgedachte Personen, Handlungen, Situationen und Ereignisse).*

1 **Methode:** Analysiere M1 und M2 mithilfe der Arbeitsschritte „Schriftliche Quellen vergleichen" auf S. 153.

2 **Wähle eine Aufgabe aus:**

a) Verfasse auf der Grundlage von Aufgabe 1 eine Erzählung im ursprünglichen Sinn.

b) Verfasse auf der Grundlage von Aufgabe 1 eine fiktionale Erzählung. Beginne mit: *„Der Abgeordnete Francois Tumont wird am Morgen des 3. Dezember 1792 von seiner Kutsche zum Nationalkonvent gefahren, um … Auf dem Weg dorthin …"*

Tipp für beide: Beachte die Kriterien in der Tabelle.

Die Revolution wird zum Schrecken aller

Nach Ausrufung der Republik 1792 und der Hinrichtung des Königs Ludwig XVI. im Januar 1793 trat die Revolution in eine weitere Phase. Neue Personen und Gruppen rückten in den Vordergrund und übernahmen die politische Führung. Die Revolution wurde radikaler, eine Herrschaft des Schreckens und Terrors entstand.

- ***Was kennzeichnete diese Schreckensherrschaft?***

Jakobiner, Gironisten und Sansculotten

Im gewählten Nationalkonvent, so nannte sich die Nationalversammlung in der neuen Republik, standen sich zwei politische Gruppierungen gegenüber: Eine Gruppe waren die Jakobiner, die nach ihrem Versammlungsort, dem Jakobskloster, benannt wurde. Sie traten für eine Republik ein, in der das Volk alle Macht besaß und direkt herrschen sollte. Eine Regierung, einen Nationalkonvent und andere politische Organe sahen sie als überflüssig an. Zur anderen Gruppe gehörten die Girondisten, so genannt, weil ihre bekanntesten Redner aus der Landschaft Gironde im Südwesten Frankreichs kamen. Auch sie waren für die Republik, aber gegen die direkte Volksherrschaft. Die Girondisten traten für die Verfassung und den Schutz der Grundrechte* ein. Die Jakobiner hatten mit ihrem Plan, dass alle Bürger im Staat denselben Besitzstand haben sollten, besonders viele Anhänger unter den Pariser Kleinbürgern gefunden. Diese nannten sich Sansculotten, d. h. „Ohnehosen", weil sie nicht die Kniehose, das typische Kleidungsstück des Adels, trugen. Sie trugen die Jakobinermütze.

Die Revolutionskriege

Mit der Kriegserklärung 1792 an Österreich und Preußen wollten die Girondisten einem drohenden Angriff der verbündeten absoluten Monarchien gegen das revolutionäre Frankreich zuvorkommen. Sie hofften aber auch, durch den gemeinsamen Kampf gegen die äußeren Feinde die inneren Konflikte im Land zu überwinden. Es herrschte immer noch Hunger, die Wirtschaft lag brach, viele Menschen waren arbeitslos, und die staatliche Verwaltung war in vielen Landesteilen zusammengebrochen. Tatsächlich stärkte der Krieg trotz anfänglicher Niederlagen das Nationalgefühl der Franzosen. Die Revolutionsheere besetzten die Niederlande und das linke Rheinufer. Angesichts dieser Eroberungspolitik und der Hinrichtung Ludwigs XVI. traten weitere europäische Mächte in den Krieg ein. Im Jahr 1793 sah sich Frankreich von Feinden umringt, während im Inneren des Landes weiter die Aufstände tobten.

M 1 *Zwei Sansculotten, zeitgenössische farbige Zeichnung eines Unbekannten*

Die Revolution radikalisiert sich

Die Pariser Massen und die Jakobiner machten für diese gefährliche Entwicklung die Girondisten verantwortlich. Deshalb forderten die von den Sansculotten beherrschten Versammlungen der Pariser Stadtteile, gegen die „Feinde der Revolution" mit aller Härte vorzugehen. Daraufhin schalteten die Jakobiner die Girondisten im Nationalkonvent aus: Die meisten von ihnen wurden verhaftet und hingerichtet. Auf die äußere Gefahr reagierten die Jakobiner mit der „Levée en masse" (Massenaushebung). Alle Kräfte des Volkes sollten für den Krieg mobilisiert werden. Männer, die nicht im Krieg kämpfen wollten, wurden gegen ihren Willen gezwungen. In der Tat gelang es dem Volksheer, an den Fronten die Oberhand zu gewinnen. Im Inneren herrschten auch weiterhin Chaos und Terror.

M 2

Guillotine, Modell, 20. Jh. Die Guillotine wurde 1792 auf Vorschlag des Arztes Joseph Guillotine als einfaches und schnelles Hinrichtungsinstrument in Frankreich eingeführt.

Die Schreckensherrschaft Robespierres

Vor dem Hintergrund dieser kritischen Situation, in der sich Frankreich befand, bildeten die Jakobiner eine Revolutionsregierung: Der Nationalkonvent legte alle Macht in die Hände von zwei Ausschüssen. Der wichtigste Ausschuss war der Wohlfahrtsausschuss, dessen Mitglieder für die Versorgung der Bevölkerung, für das Militär und die Polizei zuständig waren. Zum Vorsitzenden des Ausschusses wurde Maximilien de Robespierre ernannt. Der zweite Ausschuss, der Sicherheitsausschuss, hatte die Aufgabe, „Feinde der öffentlichen Ordnung" aufzuspüren und verhaften zu lassen. 1793 herrschte der Terror in Frankreich. An die 17 000 dieser angeblichen Feinde wurden vor dem Revolutionsgericht zum Tode verurteilt und durch die Guillotine hingerichtet (siehe M2). Die Todesurteile standen meist schon vor der Verhandlung fest.

Das Ende von Schrecken und Terror

Angesichts dieser Schreckensherrschaft protestierten gemäßigte Republikaner, überlebende Girondisten und sogar Sansculotten gegen die Politik Robespierres. Auch der Nationalkonvent wurde Gegner dieser Gewaltherrschaft und verurteilte Robespierre. Mit seinem Tode endete in Frankreich die Terrorherrschaft.

M 3

Am 17. September 1793 erließ der Wohlfahrtsausschuss folgendes Gesetz (Auszüge):

Art. 1: Sofort nach Verkündung des vorliegenden Dekrets (Gesetzes) werden alle verdächtigen Personen, die sich auf dem Territorium der Republik aufhalten und noch in Freiheit befinden, in Haft genommen.

Art. 2: Als verdächtige Personen gelten:

1. Alle, die sich durch ihr Verhalten oder ihre Beziehungen oder durch ihre mündlich oder schriftlich geäußerten Ansichten als ... Feinde der Freiheit zu erkennen gegeben haben ...

5. Alle diejenigen vormaligen Adligen, ob Männer, Frauen, Väter, Mütter, Söhne oder Töchter ..., die nicht dauernd ihre Verbundenheit mit der Revolution unter Beweis gestellt haben.

Zit. nach Walter Grab (Hg.), Die Französische Revolution. Eine Dokumentation, München (Nymphenburger) 1973, S. 176f. Bearb. v. Verf.

Maximilien de Robespierre

Robespierre (1758–1794) war Rechtsanwalt und in der Nationalversammlung Abgeordneter des dritten Standes. In seinen Reden vertrat er die Ideen der Aufklärung. Sein Name steht für die Zeit der Terrorherrschaft, die der Wohlfahrtsausschuss unter seinem Vorsitz ausübte. Am 27. Juli 1794 wurde Robespierre von seinen engsten Freunden gestürzt und am folgenden Tag hingerichtet.

1 Charakterisiere die handelnden politischen Gruppierungen in der Phase der Schreckensherrschaft (Darstellungstext).
Tipp: Nenne ihre Ziele und beschreibe, auf welchem Weg sie diese durchsetzen wollten.

2 Arbeite aus dem Darstellungstext und der Karte auf S. 114 die Gründe für die Radikalisierung der Revolution heraus.

3 Beurteile die Aussage: „Die Revolution frisst ihre Kinder."
Tipp: Nutze deine Kenntnisse über den Verlauf der Französischen Revolution und M3.

4 **Gruppenarbeit:**
a) Vergleicht in Einzelarbeit M3 mit den Artikeln 10 und 11 der Menschen- und Bürgerrechtserklärung von 1789 auf S. 123.
b) Diskutiert, ob in Zeiten des Terrors z. B. das Recht auf freie Meinungsäußerung und ein ordentliches Gerichtsverfahren aufgehoben werden dürfen.
c) Haltet eure Argumente des Für und Wider schriftlich fest und diskutiert dann in der Klasse.

Zusatzaufgabe: siehe S. 145

Webcode: FG643433-129
Zum Anhören: Die französische Nationalhymne „Marseillaise"

Wie kann die Jakobinerherrschaft bezeichnet werden?

Die Ereignisse der Französischen Revolution beschäftigen die Geschichtswissenschaft bis heute. In zahlreich veröffentlichten Publikationen gelangten Historiker besonders im Hinblick auf die Herrschaft der Jakobiner unter Robespierre immer wieder zu unterschiedlichen Bewertungen.

- ***Wie wird die Jakobinerherrschaft von Historikern bewertet?***

Für die Revolution, Gleichheit und Freiheit

Robespierre rechtfertigte Radikalisierung, Gewaltanwendung und Hinrichtungen damit, dass die Feinde der Revolution im In- und Ausland eine Gefahr für die Freiheit sowie Gleichheit der Menschen und somit für die Revolution darstellen würden. Gleichheit und Gerechtigkeit sollte durch ein sogenanntes Maximumgesetz geschaffen werden, das Höchstpreise für Lebensmittel festsetzte, um so der notleidenden Bevölkerung entgegenzukommen. Des Weiteren sollte das Privateigentum gleichmäßiger verteilt und das Zensuswahlrecht abgeschafft werden – jeder männliche Franzose sollte wählen dürfen. Andererseits wurden aber Freiheitsrechte wie die Presse- und Versammlungsfreiheit eingeschränkt und die Wirtschaft sowie der Handel staatlich kontrolliert.

M 1

Der französische Historiker Albert Soboul über die Jakobinerherrschaft (1988):

Die Schreckensherrschaft war ... ein Instrument zur Verteidigung der Nation und der Revolution gegen die Rebellen und Verräter. Wie auch der Bürgerkrieg insgesamt, von dem er nur eine Erscheinungsform ist, schloss der Terror die aristokratischen[1] Elemente und ebenso diejenigen, die sich der Aristokratie angeschlossen hatten und deswegen nicht in die Gesellschaft eingeordnet werden konnten, aus der Nation aus. Er übertrug den Regierungsausschüssen[2] die Zwangsgewalt, die es ihnen ermöglichte, die Autorität des Staates wieder aufzurichten und allen die Ordnung des Staatswohls aufzuzwingen. Er trug zur Entwicklung des Gefühls nationaler Solidarität bei und brachte die Klassenegoismen[3] vorübergehend zum Schweigen. Insbesondere ermöglichte der Terror die Durchführung der Zwangswirtschaft, die für die Kriegsanstrengungen und die Rettung der Nation notwendig war. In diesem Sinne trug die Schreckensherrschaft zum Sieg bei.

Albert Soboul, Die große Französische Revolution, 5. Aufl., Frankfurt a. M. (Europäische Verlagsanstalt) 1988, S. 353. Übers. v. Dietfrid Krause-Vilmar und Joachim Heilmann. Bearb. v. Verf.

[1] adelige
[2] gemeint ist der Wohlfahrts und Sicherheitsausschuss
[3] Die verschiedenen Gesellschaftsschichten hatten eigene Interessen und ihren eigenen Nutzen im Sinn.

M 2

Der französische Historiker Albert Mathiez über die Jakobinerherrschaft (1975):

Was ... die Größe Robespierres ausmacht, sind die hohen sozialen und moralischen Bedenken, die er als Politiker ständig hegte ... Er hatte Grundsätze, an die er glaubte. Dieser Mann der Tat war, wie dies häufig vorkommt, ein Pessimist. Er glaubte nicht daran, dass ... eine ... Demokratie alle Übel der Menschen zum Verschwinden bringen könne. Über die Aufgabe des Politikers hinaus sah er ... die des Erziehers und des Philosophen ...

Wir lieben ihn für ... seinen Weitblick, seine Uneigennützigkeit, für sein gigantisches Werk, das er in der Nationalversammlung und in der Regierung vollbracht hat ... Wir lieben ihn ... um der ungeheuerlichen Ungerechtigkeit willen, mit der versucht wurde, sein Andenken zu schänden ... Mit einem Wort, wir lieben Robespierre, ... weil er die Beseitigung aller sozialen Ungerechtigkeiten anstrebte.

Albert Mathiez, Verteidigung Robespierres, in: Walter Grab (Hg.), Die Debatte um die Französische Revolution, 35 Beiträge, München (Nymphenburger Verlagshandlung) 1975, S. 121. Bearb. v. Verf.

M3

Der Historiker Walter Grab über die Jakobinerherrschaft (1989):

Am 28. Juli wurden Robespierre ... sowie neunzehn ... Parteigänger ohne Prozess und Urteil enthauptet; tags darauf folgten ihnen 71 weitere Gesinnungsfreunde auf das Schafott. Bis Anfang August bestiegen insgesamt 107 Anhänger Robespierres die Guillotine, darunter ... der Kommandant der Nationalgarde ..., die Mitglieder des Revolutionstribunals[1] und der Pariser Kommune[2]. Der revolutionäre Terror war damit zu Ende gegangen ... Mit der Hinrichtung der Jakobinerführer verschwand der humanitäre Traum eines gerechten und klassenübergreifenden „Reichs der Vernunft und der Tugend“; das Pendel der Revolution hatte seinen größten Ausschlag erreicht und schwang zurück.

Walter Grab, Die Französische Revolution. Aufbruch in die moderne Demokratie, Stuttgart (Parkland) 1989, S. 174. Bearb. v. Verf.

[1] *Revolutionsgericht für Prozesse gegen politische Gegner.*
[2] *revolutionäre Stadtverwaltung ab 1792, in der Jakobiner wie die Sansculotten ihre Schreckensherrschaft ausübten.*

M4

Hans-Ulrich Thamer über die Bilanz der Schreckensherrschaft der Jakobiner (2013):

Robespierre wurde ... mit 105 seiner engsten Anhänger hingerichtet. Das war zugleich das Ende des Regierungssystems der Schreckensherrschaft. Robespierre hatte diesem ein doppeltes Ziel gesetzt: die Revolution zu retten und eine neue Gesellschaft zu schaffen. Das erste Ziel wurde durch die Zentralisierung der politischen Entscheidung und durch brutale Einschüchterung bzw. Zwang erreicht. Allerdings war der Preis dafür zu hoch. Die Schreckensherrschaft verursachte immenses menschliches Leid und forderte Zehntausende von Todesopfern ... Das zweite Ziel einer tugendhaften, selbstgenügsamen Gesellschaft war an dem Machbarkeitswahn und der Praxisferne des Projektes gescheitert und hatte auch für die politischen Eliten der Revolution jeden Reiz verloren und nur Schrecken provoziert.

Hans-Ulrich Thamer, Die Französische Revolution, 4. Aufl., München (C. H. Beck) 2013, S. 86f. Sprachl. vereinf. v. Verf.

M5

Verhör vor einem Revolutionsgericht, 1794.
Das Revolutionsgericht war ein Gerichtshof für Prozesse gegen politische Gegner. Es gab nur das Urteil schuldig oder unschuldig. Bei einem Schuldspruch, der Regelfall, erfolgte die Todesstrafe. Links im Bild ist der Verdächtige mit einer aristokratischen Kniebundhose zu erkennen.

1 Fasse Ziele und Maßnahmen der Jakobiner unter Robespierre zusammen (Darstellungstext).
Tipp: Nimm die S. 128/129 zu Hilfe.

2 **Gruppenarbeit:** Bildet Vierergruppen und verteilt M1 bis M4:
a) Arbeitet in Einzelarbeit die Position des jeweiligen Historikers und seine Begründungen dafür heraus.
b) Vergleicht eure Ergebnisse.
c) Diskutiert die Fragestellung aus der Überschrift. Findet ihr eine eigene Bezeichnung?

3 **a)** Analysiere M5 mithilfe der Arbeitsschritte „Eine Bildquelle auswerten“ auf S. 152.
b) Begründe, welche Historikerposition aus M1–M4 auf die Aussage der Bildquelle zutrifft.

4 Beurteile, inwiefern die Jakobinerherrschaft einen Rückschritt im Hinblick auf die Errungenschaften des Sommers 1789 darstellt.

Zusatzaufgabe: siehe S. 145

Wie veränderte sich die Kirche durch die Französische Revolution?

Der erste Stand, der Klerus, war bis 1789 neben dem König die wichtigste Macht in Frankreich – Staat und Kirche waren eng miteinander verbunden. Mit der Auflösung der Ständegesellschaft und um dem drohenden Staatsbankrott zu entgehen, kam es zu einschneidenden Maßnahmen vonseiten der Nationalversammlung, die zu einer Trennung von Staat und Kirche führten.

- ***Was mit der Kirche in Frankreich im Zuge der Französischen Revolution passierte, kannst du auf drei Wegen (A, B oder C) untersuchen.***

Die Kirche verliert an Macht und Einfluss

Die Nationalversammlung hatte am 4./5. August 1789 den Klerus als eigenen Stand abgeschafft. Der Aufruhr in den Städten und auf dem Lande wirkte sich für die Staatsfinanzen katastrophal aus, zusätzlich weigerten sich die Bauern, Steuern zu zahlen. Da entschloss sich die Nationalversammlung im November 1789, dass das Eigentum der Kirche (Ackerflächen, Wälder, Gebäude) in Staatsbesitz übergehen soll; auch sämtliche Abgaben, die an die Kirche geleistet wurden, erhielt jetzt der Staat – der Prozess der Säkularisierung* begann. Alle Schulen wurden unter staatliche Leitung gesetzt, die standesamtliche Trauung („Zivilehe") eingeführt und Ehescheidungen ab September 1792 erlaubt. Seit Juli 1790 wählten Bürger die Pfarrer und Bischöfe. Der Staat bezahlte sie als Beamte und verlangte von den Geistlichen einen Eid auf die Verfassung. Als der Papst die neue Verfassung ablehnte, verweigerte ungefähr die Hälfte der Geistlichen den Eid und fand Unterstützung bei den kirchentreuen Bauern, die sich einer Absetzung ihrer Pfarrer widersetzten. Daraufhin beschloss die Nationalversammlung harte Strafen für die eidverweigernden Geistlichen. Die Hartnäckigkeit, mit der die Nationalversammlung bei ihrer Forderung blieb, trieb Pfarrer und Bauern ins Lager des revolutionsfeindlichen Adels. Viele Pfarrer flohen ins Ausland.

A

M1

„Der patriotische Entfetter". Ein Angehöriger der Nationalgarde und ein Vertreter des dritten Standes führen einen Geistlichen mit den Worten „Geduld, mein Herr, Sie kommen auch dran" zur Maschine. Anonyme Karikatur, ca. 1792

1 Analysiere M1 entsprechend der Arbeitsschritte auf S. 119.

2 Erkläre mithilfe des Darstellungstextes die Ursachen der in M1 dargestellten Szene.

B

M 2

Ab dem 27. November 1790 mussten die Geistlichen folgenden Eid auf die Verfassung leisten:

Artikel 1: Die Bischöfe ... und im Amt gebliebene Pfarrer sind gehalten, soweit sie es noch nicht getan haben, den Eid zu leisten, zu dem sie ... verpflichtet sind: Sie schwören demnach, ... mit Eifer über die Gläubigen der ihnen anvertrauten Diözese[1] oder Pfarrgemeinde zu wachen, der Nation, dem Gesetz und dem König treu ergeben zu sein und mit allen ihren Kräften an der von der Nationalversammlung beschlossenen und vom König angenommenen Verfassung festzuhalten.

Zit. nach Wolf Dietrich Behschnitt, Die Französische Revolution, Quellen und Darstellungen, Stuttgart (Klett) 1978, S. 58. Vom Verf. gekürzt.

[1] *Amtsgebiet eines katholischen Bischofs (eines Bistums)*

M 3

Die Reaktion eines Pfarrers auf die Aufforderung, den Eid abzulegen (Januar 1791)

Der Pfarrer von Quesques, einem Dorf ... (im Nordosten Frankreichs) erklärt der dortigen Gemeindeverwaltung:

Ich erkläre, dass es mir meine Religion nicht erlaubt, den Eid so, wie ihn die Nationalversammlung fordert, abzulegen. Ich will gern, und ich verspreche es sogar, so gut es uns möglich sein wird, über die mir anvertrauten Gläubigen dieser Pfarrei wachen, dass sie der Nation und dem König treu sind und ... die Verfassung befolgen, soweit es nur den zivilen und den politischen Bereich betrifft. Aber was die Leitung und die Gesetze der Kirche angeht, so kenne ich keine Vorgesetzten und andere Gesetzgeber an als den Papst und die Bischöfe ... Und wenn ich diesen Eid jemals schwüre, würde ich unseren Heiligen Vater, den Papst, nicht mehr als Oberhaupt der Kirche anerkennen ..., weil sich die Nationalversammlung dieses Recht allein zuerkennt.

Zit. nach Susanne Petersen, Die Große Revolution und die kleinen Leute. Französischer Alltag 1789/95, Köln (Akademie Verlag) 1988, S. 278f. Vom Verf. gekürzt.

1 Fasse alle Informationen zum Eid zusammen, den die Geistlichen ab 1790 leisten mussten (Darstellungstext).
2 Arbeite aus M2 die zentralen Inhalte des Eides heraus.
3 Erkläre anhand von M3 die Gründe für die Ablehnung des Eides.

C

M 4

Der Historiker Wolfgang Mager (1980):

Die katholische Kirche übte eine vielgestaltige und wirksame obrigkeitliche Gewalt aus. Dem katholischen Klerus oblag die Ausübung einer allgemeinen Verhaltenskontrolle. Über Predigt und Beichte nahm der Pfarrer das Amt eines lokalen Zensors [Überwacher] wahr. Kirchliche Institutionen waren für Armen-, Waisen-, Kranken-, Schul- und Universitätswesen zuständig und hatten daher einen erheblichen Einfluss auf die Jugend. Die Pfarrer waren für das Zivilstandswesen (Geburtenregister, Hochzeiten, Sterbeurkunden) zuständig. Über die Pfarrer erreichte die weltliche Obrigkeit auch den letzten Untertanen im entlegensten Winkel des Königreichs.

Zit. nach Wolfgang Mager, Frankreich vom Ancien Régime bis zur Moderne 1630–1830, Stuttgart (Kohlhammer) 1980, S. 131.

1 Arbeite die Bedeutung der Kirche vor der Französischen Revolution – im Ancien Régime – aus M4 heraus.
2 Erkläre den Prozess der Säkularisierung (Darstellungstext).
3 Beurteile die Folgen für die Menschen, vor allem aus den ärmeren Schichten, die sich aus der Entmachtung der Kirche durch die Nationalversammlung ergaben.
Tipp: Erstelle eine Tabelle, in der du die Vor- und Nachteile der Entmachtung der Kirche gegenüberstellst. Fasse dann deine Ergebnisse in einigen Sätzen zusammen.

Aufgabe für alle:

Beurteilt den Umgang der Nationalversammlung mit der Kirche vor dem Hintergrund, für welche Ziele die Französische Revolution auch stand.

Tipp: Nutzt dazu das Material auf S. 122/123.

1700 | 1750 | 1789 | 1790 | 1791

ab 1770 wirtschaftliche Krise in Frankreich

1789
5. Mai: Eröffnung der Generalstände
17. Juni: der dritte Stand erklärt sich zur Nationalversammlung
20. Juni: Ballhausschwur
9. Juli: alle drei Stände bilden die Nationalversammlung: Ausarbeitung einer Verfassung
14. Juli: Sturm auf die Bastille
4./5. August: Abschaffung der Ständegesellschaft durch die Nationalversammlung; Abschaffung der Grundherrschaft
26. August: Erklärung der Menschen- und Bürgerrechte durch die Nationalversammlung

3. September 1791 Verfassung der konstitutionellen Monarchie

17./18. Jahrhundert: Zeitalter der Aufklärung

Die Französische Revolution

Frankreich in der Krise

Seit den 1770er Jahren führten Missernten zu Versorgungsengpässen und Preissteigerungen, die vor allem die unteren Gesellschaftsschichten trafen. Es kam wiederholt zu Hungerunruhen. Zurückgehende Steuereinnahmen ließen die Schuldenlast des Staates steigen. Der König versuchte die Steuern zu erhöhen, scheiterte jedoch bei dem Versuch, die Steuerprivilegien des ersten und zweiten Standes aufzuheben.

Vor 1789 verschärften sich in Frankreich die Probleme: Der erste Stand und der zweite Stand wehrten sich gegen Reformen, die ihre Vorrechte einschränken würden, verlangten aber zugleich vom Monarchen mehr politische Rechte. Der dritte Stand, Bauern und Bürger, der die wesentlichen finanziellen und wirtschaftlichen Lasten trug, fühlte sich ebenfalls benachteiligt. Unter dem Eindruck von Aufklärung und wirtschaftlicher Krise forderte er mehr Rechte und bessere Lebensbedingungen. König Ludwig XVI. gelang es in dieser Situation nicht, den verschiedenen Interessengruppen gerecht zu werden und die Finanznot des Staates zu bewältigen.

Die Revolution beginnt

Um die Lage zu beruhigen, entschied sich der Monarch dazu, die Generalstände, die seit 175 Jahren nicht mehr aktiv waren, einzuberufen. Die Vertreter der drei Stände saßen zu gleichen Anteilen in der Generalständeversammlung und stimmten nach Ständen ab, sodass die Abgeordneten des dritten Standes im Nachteil waren, obwohl sie die Mehrheit der Bevölkerung repräsentierten. Mit der Einberufung der Generalstände im Januar 1789 leitete Ludwig XVI. ungewollt das Ende seiner absoluten Herrschaft ein. Die Generalständeversammlung scheiterte im Juni 1789, führte aber zur Gründung der Nationalversammlung aus Mitgliedern des dritten Standes und Gleichgesinnten aus dem ersten und zweiten Stand. Zusammen legten sie im Ballhaus in Versailles einen Schwur ab, in dem sie sich verpflichteten, die Versammlung erst aufzulösen, wenn eine Verfassung ausgearbeitet worden sei. Ziel war es, die Monarchie beizubehalten, den König aber an Gesetze zu binden und das Volk im Staat mit mehr Macht und Repräsentationsmöglichkeiten, z. B. durch Wahlen, auszustatten. Parallel zu den Ereignissen in Versailles erhoben sich auch die Bürger in Paris und kämpften gegen das Herrschaftssystem an. Der Sturm auf die Bastille in Paris am 14. Juli 1789 zeigte, dass auch die Stadtbevölkerung bereit zur Revolution war. Dieser Tag wurde in Frankreich zum Nationalfeiertag. Auch die Bauern auf dem Land setzten zu Revolten an und kämpften gegen ihre Grundherren und für die Abschaffung der feudalen Abgaben. Als Reaktion auf all diese Unruhen beschloss die Nationalversammlung im August 1789 die Abschaffung aller Privilegien für Klerus und Adel; die Menschen- und Bürgerrechte

1792 | 1793 | 1794 | 1795 | 1796

1792
22. September: Frankreich wird Republik

1793
21. Januar: Ludwig XVI. wird hingerichtet
ab Juni: Schreckensherrschaft des Wohlfahrtsausschusses

28. Juli 1794 Robespierre wird hingerichtet; die Schreckensherrschaft endet

22. August 1795 die Herrschaft über Frankreich wird einem Direktorium übertragen

wurden verkündet. Die Kirche verlor an Einfluss und wurde im Zuge des revolutionären Verlaufs schrittweise dem Staat untergeordnet.

Bruch mit der Ständegesellschaft

Die durch die Nationalversammlung ausgearbeitete Verfassung von 1791 enthielt mit der Gewaltenteilung und den Grundrechten zentrale Forderungen der Aufklärer. Durch sie wurde Frankreich von einer absoluten in eine konstitutionelle Monarchie umgewandelt, in der die Macht vom Volk ausging und das Prinzip der Volkssouveränität galt. Somit fanden das Gottesgnadentum und die monarchische Alleinherrschaft ihr Ende. Dies galt auch für die Ständegesellschaft, denn durch die Menschen- und Bürgerrechtserklärung wurden die aufklärerischen Prinzipien von Einheit und Freiheit gesetzlich garantiert – ab diesem Zeitpunkt gab es nur noch rechtgleiche Staatsbürger. Verfassungsrechtlich festgeschrieben wurde unter anderem die Meinungs-, Presse- und Glaubensfreiheit sowie das Recht auf Privateigentum. Jedoch waren nicht alle Franzosen gleich. Frauen hatten nicht die gleichen Rechte wie Männer, und auch bei den männlichen Franzosen gab es mit Blick auf das Wahlrecht Ungleichheiten. Durch die Etablierung des Zensuswahlrechts wurde in Aktiv- und Passivbürger unterschieden. Heutzutage finden sich die Menschen- und Bürgerrechte von 1789 in großen Teilen in der Menschenrechtserklärung der Vereinten Nationen von 1948 und auch im Grundgesetz der Bundesrepublik Deutschland wieder. Sie haben universelle Gültigkeit.

Die Radikalisierung der Revolution

Die Verfassung von 1791 scheiterte am Einfluss der Jakobiner. Unterstützt wurden sie von vielen Pariser Kleinbürgern, den Sansculotten, die seit 1792 die Politik mitbestimmten. Unter anderem auf Druck dieser Gruppe wurde 1792 König Ludwig XVI. abgesetzt und die Republik ausgerufen. Parallel zu diesen innenpolitischen Konflikten befand sich Frankreich mit Staaten wie Österreich und Preußen im Krieg. Sie wollten ein Übergreifen des revolutionären Gedankens auf ihre Länder vermeiden und die absolute Monarchie bewahren. Nach der Hinrichtung des Königs am 21. Januar 1793 begann die Schreckensherrschaft der Jakobiner unter Robespierre (Juni 1793 bis Juli 1794). In dieser Zeit vielen Tausende Franzosen nur auf der Grundlage von Verdächtigungen der Guillotine zum Opfer. Robespierre legitimierte diesen Terror damit, dass er die Revolution weiterführen und mehr Gerechtigkeit schaffen wollte. Um dies zu erreichen, sollten alle Feinde der Revolution im Ausland und im Landesinneren beseitigt werden. Die Jakobiner stärkten durch den Wohlfahrtsausschuss den staatlichen Einfluss auf Wirtschaft und Handel und schränkten die Freiheitsrechte ein. In dieser Zeit gerieten die Errungenschaften des Jahres 1789 in Gefahr. Die Schreckensherrschaft der Jakobiner endete mit der Hinrichtung Robespierres im Juli 1794.

In diesem Kapitel konntest du folgende Kompetenzen erwerben:

- den Bruch mit der Ständegesellschaft in der Französichen Revolution erklären
- die Erklärung der Menschen- und Bürgerrechte von 1789 erschließen und die Voraussetzungen für ihr Entstehen erkennen
- die Bedeutung der Menschen- und Bürgerrechte für die damalige Bevölkerung herausarbeiten
- in einer Darstellung den Bruch der Französischen Revolution mit der Ständegesellschaft aufzeigen und dabei die Einflüsse der Aufklärung nachweisen können
- Vorschläge zur angemessenen Bezeichnung der Jakobinerherrschaft entwickeln
- **Methode:** Eine Karikatur analysieren
- **Methode:** Ein Verfassungsschaubild auswerten

Folgende Begriffe und Personen hast du kennengelernt:

- Revolution
- Verfassung
- konstitutionelle Monarchie
- Ständegesellschaft
- Republik
- Terror
- Generalstände
- Schreckensherrschaft
- Guillotine
- Sansculotten
- Nationalversammlung
- Jakobiner
- Girondisten
- Ballhausschwur
- Menschen- und Bürgerrechte

1 **Partnerarbeit:** Wählt jeweils drei Begriffe aus und verfasst eine Darstellung über die Französische Revolution, in der ihr inhaltliche Fehler einbaut. Tauscht anschließend eure Darstellungen und korrigiert die Fehler eures Partners.

M 1

Robespierre köpft den Henker, den vorletzten Franzosen, Karikatur, Frankreich 1794. Auf dem Grabstein steht: „Hier ruht ganz Frankreich." Auf dem Boden liegen die Verfassungen von 1791 und 1793.

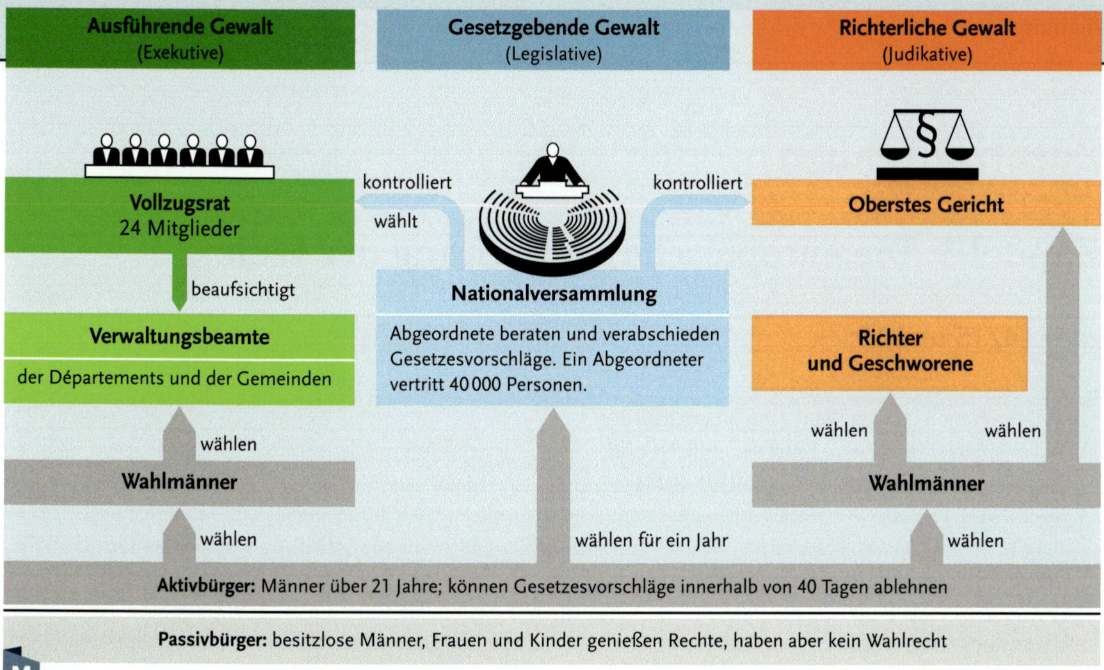

M2 *Die Verfassung von 1793: eine republikanische Ordnung*

M3

Im Januar 1789 verfasste der Geistliche Emmanuel Joseph Graf Sieyès (1748–1836) die Flugschrift „Was ist der dritte Stand?“. Darin heißt es:

1. Was ist der dritte Stand? – ALLES.

2. Was ist er bis jetzt in der staatlichen Ordnung gewesen? – NICHTS.

3. Was verlangt er? – ETWAS ZU WERDEN.

Was ist nötig, damit eine Nation bestehen kann und gedeiht? Arbeiten im Privatinteresse und öffentliche Dienste ... Das sind die Arbeiten, die die Gesellschaft erhalten. Wer verrichtet sie? Der dritte Stand ... Wer könnte also die Behauptung wagen, der dritte Stand umfasse nicht alles, was zur Bildung einer vollständigen Nation nötig ist? Er ist der starke und kraftvolle Mann, der an einem Arm noch angekettet ist ... Was also ist der dritte Stand? Alles, aber ein gefesseltes und unterdrücktes Alles. Was wäre er ohne den privilegierten Stand? Alles, aber ein freies und blühendes ALLES.

Nichts kann ohne ihn gehen; alles ginge unendlich besser ohne die anderen ...

Zit. nach Emmanuel Sieyès, Qu'est-ce que le Tiers État? Paris (Flammarion) 1988, S. 31f. und 37f. Übers. v. Hans-Joachim Cornelißen.

Methoden- und Interpretationskompetenz

1 Verfasse mithilfe von M3 eine Flugschrift, die nach der Verabschiedung der Menschen- und Bürgerrechte im August 1789 in Umlauf gebracht wurde.
Tipp: Die Flugschrift muss deutlich machen, was sich durch die Erklärung der Menschen- und Bürgerrechte alles verändert hat.

2 Analysiere M2 mithilfe der Arbeitsschritte auf S. 125.

Geschichte darstellen (narrative Kompetenz)

3 Im Frühjahr 1793 reist ein preußischer Kaufmann nach Frankreich. Er kennt bisher nur die absolutistische Monarchie Preußens und die Ständegesellschaft. In Paris kommt er mit seinem französischen Geschäftspartner ins Gespräch. Dieser erklärt ihm, welche Vorteile die Republik für jeden einzelnen Bürger hat. Verfasse einen fiktionalen Text, in dem du Unterschiede zur Verfassung von 1791 aufzeigst (M2).
Tipp: Berücksichtige in deiner Erklärung auch das Ende der Ständegesellschaft und die damit einhergehenden Veränderungen für die Bürger.

Geschichte heute (geschichtskulturelle Kompetenz)

4 **a)** Stelle die Einschätzungen des Künstlers in M1 gegenüber der Jakobinerherrschaft dar.
Tipp: Wie würde er diese Herrschaft bezeichnen und welche Gründe lassen sich in der Karikatur dafür erkennen?
b) Beurteile, wie ein Jakobiner auf diese Karikatur reagieren würde.
c) Bewerte die Einschätzung des Künstlers aus heutiger Sicht.

Webcode: FG643433-137
Selbsteinschätzungsbogen

Zusatzaufgaben

Kapitel 1: Die europäische Entdeckung der Welt

zu S. 14/15 und 19:

M 1

In dem Roman „Sofies Welt" (1993) berichtet der Philosophielehrer Alberto Knox seiner Schülerin Sofie über die Experimente des Galileo Galilei:

„Das Wichtigste aber war, dass Galileo das sogenannte Trägheitsgesetz entdeckte ... Jeder Körper verharrt im Zustand der Ruhe oder der gleichförmigen Bewegung in geradliniger Bahn, solange er nicht durch von außen wirkende Kräfte gezwungen wird, diesen Zustand zu ändern." ... [Alberto Knox holte eine Holzplatte, die an einem Ende dick, am anderen ganz dünn war. Neben die Holzplatte legte er eine Murmel.] „Was, glaubst du, wird geschehen, wenn ich die Murmel hier oben loslasse, wo die Platte am dicksten ist?" Sofie seufzte. „Ich wette zehn Kronen, dass sie auf den Tisch hinunterkollert und am Ende auf den Boden fällt." ... Alberto ließ die Murmel los und sie verhielt sich genau so, wie es Sofie prophezeit hatte ... Jetzt werde ich versuchen, die Kugel quer über die schiefe Ebene zu rollen", sagte er. Sieh dir genau an, wie sie sich bewegt." Er griff zu einem Filzstift und färbte die Murmel schwarz. Dann ließ er sie wieder rollen. Sofie konnte die Bahn der Kugel auf der schiefen Ebene genau erkennen, denn sie hatte eine schwarze Spur hinterlassen ... „Diese Figur nennt man Parabel ... Warum bewegt sich die Kugel genau so?" Sofie dachte gut nach. Schließlich sagte sie: „Weil die Platte eine Neigung hat, wird die Kugel von der Schwerkraft zu Boden gezogen." „Ja, du hast gesehen, was passiert, wenn zwei Kräfte gleichzeitig auf denselben Gegenstand einwirken".

Jostein Gaarder, Sofies Welt, übers. von Gabriele Haefs, München (Hanser) 1993, S. 245ff. Bearb. v. Verf.

M 2

Fernrohre aus dem Besitz Galileis, ausgestellt im Museum für Wissenschaftsgeschichte Florenz, Foto, 2000

1 Die Arbeitsweise Galileis wird häufig als eine „empirische", das heißt auf Erfahrung beruhende Methode beschrieben. Erläutere sein Vorgehen mithilfe von M1 und M2.

zu S. 20/21:

M 1

Die Gründer Spaniens: Ferdinand und Isabella auf einem Relief, mehrfarbig und vergoldet, in der königlichen Kapelle in der Kathedrale von Granada, 1632. Auf dem Sarg von Ferdinand und Isabella in der Kathedrale von Granada ist folgende Inschrift zu lesen: „Die Vernichter der muslimischen Sekte, Auslöscher der ketzerischen Falschheit, Ferdinand von Aragón und Isabella von Kastilien, allerseits das katholische Königspaar genannt, umschließt dieses marmorne Grab."

1 **a)** Beschreibe das Relief M1.
Tipp: Beachte die verwendeten Materialien. Welchen Eindruck soll der Betrachter von Isabella und Ferdinand erhalten?

b) Erkläre die Grabinschrift. Bewerte sie aus deiner Sicht.

zu S. 22/23:

1 Lies S. 23, M2. Notiere deine Vermutungen, wie die Ureinwohner die Geschehnisse an jenem Tag wohl wahrgenommen haben. Begründe.

zu S. 32/33:

1 **Recherche:** Finde heraus, wann die Sklaverei in der „Neuen Welt" endete (Internet).
2 Stelle den Dreieckshandel in einem Comicstrip dar. Gestalte vier Szenen, die auf einem europäischen Handelsschiff spielen und die Reise zwischen der Abfahrt aus dem Heimathafen und der Rückkehr darstellen.

Kapitel 2: Reformatoren verändern die christliche Welt

zu S. 52/53:

1 Stelle Vermutungen an, warum Jan Hus (vgl. S. 45) mit seiner Kirchenkritik im Gegensatz zu Luther erfolglos geblieben war.

Tipp: Spielte die Erfindung des Buchdrucks dabei eine Rolle?

zu S. 56/57:

M 1

Holzschnitt aus einem Buch des Humanisten Petrarca, der darin über Glück und Unglück der Menschen schreibt. Dieses Bild illustrierte das Kapitel „Vom adeligen Ursprung". Augsburg, 1532

1 „Wer findet den Fehler?" Beschreibe die Darstellung der gesellschaftlichen Stände von 1532 (M1). Findest du einen „Fehler"?
Tipp: Achte auf die Bauern.

zu S. 60/61:

M 1

Der Vorstand und Direktor der Luthergedenkstätten in Sachsen-Anhalt, Martin Rhein, äußert sich zum Luthergedenken:

Lutherhäuser gibt es in Deutschland viele. Sie müssen nicht Luthers Häuser sein, sondern können sich räumlich-materiell von ihrem Namensgeber entfernen ... Vielleicht sind sie die wahren Luthergedenkstätten ... Er [der evangelische Glaube] bedarf nicht der Vermittlung des Ortes - ganz im Sinne der Reformation, die heftig gegen die mittelalterlich-magische Aufladung von Orten, Dingen und Menschen in Wallfahrten, Reliquien und Heiligenverehrung polemisierte ... Heute agieren auf dem Markt spezialisierte Reiseveranstalter wie „Luther-Tours" oder „Terra-Lu", die das touristische Geschäft zwischen Gottesdienst und Abendvortrag, Gemeindebegegnung und Museumsführung professionell betreiben und damit Anbieter im Marktsegment des „spirituellen Tourismus" sind.

Stefan Rhein, Luther im Museum: Kult, Gedenken, Erkenntnis, in: Der Reformator Martin Luther 2017: eine wissenschaftliche und gedenkpolitische Bestandsaufnahme, hg. v. von Heinz Schilling, Berlin (Walter de Gruyter) 2014, S. 245ff., 2014.

1 Fasse die Aussage Rheins zum Luthergedenken mit eigenen Worten zusammen (M1).

2 Stelle mithilfe des Darstellungstextes auf S. 60 und M1 eine begründete Vermutung an, wie Luther wohl zum Tourismus um seine Person und die Reformation gestanden hätte.

zu S. 62/63:

M 2

Flugblatt, Holzschnitt von 1568. Luther und die protestantischen Gelehrten halten den Angriffen der Katholiken unter Papst Leo X. (1513–1521) stand. Ganz vorne unter den protestantischen Gelehrten steht Philipp Melanchthon. In der unteren Bildmitte zerrt Friedrich Staphylus (als Judas, Verräter, bezeichnet) den Höllenhund herbei. Staphylus, ein ursprünglich protestantischer Gelehrter, trat in den Dienst der katholischen Kirche.

1 Erläutere, wie das Flugblatt M2 den „Kampf der Religionen" darstellt. Nenne Mittel, die die beiden Religionen dabei einsetzen.

zu S. 66/67:

M 1

Söldner plündern einen Bauernhof. Gemälde von Sebastian Vrancx, um 1620

1 Die meisten Soldaten im Dreißigjährigen Krieg waren Söldner. Charakterisiere diesen „Beruf" mithilfe des Internets oder mit Sachbüchern in der Schülerbücherei.

2 Finde mithilfe von M2 auf S. 67 heraus, wie groß die Bevölkerungsverluste durch den Dreißigjährigen Krieg in der Umgebung deines Wohnorts waren.

3 Betrachte das Bild M4 und beschreibe das Verhalten der Söldner gegenüber der Zivilbevölkerung.

zu S. 68/69:

1 Für die vier konfessionell gemischten süddeutschen Reichsstädte Ravensburg, Biberach, Dinkelsbühl und Augsburg wurde im Westfälischen Frieden das paritätische Regierungs- und Verwaltungssystem festgelegt. Finde heraus, was das für diese Reichsstädte bedeutete (Internet, Sachbücher).

Kapitel 3: Herrschaftspraxis und -präsentation in der absoluten Monarchie

zu S. 78/79:

M 1

1 Stell dir vor, zwei Personen aus M1 unterhalten sich später darüber, was sie gesehen haben. Gestalte einen Dialog.

König Ludwig XIV. wird angekleidet. Farblithografie von Maurice Leloir (1853–1940)

zu S. 82/83:

M 2

Kleidung macht den König. Karikatur von W. Thackeray, 1840. Lat. rex = König, Ludovicus = Ludwig

1 Arbeite aus M2 heraus, auf welche Weise die Selbstdarstellung Ludwigs XIV. kritisiert wird.

zu S. 90/91:

1 Stell dir vor, du bist ein Familienmitglied aus Bild M3. Formuliere einen Beschwerdebrief an einen Teilnehmer des Frühstücks (M1), in dem du deine Situation schilderst. Beziehe alle Informationen der Doppelseite ein.

Kapitel 5: Die Französische Revolution

zu S. 116/117:

1 **Partnerarbeit:** Diskutiert die Glaubwürdigkeit der Quelle M2 vor dem Hintergrund, dass im 18. Jahrhundert Bauern in der Regel weder lesen noch schreiben konnten, sondern eher die Angehörigen des ersten und zweiten Standes.

zu S. 120/121:

M1

Sturm auf die Bastille, 14. Juli 1789, Aquarell, 1789

M2

Augenzeugenbericht in der Zeitung „L' Ami du peuple“ (= Volksfreund) vom Juli 1789:

Je näher man dem 14. Juli kam, desto größer wurde der Mangel. Jeder Bäckerladen war umlagert. Das Brot wurde mit größter Knauserigkeit zugeteilt. Oft war der Platz vor dem Laden blutig, denn die Leute rissen sich die Nahrung aus den Händen. Werkstätten blieben leer, denn die Menschen standen nach Brot an. Das Brot, das sie ergatterten war kein gesundes Brot, sondern schwarz, erdig, bitter und es brannte im Hals. Auf dem Höhepunkt der Not reiste ich nach Versailles. Dort sah ich überall erlesen schönes Brot von bester Qualität.

Philippe-Joseph Buchez/P.C. Roux-Lavergne, Histoire parlementaire de la Revolution française, Bd. II, Paris (Paulin) 1834–1838, S. 40. Übers. v. Hans-Joachim Cornelißen.

1 Beschreibe mithilfe von M2 und des Darstellungstextes auf S. 120/121 die Stimmung in Paris im Frühjahr/Sommer 1789.

2 Stelle mithilfe von M1 und M2 die Ereignisse des 14. Juli 1789 dar. Erläutere die besondere Bedeutung der Bastille für die Revolutionäre.

zu S. 122/123:

1 Beurteile die Bedeutsamkeit der Beschlüsse der Nationalversammlung aus Sicht eines Vertreters des dritten Standes.

Tipp: Was hat sich für ihn verändert (Verbesserungen, Verschlechterungen, keine Veränderungen)?

zu S. 128/129:

M 1

Die politischen Ziele der Frauen:
Von 1789 bis 1793 entstanden in Frankreich viele Frauenklubs: Die Anhängerinnen der Girondisten trafen sich in „Patriotischen Frauenklubs", die Jakobinerinnen verkehrten z. B. in der „Gesellschaft der republikanischen und revolutionären Bürgerinnen" in Paris. Allen Klubs war gemeinsam, dass sie für die volle politische Gleichberechtigung der Frauen eintraten. Da Frauen nicht wählen durften, strebten sie mit anderen Mitteln nach politischem Einfluss, z. B. über Petitionen an den Nationalkonvent, als Zuschauerinnen bei seinen Sitzungen, wo sie die Abgeordneten durch Zwischenrufe zu beeinflussen versuchten, oder durch Straßendemonstrationen. Für besonderes Aufsehen sorgte die Schriftstellerin und Journalistin Olympe de Gouges. Sie verfasste 1791 die „Erklärung der Rechte der Frau und der Bürgerin", in der unter anderem stand: „Die Frau hat das Recht, das Schafott* zu besteigen. Sie muss gleichermaßen das Recht haben, die Rednertribüne zu besteigen." Durch die Französische Revolution konnten die Frauen in Frankreich ihre Stellung zunächst verbessern: 1791 stellte ein Gesetz weibliche und männliche Erben gleich, 1792 wurde die Zivilehe eingeführt, die es den Frauen – im Gegensatz zur kirchlichen Eheschließung – ermöglichte, sich scheiden zu lassen. Das Wahlrecht erhielten die französischen Frauen allerdings erst 1946.
Verfassertext

1 Nenne mithilfe von M1 die politischen Aktivitäten von Frauen in der Französischen Revolution.

2 Kleidung dient auch als Zeichen für ein Amt, für die Zugehörigkeit zu einer bestimmten Gesellschaftsschicht oder für die Zugehörigkeit zu einer Gruppe mit gleichen Interessen oder politischen Zielen (S. 128, M1). Nenne Beispiele aus heutiger Zeit.

zu S. 130/131:

1 Bewerte aus heutiger Sicht, ob Terror ein legitimes Mittel zur Durchsetzung von Idealen darstellen kann. Nutze dazu die Menschenrechtserklärung von 1948 (M3) auf S. 123.

Lösungshilfen zu den Seiten „Wissen und Kompetenzen prüfen“

Kapitel 1: Die europäische Entdeckung der Welt (S. 38/39):

- zum Kasten auf S. 38: Zu wichtigen Entdeckern der Entdeckungsreisen gehörten unter anderem Christoph Kolumbus, Francisco Pizarro und Hernán Cortés. Ihre Motive waren die Suche neuer Handelswege nach Asien und die Verbreitung des christlichen Glaubens. Christoph Kolumbus war sich sicher, 1492 Indien oder eine vorgelagerte Insel erreicht zu haben. Tatsächlich handelte es sich aber um eine in der Karibik liegende Bahamas-Insel. Erst später wurde klar, dass die Europäer ein unbekanntes Gebiet entdeckt hatten. Zu Ehren des florentinischen Seefahrers Amerigo Vespucci wurde das Land „Amerika“ genannt. Auf die Entdeckung folgten bald die Eroberung und Kolonialisierung durch die Europäer sowie die Zerstörung der altamerikanischen Hochkulturen der Azteken, Maya und Inka, die in Nord- und Südamerika lebten. Von Beginn an waren die Europäer der Auffassung, dass die Einheimischen, die „unzivilisierten Heiden“, den „zivilisierten weißen“ untergeordnet sein müssten. Dies entsprach ihrem Weltbild (Ideologie). Viele Ureinwohner wurden zwangsmissioniert. Für die Spanier war es selbstverständlich, dass sie über die eroberten Gebiete verfügten, wie sie es wollten. Es entstanden große landwirtschaftliche Güter, auf denen vor allem Tabak, Baumwolle und Mais angebaut wurden. Alle Einwohner mussten ohne Lohn arbeiten. Die Einheimischen starben in hoher Zahl an Überarbeitung und schlechter Ernährung. Die neue Form der Wirtschaft war die der Plantage. Die Plantagen wurden von Zwangsarbeitern bewirtschaftet. Zwischen dem 17. und 19. Jahrhundert wurden im Sklavenhandel über zehn Millionen afrikanische Sklaven unter grausamen Bedingungen nach Amerika gebracht. Die europäischen Kolonialmächte machten aus den eroberten Gebieten Handelskolonien, die sie für ihre Wirtschaft nutzten. Der Warenaustausch von Tieren und Pflanzen, der sogenannte transatlantische Handel, brachte weitreichende ökologische Veränderungen in der Alten und Neuen Welt mit sich und veränderte die Tier- und Pflanzenwelt vieler Regionen der Welt bis heute. Die Handelsschiffe verkehrten in einem Dreieck von Europa über Afrika und Amerika zurück zu ihrem Ausgangspunkt.

1 **a)** In einem in Gold eingefassten Rahmen findet sich im Vordergrund auf der linken Seite ein in Rot gekleideter weißer Mann mit einer Krone auf dem Haupt und einem Zepter in der rechten Hand. Er weist auf drei sich im Hintergrund befindliche Segelschiffe, die in diesem Augenblick in die Flussmündung einfahren. Eines der drei Schiffe wird durch seine Größe und die sichtbare Bemannung hervorgehoben. Deutlich sind im Hintergrund Siedlungen zu erkennen.
b) Besonderes Augenmerk sollte hier auf die Darstellung der Europäer und Indios gelegt werden. Während die indigenen Völker auf der Flugschrift aus dem Jahre 1493 hoheitlich und majestätisch, durch die Kleidung aber gleichermaßen europäisch dargestellt werden, spiegelt der Kupferstich von de Bry ein anderes Bild wieder: Die Indianer sind hier farbig, fast nackt und heben sich deutlich von den Europäern ab. De Bry stellt hier dominante, eroberungsbereite Seefahrer dar, die nach Gold und Land streben und das Christentum zu verbreiten suchen. Die Flugschrift ordnet die europäischen Seefahrer gesellschaftlich, räumlich und darstellerisch den indigenen Völkern unter.

2 Madariaga wertet, wenn er die Europäer als „bleiche Eindringlinge“ (Z. 11–12) bezeichnet. Indirekt wird die Dummheit einiger Seefahrer belustigt dargestellt, denn es wird genau beschrieben, dass sich einige beim Schreiben sehr schwer tun (Z. 18–22). Aus diesen Beobachtungen kann die Schlussfolgerung gezogen werden, dass der Schriftsteller Madariaga auf der Seite der Insel bewohner steht und das Treiben der Seefahrer um Kolumbus kritisch betrachtet.

3 individuelle Lösung

4 Die Angabe von Verlaufsformen in Darstellungen ist wichtig, denn damit können historische Verläufe und Entwicklungen beschrieben und Zusammenhänge deutlich gemacht werden: Nach der Entdeckung folgte die Eroberung, die die Kolonialisierung und die Zerstörung der altamerikanischen Hochkulturen nach sich zog. Eine Darstellung muss chronologisch und zusammenhängend schlüssig aufgebaut sein, damit sie einen Sinn ergibt.

5 Die Entschuldigung des Kolumbus weist darauf hin, dass seine Entdeckung Amerikas negative Folgen für die urbane Bevölkerung hatte. Die Entschuldigung ist trotz allem jedoch lapidar und wenig seriös, und die Ernsthaftigkeit könnte angezweifelt werden. Die Karikatur gibt einen Hinweis darauf, dass bis heute Entschuldigungen an die Ureinwohner Amerikas durch die Regierungen Europas, aber auch Amerikas ausstehen.

6 individuelle Lösung

Kapitel 2: Reformatoren verändern die christliche Welt (S. 72/73):

– zum Kasten auf S. 72: **a)** z. B.: Ablassbriefe: Durch Zahlung einer Geldsumme erhielt man den Sündenerlass in Form eines Ablassbriefes. Die Sünden wurden nach dieser Vorstellung nicht durch die Beichte, sondern durch eine Geldzahlung erreicht. Wallfahrt: eine Reise, die man aus religiösen Gründen unternimmt und die zu einem Ort führt, der als heilig verehrt wird. Spottbilder: Ein Flugblatt enthielt im 16. Jahrhundert meist nur wenig Text, dafür aber ein großes Spottbild. Damit versuchte man die Öffentlichkeit zu beeinflussen und die jeweils andere Glaubensseite zu verspotten.
b) individuelle Lösung mithilfe der Seiten aus dem Kapitel

1 Arbeitsschritte „Ein Flugblatt untersuchen und deuten", S. 55:
zu 1: Künstler: unbekannt/anonym
zu 2: Ort unbekannt, Jahr: 1536
zu 3: im Höllenrachen
zu 4 und 5: Auf dem Flugblatt wird eine Teufelsfigur dargestellt, die auf einem Ablassbrief mit vielen Siegeln sitzt. Ein Fuß hat die Form einer Vogelkralle, der andere Fuß steckt in einem goldenen Gefäß, das wohl Weihwasser enthält. In der Rechten hält das Teufelswesen eine Schatulle, sicherlich mit Geld, das aus dem Ablasshandel stammt. Das Maul des affenartigen Gesichts ist weit aufgerissen. Im Innern sieht man Mönche und Nonnen an einer festlichen Tafel sitzen. Von links fliegen auf seltsamen Fabelwesen der Papst (erkennbar an der Tiara, Kopfbedeckung des Papstes, dem Petrusschlüssel und einem Ablassbrief) und ein weiterer Kirchendiener herbei. Auf dem Haupt des Monsters brutzelt ein Höllenfeuer, das von einem kleinen Teufel bewacht wird. Weitere Unwesen treiben ihr Spiel auf einem baumartigen Gewächs, das aus dem Nacken der großen Teufelsfigur ragt. Auch aus diesem Feuer holen sich kleine Kirchenleute ihre Mahlzeit. Das Monster ist so groß, dass es in seiner Größe alle anderen abgebildeten Personen überragt. Die anderen Personen sind so klein, dass sie mühelos vom Monster aufgegessen werden können.
zu 6: Text des Ablassbriefes nicht lesbar
zu 7 und 8: Das von Kopf bis Fuß bösartige Monster steht für die katholische Kirche (Ablassbrief, Geldschatulle, Weihwasserkessel), die teuflische Gestalt verweist auf das Unrecht des heftig kritisierten Ablasshandels.
zu 9 und 10: Das Flugblatt muss aufgrund der offensichtlichen Bösartigkeit der Teufelsfigur widerlich und abstoßend auf die Zeitgenossen gewirkt haben. Auf Katholiken wirkte das Flugblatt provozierend oder löste Zweifel an der Kirche aus, Protestanten wurden im Glauben daran, im Recht zu sein, bestärkt. Auf mich wirkt es …
zu 11: Der Künstler nimmt eine eindeutig protestantische Perspektive ein und kritisiert die katholische Kirche.

2 Laut Calvin dürfen nur diejenigen am Abendmahl teilnehmen, die sich zum Glauben bekennen (Z. 1 f.). Dieser wird regelmäßig durch Befragungen der Kinder und Besuche bei den Gemeindemitgliedern durch den Pfarrer überprüft (Z. 2–9). Es gibt ein kirchliches Gericht, welches aus zwölf Ältesten besteht und über unmoralisches Verhalten der Gemeindemitglieder urteilt (Z. 9–15). Dabei reichen die Strafen je nach Verfehlung von einer Ermahnung bis hin zur Verbannung aus der Stadt für ein Jahr (Z. 15–23).

3 **a)** Eine Gliederung könnte so aussehen: Erklärung des Begriffs „Reformation" (vgl. S. 49), Biographische Eckdaten zu Johannes Calvin (vgl. S. 50), Einfluss durch Martin Luther und Ulrich Zwingli (vgl. S. 50), Die Lehre Calvins, Die Rolle des wirtschaftlichen Erfolgs (vgl. S. 50), Das Abendmahl (vgl. S. 50 und 73), Regeln für den Alltag und das Zusammenleben (vgl. S. 50, 51 und 73), Das Widerstandsrecht (vgl. S. 50), Der Aufbau der calvinistischen Kirche (vgl. S. 50), Die Auswirkungen der calvinistischen Lehre bis heute (vgl. S. 50 und 72)
b) Calvin kritisierte die Heiligen- und Reliquienverehrung der katholischen Kirche, weshalb die Kirchenräume sehr schlicht gehalten waren, also ohne Kruzifixe, Statuen und Heiligenbilder (vgl. S. 51, M1). Er achtete streng auf ein gottgefälliges Leben, indem diejenigen bestraft werden sollten, die zu ausschweifend und sündigend lebten.

Außerdem wurde der Glauben der Gemeindemitglieder regelmäßig geprüft (vgl. S. 73, M3). Damit wurden Glaube und Alltag sehr eng miteinander verwoben. Das bedeutet, dass der Glaube nicht nur sonntags und an hohen Feiertagen praktiziert werden sollte, sondern das Leben und Handeln der Menschen zu jeder Zeit bestimmte.

4 **a)** individuelle Lösung; angemessen: 95 Türen repräsentieren 95 Thesen, leiten Besucher zur Schlosskirche (Thesenanschlag), Türen aus abgerissenen Plattenbauten symbolisieren Veränderung unangemessen: Gestaltungen der Türen haben eventuell wenig mit Reformation zu tun
b) individuelle Lösung

Kapitel 3: Herrschaftspraxis und -präsentation in der absoluten Monarchie (S. 100–101):

– zum Kasten auf S. 100: z. B. Merkantilismus: Der Begriff leitet sich vom lateinischen Wort mercatus ab und bedeutet Handel. Der Begriff bezeichnet die Wirtschaftspolitik des 16.–18. Jahrhunderts. Sie ist besonders in Frankreich unter Ludwig XIV. bekannt geworden. Dadurch, dass er Frankreich gegenüber ausländischen Waren abschottete, förderte er den Verkauf von französischen Waren im In- und Ausland. Daraufhin konnte er von den französischen Unternehmen mehr Steuern verlangen und so die Staatseinnahmen erhöhen. Manufakturwesen: Das Wort Manufaktur leitet sich von den beiden lateinischen Wörtern manu = Hand und facere = machen ab. Manufakturen entstanden verstärkt auch in der Zeit des Absolutismus in Frankreich, aber auch in anderen europäischen Ländern. Sie gelten als die Vorläufer der Fabrik, da es sich bereits um große Produktionsstätten handelte, in denen verschiedene Handwerker gemeinsam ein Produkt herstellten. Beamte: Sie dienten der Machtsicherung im Absolutismus und waren eine wichtige Stütze der Macht des absolutistischen Herrschers. Besonders Ludwig XIV. setzte zahlreiche Beamte ein, denen er die Aufgabe übertrug, das Land zu verwalten, Gesetze auszuführen und Steuern einzutreiben. Er wählte dafür meist Männer aus dem Bürgertum, die ihm dankbar und deswegen treu ergeben waren.

1 Der Ausschnitt aus dem Eingangstor des Versailler Schlosses wirkt sehr prunkvoll. Es ist vollständig in Gold angefertigt und mit vielen detaillierten Verzierungen gestaltet, die sehr aufwendig verarbeitet sind. In der Mitte des Tores befindet sich ein Abbild des Gesichts Ludwig XIV. Um sein Gesicht herum verlaufen Sonnenstrahlen, die den Eindruck erwecken, als würde er die Sonne repräsentieren („Sonnenkönig“).

2 Ludwig XIV. stellte auch die katholische Kirche in den Dienst seiner Herrschaft. Er ließ keine weiteren Glaubensrichtungen zu und befahl allen Protestanten, zum katholischen Glauben zu wechseln. Ludwig XIV. sah sich als von Gott eingesetzt und ist somit Teil der göttlichen Unabhängigkeit. Demnach hatte er die Vorstellung, dass auch nur Gott allein seine Handlungen und Urteile richten kann. Somit sah er sich als Gottes Diener und Statthalter auf Erden. Deshalb war sein Thron nicht der eines Menschen, sondern der Thron Gottes.

3 individuelle Lösung; siehe auch Lösungshinweise zu Aufgabe 2

4 Ludwig XIV. präsentierte seine Herrschaft auf verschiedene Weise in Gemälden oder durch den Bau der barocken Schlossanlage von Versailles. Sie symbolisierte durch ihre Architektur, Größe und durch das Leben am Hofe den absoluten Machtanspruch des Königs. Ludwig XIV. war ein Genie in Sachen Eigenwerbung, so sollten vor allem Bilder wie das Herrscherporträt von Rigaud seinen Ruhm in ganz Europa verbreiten. Das Gemälde wurde Vorbild für viele andere Herrscherdarstellungen.

5 Gemeinsamkeiten: Farbe der Fassade – Architektur ist sehr ähnlich – Hauptgebäude als zentrales Element in der Blickachse – Gemächer des Fürsten bzw. Königs – Größe des Schlossgebäudes – umgeben von umfangreichen Parkanlagen bzw. Grünflächen; Unterschiede: in der Architektur: Oranienbaum wurde saniert und ist für Besucher zugänglich; Dornburg nicht – Parkanlagen sind in Oranienbaum gepflegt und vielfältig, es gibt eine Pagode im Garten – in Dornburg liegen die Parkflächen brach und wirken ungepflegt; Fazit: Im Vergleich der beiden Schlösser erkennt man, dass der Erhalt einer barocken Schlossanlage dazu führt, dass die architektonische Meisterleistung und die aufwendig gestalteten Parkanlagen für heutige Besucher erfahrbar werden, ebenso wie die Prunksucht und die Nutzung solcher Anlagen zur Präsentation der eigenen Herrschaft und Macht zu Zeiten absolutistischer Herrscher.

6 individuelle Lösung

7 Im Text genannte Nutzungsvorschläge: Seniorenresidenz: Damit wäre dem Schloss künftig eine sinnvolle Nutzungsmöglichkeit gegeben, die zum einen den Erhalt der ursprünglichen äußeren Erscheinung ermöglicht und zum anderen auch einen sinnvollen Nutzen für die heutige Gesellschaft darstellt. Es müssten allerdings zahlreiche Umbauten im und um das Schloss stattfinden, sodass außer der Fassade nicht viel von den alten Strukturen erhalten werden könnte. Ein offener Zugang für Besucher wäre auch nur sehr schwer möglich. Ähnlich verhält es sich mit der Idee, das Schloss als Fundus für das Landesamt für Denkmalpflege zu nutzen. Damit würde es möglicherweise als Abstellkammer verkümmern. Bei dieser Variante bleibt der gesellschaftliche Nutzen auch fraglich. Die Möglichkeit, den Geist der absolutistischen Zeit für Besucher erfahrbar zu machen, lässt sich bei beiden Konzepten nur schwer realisieren.

Kapitel 5: Die Französische Revolution (S. 136/137):

– zum Kasten auf S. 136, z. B.: Zunächst gab es zu Beginn des Jahres 1789 aufgrund von wirtschaftlichen Missständen innerhalb der französischen Gesellschaft Zweifel an der Republik. Vor allem die Angehörigen des ehemaligen dritten Standes wollten die Ständegesellschaft zurück. Um dies zu erreichen, leisteten sie den Ballhausschwur; individuelle Lösungen.

1 Der dritte Stand ist mit der Verabschiedung der „Erklärung der Menschen- und Bürgerrechte“ vom 26. August 1789 nun endlich durch Gesetze geschützt. Er ist ab jetzt Alles! Alle Franzosen sind endlich gleich. Dies waren das Ende des Ständesystems und der Privilegien von Klerus und Adel. Alle die, die die neuen Rechte akzeptieren gehören ab jetzt zur französischen Nation! Von ihr geht jegliche Macht im Staate aus! Die Volkssouveränität ist endlich vorhanden! Durch die Menschen- und Bürgerrechte sind die Ketten der Unterdrückung gesprengt. Jeder hat nun ein Recht auf Freiheit, Eigentum sowie Sicherheit. Jeder Gedanke, jede Idee darf nun frei geäußert werden – ja selbst diese Flugschrift stellt keinen Gesetzesbruch mehr dar.

2 Arbeitsschritte „Ein Verfassungsschaubild auswerten“, S. 125:
zu 1.: Die drei Gewalten Exekutive, Legislative und Judikative werden genannt. Des Weiteren ist von Départements, Wahlmännern, einem Vollzugsrat, Aktiv- und Passivbürgern die Rede.
zu 2.: Grün kennzeichnet die Exekutive, Blau die Legislative und Orange die Judikative. Die Pfeile machen ausgehend von den Aktivbürgern über die Wahlmänner deutlich, wie die Vertreter der drei Gewalten in das jeweilige Amt bzw. zu der ihnen angetragenen Funktion kommen und zeigen die Verhältnisse sowie Verbindungen zwischen den Gewalten auf.
zu 3.: Es empfiehlt sich, das Schaubild zunächst von unten nach oben und dann von links nach rechts zu lesen.
zu 4.: Neben dem Vollzugsrat sind die Nationalversammlung und das Oberste Gericht als die zentralen Verfassungsorgane dargestellt.
zu 5.: Zur Exekutive gehören neben dem Vollzugsrat, der aus 24 Mitgliedern besteht, die von der Nationalversammlung gewählt werden, die Verwaltungsbeamten in den Départements und den Gemeinden. Sowohl der Vollzugsrat als auch die Verwaltungsbeamten führen die Gesetze aus – vollziehen sie. Die Nationalversammlung bildet die Legislative. Die wichtigste Aufgabe der Abgeordneten in der Nationalversammlung ist es, die Gesetze auszuarbeiten und zu verabschieden. Das Oberste Gericht gehört zur Judikative. Hierzu zählen auch die Richter und Geschworenen. Als Vertreter der Judikative sind die Gerichte für die Rechtsprechung verantwortlich. Sie entscheiden im Sinne des Gesetzes über Schuld und Unschuld.
zu 6.: Die Nationalversammlung kontrolliert sowohl den Vollzugsrat, also die Exekutive, als auch das Oberste Gericht, und damit die Judikative.
zu 7.: Mit Blick auf die Exekutive wählen die Aktivbürger, männliche Franzosen über 21 Jahre mit entsprechendem Besitz, Wahlmänner, die die Verwaltungsbeamten in den Départements und den Gemeinden wählen. Die Aktivbürger wählen auch für ein Jahr die Abgeordneten der Nationalversammlung. Weiterhin wählen sie Wahlmänner, die die Richter des Obersten Gerichts bestimmen, als auch alle anderen Richter sowie die Geschworenen. Die Nationalversammlung wählt die 24 Mitglieder des Vollzugsrates.
zu 8.: Da in dieser Verfassung kein Monarch in irgendeiner Funktion vertreten ist sowie die Aktivbürger Vertreter aller drei Gewalten durch Wahlen (Demokratie) bestimmen und damit die Macht vom Volk ausgeht (Volkssouveränität), handelt es sich um eine Republik.

zu 9.: Überprüfe die Angaben mithilfe z. B. des Internets und eines Lexikons.
zu 10.: Vorteilhaft sind u. a. die Gewaltenkontrolle, der große Einfluss der Aktivbürger auf alle drei Gewalten und auch die Tatsache, dass sie Gesetzesvorschläge ablehnen können. Es sind demokratische Prinzipien verankert. Von Nachteil ist bspw. die Unterscheidung zwischen Aktiv- und Passivbürgern sowie zwischen Männern und Frauen. Daraus resultiert eine Ungleichheit und die Missachtung des Gleichheitsgrundsatzes der Menschen- und Bürgerrechte.
zu 11.: Es wird u. a. nicht deutlich, für wie lange die 24 Mitglieder des Vollzugsrates von der Nationalversammlung gewählt werden. Dies gilt auch für die Wahlen der Richter, Geschworenen und Verwaltungsbeamte durch die Wahlmänner. Weiterhin bleibt unklar, wie groß der Besitz sein muss, um Aktivbürger werden zu können.

3 Individuelle Lösung: Unter Verwendung von etwas Erfundenem (hier das Treffen zwischen dem preußischen Kaufmann und seinem französischen Geschäftspartner) wird das historische Geschehen auf der Grundlage von Quellen (die Verfassungen von 1791 und 1793) erzählt. Von Vorteil ist mit Blick auf beide französischen Verfassungen, dass anders als in Preußen die Ständegesellschaft in Frankreich aufgehoben war. Weiterhin gab es in der Französischen Republik keinen Monarchen mehr, auch ein Unterschied zu Preußen. Hier, im aufgeklärten Absolutismus, stellte der König das Zentrum der Macht dar. In der Französischen Republik herrschte ein hohes Maß an Volkssouveränität und Demokratie, ein Unterschied zur konstitutionellen Monarchie von 1791, in der der Monarch die Exekutive allein vertrat und nicht kontrolliert werden konnte.

4 **a)** Der Künstler steht der Jakobinerherrschaft sehr kritisch gegenüber. Robespierre habe mit seinen Todesstrafen und der Guillotine alle Franzosen ermordet, sodass am Ende nur noch der Henker und er selbst übriggeblieben seien. Alle waren somit verdächtig und als vermeintliche Gegner der Revolution letztendlich schuldig. Die Ideale sowie Fortschritte der Verfassungen von 1791 und 1793 seien von Robespierre mit Füßen getreten worden – die Menschen- und Bürgerrechte wurden nicht mehr beachtet. Damit verlieren letztendlich die Revolution und die mit ihr verfolgten Ziele Freiheit, Gleichheit und Brüderlichkeit.
b) Er würde den Künstler als Gegner der Revolution bezeichnen – als jemanden, der die Monarchie zurückhaben wolle. Deshalb würde ein Jakobiner den Künstler auch als Verdächtigen ansehen und voraussichtlich die Todesstrafe für den Karikaturisten fordern.
c) Die Einschätzung des Künstlers trifft zu. In dem Moment, wo Verfassungen, die Menschen- und Bürgerrechte enthalten, außer Kraft gesetzt werden, herrschen Terror, Schrecken sowie Willkür. Es ist nicht gerechtfertigt, um bestimmte politische Ziele zu erreichen, wie z. B. die Fortführung einer Revolution, Gesetze sowie die Menschen- und Bürgerrechte außer Kraft zu setzen.

Übersicht über die Fachmethoden aus Band 5 und 6

Die Seitenzahlen in dieser Übersicht verweisen auf den vorliegenden Band. Im zweiten Teil sind die Methoden-Arbeitsschritte, die in Band 5 und 6 eingeführt wurden, abgedruckt.

Methoden aus Band 5 und 6:

• Das Internet nutzen

Suche beginnen

1. Zu welchem historischen Thema suche ich Informationen?
2. Welche Internet-Suchmaschine wähle ich aus?
3. Welche Internethinweise gibt das Schulbuch?

Suchabsicht festlegen

4. Welche Suchwörter helfen mir zur Beantwortung meiner Fragen weiter?

Überblick über das Suchergebnis bekommen

5. Welche Links sind interessant und brauchbar für mich?
6. Welche Links stammen von glaubwürdigen Anbietern?

Ergebnisse ordnen

7. Wie gehe ich mit den Informationen einer Webseite um?

Informationen sichern und auswerten

8. Wie halte ich die gefundenen Informationen fest?

• Gegenständliche Quellen interpretieren

Die gegenständliche Quelle beschreiben

1. Was sind die äußeren Merkmale (z. B. Aussehen, Größe, Gewicht, Material) des Gegenstandes?
2. Wie alt ist der Gegenstand?
3. Wo wird der Gegenstand heute aufbewahrt?

Die Funktion und Bedeutung der gegenständlichen Quelle untersuchen

4. Wie funktioniert bzw. wie bedient man den Gegenstand?
5. Wozu wurde der Gegenstand in der Vergangenheit genutzt?
6. Wem gehörte der Gegenstand?
7. Welche Bedeutung hatte der Gegenstand damals und heute?

Die gegenständliche Quelle interpretieren

8. Welche Aussagen lassen sich mithilfe des Gegenstandes über das Leben der Menschen (z. B. auf Lebensweisen, Alltag, technischer Fortschritt) treffen?

9. Ist der Gegenstand für unser heutiges Leben noch bedeutsam oder wurde er von einem anderen ersetzt?

• Einen Sachtext lesen und verstehen

1. Schritt: Ersten Überblick verschaffen
Welche Überschrift hat der Text?
Wie ist der erste Eindruck von Inhalt und Aufbau des Textes?

2. Schritt: Fragen stellen
Was weiß ich schon über das Thema?
Wer kommt in dem Text vor?
Wo und wann findet das Dargestellte statt?
Worum geht es?
Welche Fragen bleiben offen?

3. Schritt: Schlüsselwörter klären
Welche schwierigen Wörter oder Unklarheiten muss ich klären?
In welche Abschnitte lässt sich der Text gliedern?
Welche Überschriften passen zu den Textabschnitten?

4. Schritt: Inhalt wiedergeben
Gib mithilfe der Überschriften und Schlüsselwörter den Inhalt des Textes wieder.

• Eine Geschichtskarte lesen

Den Kartentitel auswerten
1. Welche Informationen kannst du dem Kartentitel entnehmen?

Die Kartenlegende entschlüsseln und den Maßstab feststellen
2. Nimm dir Zeit, die Legende genau zu studieren. Sie ist der Schlüssel zum Verständnis der Karte: Wofür stehen die verwendeten Symbole?
3. Welche Bedeutung haben die kursiv gesetzten Namen?
4. In welchem Maßstab ist die Karte angefertigt?

Die Karte lesen
5. Häufig gehst du von vorformulierten Fragen aus, manchmal stellst du selbst Fragen an die Karten.
6. Was ist die Hauptaussage der Karte?

Weitere Fragen zur Karte stellen
7. Karten können nicht alle wichtigen Informationen zu einem Thema aufnehmen, da sie ansonsten mit Symbolen überfrachtet und kaum mehr lesbar wären. Ausgehend von einer Karte ergeben sich deshalb oft Fragen, zu deren Klärung du weitere Hilfsmittel benötigst.

• Eine Bildquelle auswerten

Einzelheiten des Bildes erfassen
1. Welche Personen sind dargestellt?
2. Wie sind sie gekleidet und dargestellt?
3. Welche weiteren Gegenstände oder Tiere sind zu sehen?
4. Wo befinden sich die Personen und Gegenstände?

Zusammenhänge erklären
5. In welcher Beziehung stehen die abgebildeten Personen, Tiere oder Gegenstände zueinander?
6. Findest du Merkmale, die auf bestimmte Eigenschaften, Beruf oder gesellschaftliche Stellung der dargestellten Personen hinweisen?

Zusätzliche Informationen heranziehen
7. In der Bildlegende findest du wichtige Hinweise. Sie gibt dir Auskunft darüber, wer wann für wen warum ein Bild gemalt hat. Manchmal hat das Bild auch einen Titel.
8. Weitere Fragen lassen sich oft durch eine zusätzliche Textquelle klären.

• Eine schriftliche Quelle untersuchen

Die Quelle mit Blick auf eine Leitfrage sichten
1. Eine Leseabsicht festlegen – welche Frage soll mit der Quelle beantwortet werden?
2. Lies den Text gründlich.

Informationen zum Autor und zur Entstehungszeit beachten
3. Wer war der Autor/die Autorin der Quelle?
4. Wann und wo wurde die Quelle geschrieben?
5. Um welche Art von Text handelt es sich (z. B. Tagebuch, Brief, Rede, historisches Werk)?
6. An wen war der Text gerichtet?

Inhalte der Textquelle entnehmen und verstehen
7. Welche Begriffe muss ich klären?
8. Wie ist die Quelle aufgebaut? Finde Überschriften für die wichtigsten Abschnitte.

9. Welche Stellen sind erklärungsbedürftig? Stelle passende Warum-Fragen und versuche sie zu beantworten.
10. Was ist die Hauptaussage des Textes? Beantworte die Leitfrage aus Schritt 1.

Absicht des Autors einschätzen und die Textquelle beurteilen

11. Welche Absicht verfolgte der Autor?
12. Wie zuverlässig erscheinen die Aussagen der Quelle? (Wann lebte der Autor? Wann schrieb er den Text? Wie groß war der zeitliche Abstand zu dem Ereignis?)
13. Welche Meinung vertrittst du zum Inhalt der Quelle? (Sind die Aussagen glaubwürdig, schlüssig, fragwürdig, einseitig, zweifelhaft?)

• Schaubilder verstehen

Einzelne Elemente des Schaubildes erfassen

1. Welche Fachbegriffe werden verwendet und müssen geklärt werden?

Aufbau des Schaubildes untersuchen

2. Wie ist das Schaubild zu lesen?
3. Welche Versammlungen und Ämter gab es?

Inhalt vertiefen und bewerten

4. Was waren die Aufgaben der einzelnen Ämter und Versammlungen?
5. Wie war die Macht im Staat verteilt?
6. Sammle offene Fragen.

• Schriftliche Quellen vergleichen

Ersten Eindruck festhalten

1. Wie ist dein Eindruck nach dem ersten Lesen?

Informationen zu Autoren und Entstehungszeit herausarbeiten

2. Wann sind die Texte geschrieben worden?
3. Wie groß ist der zeitliche Abstand zwischen Ereignis und Bericht?
4. Waren die Autoren Augenzeugen? Wenn nicht: Wen geben sie als Informanten an?

Inhalt der Textquellen zusammenfassen und vergleichen

5. Gib die Hauptaussagen und Schlüsselbegriffe der Texte wieder und vergleiche beide im nächsten Schritt.
6. Welche Informationen stimmen überein?
7. Gibt es Einzelheiten, die nicht in den Texten erscheinen bzw. unterschiedlich genau oder ausführlich wiedergegeben werden?
8. Was wird berichtet, ist es logisch oder enthält es Unstimmigkeiten?
9. Ist ein Urteil oder eine Meinung des Verfassers zu erkennen?

Weitere Informationen sammeln

10. Ziehe weitere Informationen hinzu, z. B. aus Sachbüchern, dem Schulbuch oder dem Internet.

Ergebnisse darstellen und beurteilen

11. Vergleiche die Notizen aus den einzelnen Arbeitsschritten miteinander. Formuliere eine eigene Meinung.

• Ein historisches Urteil bilden

Eine Leitfrage formulieren

1. Welche Frage(n) soll(en) beantwortet werden?

Informationen zur Quelle und deren Inhalt erfassen

2. Wer war der Autor/die Autorin der Quelle/der Darstellung?
3. Wann und wo wurde die Quelle/die Darstellung geschrieben?
4. An wen war der Text gerichtet?
5. Was ist die Hauptaussage des Textes? (Arbeite die Positionen, Argumente und Meinungen zur Leitfrage aus der Quelle/der Darstellung heraus.)

Ein historisches Sachurteil bilden

6. Welches Interesse verfolgt der Autor und wie ist der Inhalt der Quelle/der Darstellung zu beurteilen (z. B.: was wollte der Redner erreichen)?
7. Wie würden die Zeitgenossen aus ihrer Zeit heraus die Leitfrage beantworten und wie begründen sie dies?
8. Wie könnte die Leitfrage aus einer anderen Perspektive anhand von weiteren Quellen und/oder Darstellungen beantwortet werden (z. B. unterschiedliche Sichtweisen von Beteiligten)?

Ein historisches Werturteil bilden

9. Wie würdest du aus heutiger Sicht die Leitfrage beantworten?

• Eine schriftliche Quelle analysieren

Quelle und Autor (Verfasser) einordnen

1. Wer ist der Autor der Quelle? (Augenzeuge; besondere Beziehungen zwischen ihm und einer der beschriebenen Personen)
2. Wann und wo wurde die Quelle geschrieben? (zeitlicher und örtlicher Abstand zum Ereignis)
3. Um welche Art von Text handelt es sich? (z. B. Brief, Urkunde, Gesetz, Geschichtsbuch)
4. An wen ist der Text gerichtet?

Textinformationen entnehmen

5. Welche Begriffe muss ich klären?
6. Wie ist die Quelle aufgebaut? Finde Überschriften für die dir wichtig erscheinenden Abschnitte.
7. Welche Schlüsselbegriffe (= wichtige oder wiederholte Wörter) werden verwendet?
8. Was ist die Hauptaussage des Textes? Fasse sie in ein bis zwei Sätzen zusammen. Tatsachen von Meinungen unterscheiden und selbst Stellung nehmen (beurteilen)
9. Welche Absicht verfolgte der Autor?
10. Welche Aussagen des Textes scheinen dir historisch zuverlässig zu sein, welche sind eher individuelle Meinungen des Autors? Aus welcher Perspektive* betrachtet der Autor das Geschehen? Prüfe Textaussagen mithilfe anderer Informationsquellen (Schulbuch, Fachbücher).
11. Wie wurde das Ereignis aus damaliger Sicht beurteilt?
12. Welche Meinung vertrittst du zur Quelle?

• Ein Herrscherbild analysieren

Einzelne Bildelemente beschreiben

1. Welche Personen sind zu sehen?
2. Wie sind die Personen dargestellt (z. B. im Profil, von vorn, Größenverhältnisse)? In welcher Position bzw. Bewegung werden sie gezeigt? Welche Gesten sind erkennbar? Was sagt ihr Gesichtsausdruck? Wie sind sie ausgestattet (z. B. Kleidung, Frisur, Standeszeichen, Herrschaftszeichen)?
3. Welche größeren Gegenstände sind erkennbar? Wie ist der Hintergrund gestaltet?

Bildelemente zusammenfügen und erste Deutung vornehmen

4. Wie gehören die Bildelemente zusammen?
5. Was erscheint merkwürdig?

Zusätzliche Informationen hinzuziehen und Bedeutung der Bildelemente entschlüsseln

6. Welche Hinweise gibt die Bildunterschrift (z. B. Entstehungszeit, bestimmter Anlass, Entstehungsort, Künstler, Auftraggeber, Adressaten)?
7. Recherchiere Hintergrundinformationen zu den Symbolen, Gesten und Personen. Lassen sich die bisherigen Deutungen durch andere Quellen bestätigen oder ergänzen bzw. korrigieren?
8. Was wollte der Künstler mit seinem Bild ausdrücken? Ergreift er Partei für eine bestimmte Person oder Auffassung?

Bildaussage formulieren

9. Welche Gesamtaussage lässt sich formulieren? Gibt es mehrere Deutungen?

• Eine Bildquelle interpretieren

Einzelne Elemente beschreiben

1. Was ist dargestellt (Personen, Gegenstände)?
2. In welchen Positionen (Haltungen), in welchen Bewegungen sind sie zu sehen?
3. Wie lässt sich die Situation beschreiben?
4. Was erscheint merkwürdig?

Zusätzliche Informationen hinzuziehen und Bedeutung der Bildelemente interpretieren

5. Welche Hinweise gibt die Bildunterschrift?
6. Welche Bedeutung würdest du der entsprechenden Geste, Gebärde, Handlung oder auch dem Gegenstand heute noch zuordnen?
7. Recherchiere Hintergrundinformationen zu den Symbolen (Bibliothek, Internet).
8. Welche Einzelaussagen ergeben sich aus den Symbolen und Gesten?

Bildaussage formulieren

9. Welche Gegenstände oder Handlungen scheinen besonders wichtig zu sein für die Aussage des Bildes? Woran erkennst du dies?
10. Welche Gesamtaussage lässt sich formulieren? Gibt es mehrere Deutungen?

• Einen Stadtplan auswerten

Erste Informationen herausarbeiten

1. Fertige eine Fotokopie der Stadtpläne an.
2. Welche Stadt ist dargestellt?
3. Wann sind die Stadtpläne entstanden?

Veränderungen in den Stadtplänen untersuchen

4. Finde die alte Stadtmauer im alten Plan und zeichne ihren ungefähren Verlauf in den neuen Plan ein.
5. Welche besonderen Merkmale einer mittelalterlichen Stadt (z. B. Gebäude, Stadtmauer) kannst du auf dem alten Plan erkennen?
6. Markiere den Standort der besonderen Merkmale der mittelalterlichen Stadt im neuen Plan und prüfe, ob sie heute noch existieren.
7. Prüfe im neuen Stadtplan, ob man durch heutige Namen von Straßen oder Plätzen Rückschlüsse auf deren Bedeutung oder ehemalige Bewohner ziehen kann.
8. Wie entwickelte sich die Stadt in den folgenden Jahrhunderten? (z. B.: Gibt es Anzeichen dafür, dass die Stadt gewachsen ist? Gibt es noch einen Stadtgraben?)

Informationen zusammenfassen und deuten

9. Fasse zusammen, was du aus den Stadtplänen über die Stadt erfährst.

Geschichte darstellen: Geschichte erzählen

Wie du Geschichte und vergangene Ereignisse mündlich oder schriftlich darstellen kannst, hast du bereits auf den „Geschichte-darstellen-Seiten“ sowie bei den „Geschichte-darstellen-Aufgaben“ in Band 5 und 6 kennengelernt. Die Seitenzahlen in dieser Übersicht verweisen auf den vorliegenden Band. Im zweiten Teil sind noch einmal die Inhalte der „Geschichte-darstellen-Seiten“, die in Band 5 und 6 eingeführt wurden, abgedruckt.

Übersicht der Geschichte-darstellen-Seiten aus Band 5 und 6:

• Gegenständliche Quellen vorstellen (Steckbrief)

1. Bezeichnung des Gegenstandes
2. Aussehen (Größe, Gewicht, Material)
3. Fundort zu Hause
4. Alter
5. Herstellungsort
6. im Familienbesitz seit
7. frühere und aktuelle Aufbewahrungsorte
8. frühere Verwendung
9. heutige Verwendung
10. Bedienung
11. Bedeutung für Menschen früher
12. Bedeutung für Menschen heute
13. meine Informationsquelle(n)

• Einen Sachtext verfassen (zeitliche Verläufe darstellen)

Eine Leitfrage formulieren

1. Worüber soll der Sachtext informieren?

Informationen sammeln, ordnen und in kurzen Stichpunkten notieren

2. Suche nach Quellen und Darstellungen, die dir Informationen zu deiner Leitfrage liefern.
3. Schreibe dir stichpunktartig Informationen auf, mit denen du die Leitfrage beantworten kannst. Ordne diese nach Wichtigkeit.

Den Sachtext gliedern und schreiben

4. Die Einleitung
   – Stelle das Thema und die Leitfrage(n) vor.
5. Der Hauptteil
   – Formuliere aus den vielen Informationen und Stichpunkten aus dem dritten Arbeitsschritt ganze, zusammenhängende Sätze.
   – Damit der Sachtext verständlich ist, musst du das Geschehene zeitlich ordnen (siehe unten): Was geschah zuerst, was folgte darauf, was geschah gleichzeitig zu einer Handlung/einem Ereignis?

6. Der Schluss
   – Beantworte die Leitfrage(n) aus Arbeitsschritt 1 und erkläre, woher deine Informationen stammen.

Zeitliche Verläufe in einem Sachtext darstellen
Beim Schreiben eines Sachtextes, der über ein historisches Ereignis oder eine Handlung berichtet, helfen dir folgende Begriffe:

- **vorher** (zuerst, davor)
- **nachher** (später, danach, dann)
- **zeitgleich** (zur selben Zeit, gleichzeitig)

• Die wahre Geschichte? (Nachweisbarkeit prüfen und darstellen)

1. **sicher belegt:**
   Informationen, die sicher belegt werden können, lassen sich durch mehrere Quellen von verschiedenen Personen aus verschiedenen Sichtweisen übereinstimmend belegen.

2. **teilweise belegt:**
   Teilweise belegbare Informationen sind in einzelnen Quellen zu finden oder werden angedeutet. Es fehlen aber Quellen zu weiteren Sichtweisen von anderen Personen.

3. **vermutlich:**
   Informationen, die mit „vermutlich“ gekennzeichnet werden, sind so direkt in den Quellen nicht zu finden. Sie können aber aus dem Zusammenhang einer oder mehrerer Quellen abgeleitet werden. Archäologen können auch anhand verschiedener Gegenstände oder des Zustandes von Knochen Vermutungen auf Verwendung eines Gegenstandes oder Lebensweise der Menschen aufstellen. Dabei können Vermutungen auch unterschiedlich sein.

4. **unklar:**
   Zu diesen Informationen können keine Aussagen getroffen werden, die sich durch Quellen belegen lassen.

• Eine biografische Skizze erstellen

Eine Leitfrage formulieren
1. Welche Frage(n) soll(en) mithilfe der biografischen Skizze beantwortet werden?

Informationen zur historischen Person sammeln, ordnen und in kurzen Stichpunkten notieren
2. Suche Informationen zu deiner Leitfrage.
3. Schreibe dir stichpunktartig Informationen auf, mit denen du die Leitfrage(n) beantworten kannst.

Die biografische Skizze gliedern und schreiben
4. Über das Leben der historischen Person
5. Über die Leistungen/das Wirken der historischen Person
6. Der Schluss: Hier beantwortest du kurz die Leitfrage(n) aus Arbeitsschritt 1 und erklärst, woher deine Informationen stammen.

Unterrichtsmethoden

1 Die Kugellager-Methode

- Bei der Durchführung sitzt oder stellt ihr euch paarweise in einem Innen- und einem Außenkreis gegenüber.
- In einem vorher festgelegten Zeitrahmen tauscht ihr euch mit eurem Gegenüber über ein vorher festgelegtes Thema aus.
- Auf ein vereinbartes Zeichen der Lehrkraft dreht sich der Innenkreis im Uhrzeigersinn zwei Plätze weiter. Dort findet der Austausch mit dem neuen Partner statt.
- Für einen erneuten Partnerwechsel dreht sich auf das Signal der Lehrkraft der Außenkreis gegen den Uhrzeigersinn zwei Plätze weiter.
- Nach mehreren Runden könnt ihr eure Ergebnisse gemeinsam auswerten.

Tipp: Schafft genug Platz, sodass ihr einen gewissen Abstand zu den anderen Paaren habt. Dafür könnt ihr Tische und Stühle an den Rand schieben oder vielleicht auf den Schulhof gehen.

2 Einen Kurzvortrag halten

- Vorbereitung: Sammle und ordne alle Informationen zu deinem Thema in einer Mindmap.
- Entwickle eine Gliederung für deinen Vortrag: Lege zu jedem Hauptpunkt eine Karteikarte mit den wichtigsten Informationen an und nummeriere die Karteikarten in einer sinnvollen Reihenfolge.
- Überlege dir einen interessanten Einstieg und Schluss für deinen Vortrag.
- Versuche, möglichst frei vorzutragen. Sprich laut, deutlich und nicht zu schnell.
- Schau dein Publikum an. So siehst du auch, wenn es Zwischenfragen gibt.
- Unterstütze deinen Vortrag durch Anschauungsmaterial (Bilder, Grafiken, Gegenstände).

3 Ein gutes Lernplakat gestalten

- Verwende für das Plakat mindestens die Größe DIN A2, besser DIN A1 (= 8 DIN A4-Blätter).
- Beschränke dich auf die wesentlichen Informationen.
- Die Informationen auf dem Plakat müssen sachlich stimmen (z. B. richtige Jahreszahlen).
- Das Thema des Plakats muss deutlich zu lesen sein.
- Schreibe in Stichpunkten oder in kurzen Sätzen.
- Unterstreiche Schlüsselbegriffe oder rahme sie ein.
- Verwende für die Schrift einen schwarzen oder dunkelblauen Stift. Andere Farben eignen sich für Pfeile, Linien oder Hervorhebungen.
- Achte auf die Lesbarkeit der Schrift (Größe und Ordnung). Du kannst Hilfslinien mit Bleistift zeichnen und später wegradieren.
- Gliedere deine Informationen durch unterschiedliche Schriftgrößen. Verwende Ordnungszahlen, wenn du eine bestimmte Reihenfolge darstellen möchtest.

4

Ein Rollenspiel durchführen

- **Ausgangslage festhalten:** Fertigt eine Situationskarte und mehrere Rollenkarten an. *Situationskarte:* kurze Beschreibung, welche Situation nachgespielt werden soll. Welche Probleme sind zu lösen? *Rollenkarte:* Je eine für die dargestellten Personen und für die Beobachter. Auf den Karten sind Tätigkeit, Eigenschaften, Verhalten und die Ziele der Personen notiert.
- **Rollen verteilen:** Vorgaben der Rollenkarten beachten, eigene Vorstellungen dürfen aber auch eingebracht werden.
- **Spiel vorbereiten:** Die Spielerinnen und Spieler heften sich ein Schild mit ihrer Rollenkennzeichnung an. Sie besprechen die Situation (Situationskarte) und die Rollen (Rollenkarten) untereinander.
- **Spiel durchführen:** Spielbeobachter machen sich während des Spiels Notizen zu den einzelnen Rollen.
- **Spiel auswerten:** Die Beobachter bewerten das Spiel und begründen ihre Meinung. Wurden die Rollen glaubhaft gespielt? Welche Argumente wurden genannt? Passten sie in die Situation und die Zeit? Was war gut, was könnte verbessert werden?

5

Ein Standbild entwickeln

In einem Standbild stellt ihr eine bestimmte Handlung oder eine Szene aus einem Bild nach. Dafür benötigt ihr:
einen oder mehrere Standbildbauer, einen oder mehrere Darsteller, Zuschauer.

- Der Standbildbauer formt durch Anweisungen und Vormachen das Standbild. Er/sie gibt dabei möglichst viele Einzelheiten vor, z. B. Körperhaltung, Gesichtsmimik, Gestik der Hände. Die Darsteller verhalten sich hierbei wie „lebendige Puppen“ und folgen, ohne zu sprechen, den Anweisungen.
- Es ist auch möglich, dass jede Rolle doppelt besetzt wird: Ein Darsteller nimmt die Position einer bestimmten Person ein, der andere steht dahinter und sagt laut, was diese Person in dieser Situation vielleicht denkt.
- Die Zuschauer beurteilen im Anschluss das Standbild und können Veränderungen vorschlagen.
- Zum Abschluss berichten die Darsteller über ihre Wahrnehmung.

Tipp: Entwickelt mehrere Standbilder zu dem gleichen Thema, dann wird es noch interessanter, und ihr könnt im Anschluss die verschiedenen Blickwinkel miteinander vergleichen.

Lexikon

Im Lexikon werden Fremdwörter, historische Begriffe und Ereignisse erläutert, die in den Texten dieses Buches vorkommen und mit einem * versehen sind. Die Fachbegriffe, die auf den Themenseiten erklärt werden, haben einen Verweis auf die entsprechende Seite.

A

Ablasshandel, Sündenerlass nicht durch die Beichte, sondern die Zahlung einer Geldsumme.

Absolutismus (lat. legibus solutus = losgelöst, frei von Bindungen an die Gesetze des Staates), Bezeichnung für eine Regierungsform, die ihren Höhepunkt im 17. und 18. Jh. mit dem „Sonnenkönig" Ludwig XIV. fand. Der Monarch beanspruchte die uneingeschränkte Macht ohne Mitwirkung der Stände, weil er sich als Stellvertreter Gottes auf Erden verstand (→ Gottesgnadentum). Der Herrscher leitete die Verwaltung, gleichzeitig gingen von ihm die Gesetzgebung und die Rechtsprechung aus.

Ancien Régime (franz. „alter Staat"), absolutistische Regierungsform in Frankreich unter der Herrscherfamilie der Bourbonen, zu denen Ludwig XIV. gehörte. Nach der Französischen Revolution bekam der Begriff einen negativen Beigeschmack.

anglikanisch, der Kirche von England und ihren Tochterkirchen zugehörig. Die anglikanische Kirche entstand während der Reformation in England und vereint evangelische und katholische Glaubenselemente.

Aufklärung, Geistesbewegung, die sich ab etwa 1700 in ganz Europa ausbreitete. Vernunft bestimmte das Denken und Handeln der Menschen, nicht mehr Glaube und Überlieferung. Beobachtungen und Experimente dienten als Grundlage wissenschaftlicher Forschung. Aufklärer forderten politische Freiheit und Gleichheit des Menschen vor dem Gesetz, religiöse Toleranz und wirtschaftliche Freiheit.

B

Barbaren, Kolonialherren bezeichneten die Bevölkerung der eroberten Gebiete oft als Barbaren (span. bárbaros). In der Vorstellung der europäischen Kolonialherren galt die einheimische Bevölkerung häufig als zurückgeblieben und unzivilisiert.

Bürger, im Mittelalter und in der Frühen Neuzeit vor allem die städtischen Kaufleute und Handwerker.

Barock, Epoche der europäischen Kunstgeschichte (ca. 1575 bis 1770). Die barocke Bauweise gilt auch als Kunstform des → Absolutismus und der Gegenreformation. Kennzeichen des Barocks im Bereich der Architektur sind verschwenderisch gestaltete, imposante Gebäude mit oft schwingenden Formen, Kuppeln und Säulen.

C

calvinistisch, eine Ausrichtung des protestantischen Glaubens, die zur Zeit der Reformation entstand. Die Calvinisten folgen der Glaubenslehre des französischen Reformators Jean Calvin.

Chronologie, die zeitliche Reihenfolge von Ereignissen.

D

Diözese, kirchlicher Verwaltungsbezirk in einem bestimmten Gebiet, entstand aus der Gebietseinteilung im antiken Römischen Reich. Der Vorsteher in einer Diözese ist der Bischof. Die Gebiete einer Diözese unterscheiden sich von den staatlichen Verwaltungsbezirken.

E

Evangeliar, Buch mit dem vollständigen Text der vier Evangelien der Bibel. Besonders aus dem frühen Mittelalter ist eine Reihe von prachtvoll geschmückten Evangeliaren erhalten.

evangelisch, für Luther und seine Anhänger waren nicht der Papst und die Lehren der katholischen Kirche maßgeblich, sondern allein das Wort Christi in der Heiligen Schrift, dem Evangelium. Deshalb bezeichneten sich die Anhänger Luthers als Evangelische.

F

Frondienst, in der mittelalterlichen Grundherrschaft waren die Hörigen zu Arbeiten für den Herrn, den Frondiensten, verpflichtet. Dazu gehörten vor allem landwirtschaftliche Arbeiten auf dem Herrenhof oder auf einem der Fronhöfe.

Fruchtwechselwirtschaft, Art einer Anbauweise/Fruchtfolge, bei der in regelmäßigem Wechsel Halm- und Blattfrüchte angebaut werden.

G

Generalstände, in Frankreich vor 1789 die ständige Vertretung des Königreichs durch die drei Stände (Geistliche, Lehnsfürsten und Abgeordnete königlicher Städte). Ihre wichtigsten Aufgaben waren Steuerbewilligung und Vorlage von Beschwerden.

Glaubenskriege, aus religiösen Gründen geführte Kriege. Im engeren Sinn die Konfessionskriege im Europa des 16. und 17. Jh. und der Dreißigjährige Krieg (1618–1648).

Glaubensspaltung, Spaltung innerhalb einer Kirche. Damit verbindet man häufig die Zeit der Reformation 1517 bis zum Ende des Dreißigjährigen Krieges.

Gotik, europäischer Baustil im 12. bis 15. Jahrhundert. Kennzeichen gotischer Bauwerke sind hohe, schlanke Gebäudeformen, bei denen im Gegensatz zum romanischen Baustil die Außenwände leicht konstruiert und durch Fenster gebrochen sind.

Gottesgnadentum, Absolutismus,die Herrschaft „von Gottes Gnaden" gründete auf der Vorstellung, dass die Herrschaft direkt von Gott auf den jeweiligen Herrscher übertragen wurde. → Absolutismus

Götzendienerei, bezeichnet aus christlicher Sicht ein Anbeten von fremden oder heidnischen Göttern, das nicht mit den Gottvorstellungen aus dem Christentum vereinbar ist.

Grundrechte, Rechte, die jedem Bürger eines Staates durch die → Verfassung garantiert werden, z. B. das Recht auf Freiheit. Diese Rechte kann der Bürger vor Gericht einklagen.

Guillotine (auch Fallschwertmaschine/Köpfmaschine), ist ein Tötungsapparat, den man während der Französischen Revolution zur schnellen Enthauptung verwendete. Der Kopf wird durch die herabfallende Klinge schnell abgetrennt. Benannt wurde der Apparat nach seinem Erfinder, dem Arzt Joseph Ignace Guillotin.

H

Heiliger Augustinus (354–430), war einer der einflussreichsten Theologen und Philosophen der christlichen Spätantike. Seine theologischen Ideen beeinflussten die Lehren fast aller westlicher Kirchen.

Hegemonie, bezeichnet die Vorherrschaft von Staaten (z. B. Frankreich) oder einzelner Gruppen/Personen in den Bereichen Politik, Militär, Handel oder Kultur.

Hochkultur, Merkmale einer Hochkultur sind: ein Staat mit zentraler Verwaltung und Regierung, Arbeitsteilung, ein Abgaben-(Steuer-)System, Schrift, Zeitrechnung, Kunst, Architektur, Anfänge von Wissenschaft und Technik.

Humanismus, eine Lebensanschauung der Gelehrten seit dem 14. Jahrhundert, die für eine umfassende Bildung des Menschen eintraten. Sie studierten die Quellen der antiken Schriftsteller und beschäftigten sich mit Sprachen, Geschichte und Philosophie. Der Humanismus breitete sich seit dem 14. Jahrhundert von Italien in Europa aus.

I

Ideologie, siehe S. 23

indigen, ein Synonym für einheimisch oder eingeboren

Invasion, eine Invasion bezeichnet das Einrücken feindlicher militärischer Einheiten in ein fremdes Gebiet.

J

Johannes der Täufer, ein jüdischer Prediger, der in Galiläa und Judäa auftrat. Im Neuen Testament wird er als Prophet der Endzeit und als Wegbereiter Jesu Christi beschrieben. Heute wird er von vielen Kirchen als Heiliger verehrt.

K

Karavelle, Segelschiff das während der europäischen Entdeckungsfahrten eingesetzt wurde.

Karikatur (ital. caricare = etwas überladen, (übertreiben), bildliche Darstellung, bei der gesellschaftliche, wirtschaftliche und politische Zustände oder Ereignisse bewusst übertrieben und bis ins Lächerliche verzerrt werden – es wird Kritik geübt. In Europa erschienen die ersten Karikaturen während der Reformation. In der zweiten Hälfte des 18. Jahrhunderts entstanden in Frankreich Tausende von Karikaturen, die die politischen Zustände im Land kritisierten. Die Bilder waren beliebt, weil sie die Privilegierten und das Königshaus aufs Korn nahmen. Nur wenige Menschen konnten zu jener Zeit lesen und schreiben. Daher wurden die Karikaturen auf Flugblätter gedruckt, und die Ideen der Aufklärer fanden im ganzen Land Verbreitung.

katholisch, bis zur → Reformation die einzige Konfession im christlichen Glauben. Nach der Reformation und im Zuge des Konzils von Trient (1563) als „römisch-katholisch" bezeichnet.

Ketzer, bezeichnet seit dem 12. Jh. alle Personen, die nicht die offizielle Lehre der Kirche glaubten und dafür verfolgt und bestraft wurden.

Kirchenbann, begeht ein Mensch ein schweres Verbrechen oder weicht er von der rechten Lehre ab, so kann die Kirche als schärfste Strafe über ihn den Kirchenbann (Exkommunikation) verhängen, so wie die weltliche Gewalt die Reichsacht aussprechen kann. Damit wird er von den Sakramenten (z. B. Abendmahl) und aus der christlichen Gemeinschaft ausgeschlossen, d. h. kein Christ darf mit ihm sprechen, Geschäfte betreiben usw.

Kirchenordnung, nach der Abschaffung des römisch-katholischen Rechts in den durch die Reformation entstandenen evangelischen Landeskirchen erließen die Landesherren oder Stadträte Kirchenordnungen. Darin wurde das kirchliche Leben (z. B. die Besetzung von Pfarrstellen, die Schulaufsicht oder Gottesdienstordnungen) geregelt.

Klerus, in der katholischen Kirche Amtsträger; alle Personen, die durch eine kirchliche Weihe in den Dienst der Kirche getreten sind (Geistliche). Die Geistlichen waren ein eigener Stand und besaßen bis ins 19. Jh. Vorrechte.

Kolonie, in der Neuzeit Errichtung von Handelsstützpunkten. Sie konnten auch größere Gebiete umfassen.

Kolonialismus, Einrichtung von Handelsstützpunkten und Siedlungen in wenig entwickelten Ländern, vor allem außerhalb Europas, sowie deren Inbesitznahme durch überlegene Staaten seit dem Ende des 15. Jh. Die überlegenen Staaten verfolgen dabei vor allem wirtschaftliche und militärische Ziele.

Kolumbus-Tag, siehe S. 34

Konfession, anfangs nur ein Glaubensbekenntnis, später eine (christliche) Bekenntnisgruppe, z. B. Lutheraner, Calvinisten, Katholiken.

Konzil, Versammlung von Bischöfen und anderen hohen Geistlichen zur Beratung und Entscheidung von Glaubensfragen und kirchlichen Angelegenheiten. Auch die Kaiser als oberste Schutzherren der Kirche beriefen Konzile ein.

L

Laie, ein Angehöriger der katholischen Kirche, der kein geistlicher Amtsträger ist.

Landeskirche, siehe S. 49

lutherisch, eine Ausrichtung des protestantischen Glaubens. Der Name geht zurück auf den Reformator Martin Luther.

M

Manufaktur, siehe S. 89

Massenmedium, bezeichnet ein Kommunikationsmittel, das zur Verbreitung von Informationen in der Öffentlichkeit beiträgt. Heute sind das Internet und Fernsehen die wichtigsten Massenmedien. In der Frühen Neuzeit wurden mit der Einführung des Buchdrucks Flugblätter und Bücher zu Massenmedien.

Menschenrechte, Rechte, die jedem Menschen allein durch seine Geburt zustehen, unabhängig von Herkunft, Stellung, Gesellschaft, Familie, Beruf, Religion und Kultur. Menschenrechte sind auch unabhängig von Hautfarbe, Geschlecht und Sprache.

Merkantilismus, siehe S. 89

Monarchie (griech. monos = ein und archein = herrschen), Herrschaft eines einzelnen Adligen. Der Herrscher erbt seinen Titel oder wird gewählt. Das Gegenteil einer Monarchie ist eine → Republik.

N

Neuzeit, siehe S. 15

P

Perspektive (lat. = die Sichtweise einer Person), die Perspektive spielt in der Geschichtsforschung eine wichtige Rolle. Einerseits muss man bei der Auswertung der Quellen die Sichtweise der Person oder Gruppe beachten, von der die Quelle stammt. Andererseits haben alle Geschichtsforscher einen eigenen Blick auf das Thema.

Peuplierung, Teil der Bevölkerungspolitik und Bezeichnung für die planmäßige Besiedlung dünn besiedelten Gebiets, meistens nach einem verheerenden Krieg.

Protestanten, seit 1530 Bezeichnung für die Anhänger Luthers, weil sie gegen den Beschluss des Reichstags zur Bekämpfung der Reformation protestiert hatten.

R

Reconquista (span. = Rückeroberung), Bezeichnung für die Rückeroberung des letzten islamischen Königreichs Granada im Süden der Iberischen Halbinsel im Jahre 1492 durch christliche Heere. Anschließend wurden die spanischen Gebiete wieder zusammengefügt.

Reform (lat. re = zurück, formatio = Gestaltung), im politischen Bereich eine Umgestaltung der bestehenden politischen Ordnung. Im Mittelalter und der Frühen Neuzeit wurde darunter die Beseitigung von Missständen in Staat und Kirche verstanden.

Reformation, religiöse Erneuerungsbewegung der Frühen Neuzeit, die eine Reform der katholischen Kirche anstrebte. Daraus entstand die evangelische Kirche. Kerngedanke war die persönliche Beziehung zu Gott, wichtige Figuren waren Martin Luther, Ulrich Zwingli und Jean Calvin.

reformiert, eine in der Reformation entstandene und neben den Lutheranern weitere Ausrichtung des protestantischen Glaubens. Reformierte berufen sich auf die Lehren des schweizerischen Reformators Ulrich Zwingli oder des französischen Reformators Jean Calvin.

Reichsstände, waren im Heiligen Römischen Reich um die 300 Vertreter, die Sitz und Stimme im Reichstag zu Regensburg hatten. Dabei unterschieden sich die Vertreter grundlegend in „weltliche" (u. a. Fürsten und Könige) und „geistliche" (der Kirche zugehörende) Reichsstände.

Rekatholisierung, bezeichnet den Versuch katholischer Landesherren ab den 1540er Jahren, Landesteile zurückzugewinnen, die nach der Reformation evangelisch geworden waren, z. B. durch die Verhaftung evangelischer Geistlicher, durch die Schließung von Druckereien oder das Verbot, evangelische Kirchen zu bauen.

Reliquie (lat. reliquiae = Überreste), sind Überreste von Heiligen oder deren Besitz. Manchmal gelten auch Gegenstände, die ein Heiliger berührt haben soll, als Reliquien. Sie werden in sogenannten Reliquiaren aufbewahrt und finden sich häufig in Altären oder in Krypten, einem Heiligengrab im Gewölbe christlicher Kirchen. Gläubige begeben sich auf → Wallfahrten, um Reliquien zu verehren.

Renaissance, Bezeichnung für die Wiederentdeckung der antiken Sprache und Kultur. Die Entwicklung begann im ausgehenden 13. Jahrhundert in Italien und breitete sich über 300 Jahre lang in ganz Europa aus. Maler, Bildhauer und Architekten schufen einen neuen Kunststil, nach dem Körper und Bewegungen möglichst wirklichkeitsnah dargestellt wurden. Diese Zeitspanne wird heute als Übergang vom Mittelalter zur Neuzeit gesehen.

Republik (lat. res publica = öffentliche Sache), eine Staatsform, in der kein König herrscht. Die Macht wird vom Volk oder von Teilen des Volks ausgeübt.

Revolution, siehe S. 121

S

Säkularisierung (lat. saecularis = weltlich), Enteignung und Verstaatlichung von Kirchengut. Der Staat kann es nutzen, aber auch verkaufen. Er zahlt Pensionen an Mönche der aufgehobenen Klöster und stellt Personal für Schulen sowie Kranken- und Armenhäuser zur Verfügung, die vorher von der Kirche betreut wurden.

Schafott, eine bis ins 19. Jahrhundert verwendete Konstruktion für öffentliche Enthauptungen.

Sklaven/Sklaverei, in der Antike waren Sklaven eine „Sache", über die ihr Besitzer frei verfügen konnte. Sie wurden als Kriegsgefangene ins Land gebracht und konnten gekauft werden (Sklavenmarkt). Eine neue Form der Sklaverei entstand im Zeitalter der Entdeckungen. In großer Zahl wurden Menschen in Afrika erworben und nach Amerika in die Kolonien gebracht. Dort setzte man sie als Arbeitskräfte in den landwirtschaftlichen Großbetrieben (Plantagen) ein.

Söldnerheer, bezeichnet Soldaten, die professionell das Waffenhandwerk erlernten, um vor allem Fürsten gegen Bezahlung ihren Dienst anzubieten. Besonders viele Söldnerheere gab es im Dreißigjährigen Krieg.

Staatsbankrott, Staaten können – wie Privatpersonen – bei Überschuldung zahlungsunfähig werden. Staatsbankrotte gab es in der Frühen Neuzeit häufiger. Die Bevölkerung merkte wenig davon, da nur die Kreditgeber, die den Königen Geld geliehen hatten, betroffen waren. Hin und wieder ließ ein König seine Geldgeber auch unter fadenscheinigen Vorwänden einsperren oder umbringen, um seine Schulden loszuwerden. Heute hat ein Staatsbankrott schlimme Folgen, weil der Staat kein Geld mehr hat z. B. für die Zahlung von Renten, die Gehälter der Beamten und die Ausgaben für das Gesundheitswesen.

Ständegesellschaft, im Mittelalter unterschied man zwischen dem Stand der Geistlichen, des Adels und der Bauern. In der städtischen Gesellschaft kamen noch die Bürger hinzu. Die Zugehörigkeit zu einem Stand bestimmte über die Rechte des Einzelnen, den Zugang zu Berufen und die Bildungsmöglichkeiten. Wichtigstes Merkmal einer ständischen Gesellschaft ist die große politische, soziale und rechtliche Ungleichheit zwischen den einzelnen Ständen.

T

Toleranz, bedeutet, die politischen, religiösen und moralischen Meinungen und Handlungen Andersdenkender anzuerkennen. Die mittelalterliche Kirche kannte keine Toleranz in Glaubensfragen, sondern versuchte, angebliche Irrlehren mit Zwang zu beseitigen.

transatlantischer Dreieckhandel, siehe S. 32

U

UNESCO (engl. United Nations Educational, Scientific and Cultural Organization), ist die Abteilung der Vereinten Nationen (UN), die sich für die Förderung von Erziehung, Wissenschaft und Kultur auf der ganzen Welt einsetzt.

UNESCO-Weltkulturerbe, siehe S. 86

Universitäten, wurden seit dem 11. Jh. gegründet. Als die ersten Universitäten gelten die in Bologna, Paris und Oxford. Im Deutschen Reich wurde 1348 in Prag die erste Universität gegründet. Das Grundstudium bestand aus den sieben freien Künsten, u. a. Grammatik, Geometrie und Musik. Anschließend musste sich der Student für eine der drei Ausbildungsrichtungen Religionswissenschaften (Theologie), Medizin oder Rechtswissenschaften entscheiden.

UNO (engl. United Nations Organization), ist ein Zusammenschluss von 193 Staaten. Zu den Hauptaufgaben der UNO gehört die Sicherung des Weltfriedens oder der Schutz der Menschenrechte.

Urbanisierung (lat. urbs = die Stadt), Verstädterung, zunehmende Ausdehnung der Stadt in das sie umgebende Land.

V

Verfassung, Gesetzesdokument, das den Aufbau eines Staates festlegt. Die Verfassung bestimmt über Machtverteilung im Staat, Staatsgebiet, Rechte und Pflichten der Bürger. Eine Verfassung steht über anderen Gesetzen und ist oft nur schwer änderbar.

Verleger/Verlag, im Verlag leitet ein Händler (Verleger) oder eine Handelsgesellschaft die Herstellung eines Produkts und dessen Verkauf. Er „legt" die Materialien und Arbeitsgeräte „vor", die für die Produktion einer Ware notwendig sind, und beauftragt Handwerker oder Heimarbeiter (oft ganze Familien) mit der Anfertigung der Waren. Für ihre Arbeit bekommen die Familien nur sehr wenig Geld.

Völkermord, Bezeichnung für ein Verbrechen, bei dem eine bestimmte Volksgruppe oder eine ethnische Gruppe ermordet wird.

Volkssouveränität, Grundprinzip der Legitimation demokratischer Herrschaft, nach dem alle Staatsgewalt vom Volk ausgeht. Direkte Ausübung via Plebiszit (Volksentscheid) oder durch Wahlen.

W

Wallfahrt, eine Fahrt/Reise zu einem religiösen Ort oder einer heiligen Stätte.

Weltbild, Bezeichnung für die Vorstellung von der Welt, beruhend auf wissenschaftlichen oder philosophischen Erkenntnissen.

Z

Zensuswahlrecht, das Wahlrecht ist das Recht der Bevölkerung, in regelmäßigen Abständen durch die Wahl von Abgeordneten in das Parlament an der staatlichen Herrschaft teilzunehmen und diese zu kontrollieren. Im Zensuswahlrecht ist das Wahlrecht an das Vermögen gebunden. Nur diejenigen, die eine bestimmte Steuerleistung erbringen, dürfen an der Wahl teilnehmen. Im allgemeinen Wahlrecht dürfen alle Bürgerinnen und Bürger unabhängig von Konfession, Bildung, Geschlecht, Sprache, Einkommen, Beruf oder politischer Überzeugung an der Wahl teilnehmen.

Zeremonie, bezeichnet bestimmte Regeln und Formen, die an bestimmten Orten oder zu bestimmten Anlässen eingehalten werden sollen, z. B. an einem Fürstenhof oder im kirchlichen Bereich bei Gottesdiensten.

Register

Die mit einem * versehenen Begriffe werden im Lexikon näher erklärt.

K

L

M

N

P

R

S

T

U

V

W

Z

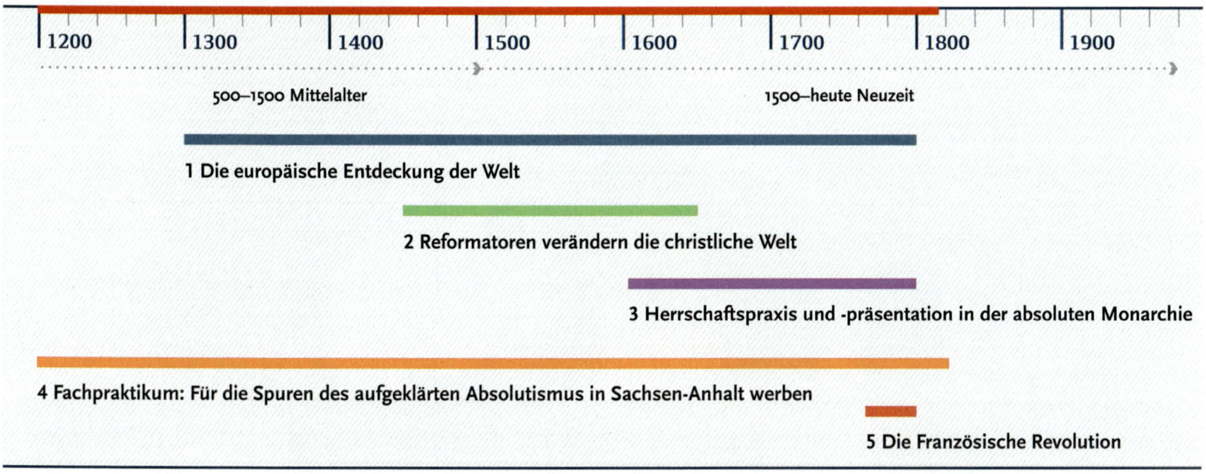

Chronologische Übersicht

Um die Geschichte zu ordnen, haben Historiker die Vergangenheit in große Zeitabschnitte – Epochen genannt – eingeteilt. Aus der Sicht der Europäer hat sich die Einteilung in die drei großen Epochen **Antike, Mittelalter** und **Neuzeit** durchgesetzt. Außereuropäische Kulturen teilen die Vergangenheit aus der Sicht ihrer Geschichte ein.

1 Die europäische Entdeckung der Welt

13. Jh.	Europäischer Fernhandel auf dem Landweg
15. Jh.	Europäer suchen Seeweg nach Indien
1492	Entdeckung Amerikas durch Christoph Kolumbus
15/16. Jh.	Eroberung und Zerstörung altamerikanischer Hochkulturen; Kolonialisierung und transatlantischer Handel

2 Reformatoren verändern die christliche Welt

1517	95 Thesen Martin Luthers; Beginn der Reformation
1519–1531	Ulrich Zwingli wirkt in Zürich
1535–1564	Johannes Calvin wirkt in Basel, Straßburg und Genf
1618–1648	Dreißigjähriger Krieg und Westfälischer Friede

3 Herrschaftspraxis und -präsentation in der absoluten Monarchie

1643–1715	Ludwig XIV. in Frankreich
17. Jh.	Wirtschaftsform des Merkantilismus
1661	Beginn Bau der barocken Schlossanlage von Versailles
17./18. Jh.	Aufklärung und aufgeklärter Absolutismus

4 Fachpraktikum: Für die Spuren des aufgeklärten Absolutismus in Sachsen-Anhalt werben

1212	Entstehung der Grafschaft Anhalt
17. Jh.	Entstehung der Fürstentümer Anhalt-Bernburg, Anhalt-Dessau, Anhalt-Köthen und Anhalt-Zerbst
1763–1813	Gartenreich Dessau-Wörlitz und Wörlitzer Parks

5 Die Französische Revolution

1789	Bildung der Nationalversammlung; Sturm auf die Bastille; Erklärung der Menschen- und Bürgerrechte; Ballhausschwur
1792/93	Ludwig XVI. wird abgesetzt, Frankreich wird Republik
1793/94	Schreckensherrschaft
1795–1799	Die Französische Republik wird von Direktorium regiert

Europa um 1550
Besitz des Hauses Habsburg:
deutsche Linie
spanische Linie
Vasallenstaaten des Osmanischen Reiches
Grenze des Heiligen Römischen Reiches
O. = Fsm. Orange
V. = Gft. Venaissin (päpstlicher Besitz)
300 km
Kgr. Schottland
Edinburgh
Kgr. England
London
Irland
Dublin
Galway
Cork
Kgr. Norwegen
Bergen
Oslo
Personalunion
Kgr. Dänemark
Kopenhagen
Kgr. Schweden
Stockholm
Helsingfors
Visby
Gotland
Ösel
Nordsee
Ostsee
Atlantischer Ozean
Deutscher Orden
Reval
Narwa
Dorpat
Riga
Hzm. Preußen
Königsberg
Danzig
Hzm. Holstein
Kgr. Polen
Warschau
Krakau
Lemberg
Großfsm. Litauen
Wilna
Witebsk
Kiew
Smolensk
Zarentum Moskau
Moskau
Nowgorod
Pleskau
Twer
Jaroslawl
Rostow
Nischnij-Nowgorod
Rjasan
Kursk
Don
Dnjepr
Düna
Weichsel
Oder
Elbe
Rhein
Donau
Loire
Ebro
Tejo
Heiliges Römisches Reich
Hamburg
Bremen
Lübeck
Stettin
Berlin
Magdeburg
Dresden
Breslau
Prag
Wien
Köln
Frankfurt
Nürnberg
München
Innsbruck
Luxemburg
Straßburg
Besançon
Bern
Genf
Amsterdam
Brüssel
Calais
Charolles
Kgr. Frankreich
Paris
Rouen
Brest
Orléans
Lyon
Bordeaux
Toulouse
Marseille
Avignon
Rep. Andorra
Kgr. Spanien
Barcelona
Valencia
Cartagena
Pamplona
León
La Coruña
Toledo
Sevilla
Cádiz
Málaga
Balearen
Kgr. Portugal
Lissabon
Kgr. Ungarn
Ofen
Agram
Rep. Venedig
Venedig
Triest
Mailand
Turin
Rep. Genua
Florenz
San Marino
Kirchenstaat
Rom
Korsika
Elba
Kgr. Sardinien
Cagliari
Kgr. Neapel
Neapel
Reggio
Kgr. Sizilien
Palermo
Messina
Malta
Rep. Ragusa
Montenegro
Sarajewo
Belgrad
Fsm. Moldau
Fsm. Walachei
Fsm. Siebenbürgen
Khanat der Krim
Krim
Kaffa
Asow (Tana)
Akkerman (Mauro Castro)
Osmanisches Reich
Konstantinopel
Sofia
Saloniki
Durazzo
Athen
Smyrna
Angora
Sinope
Samsun
Beirut
Zypern
Rhodos
Chios
Kreta
Korfu
Kephalonia
Zante
Schwarzes Meer
Mittelmeer
Tunis
Biserta
Algerien
Bugia
Tlemcen
Oran
Marokko
Melilla
Ceuta
Tanger

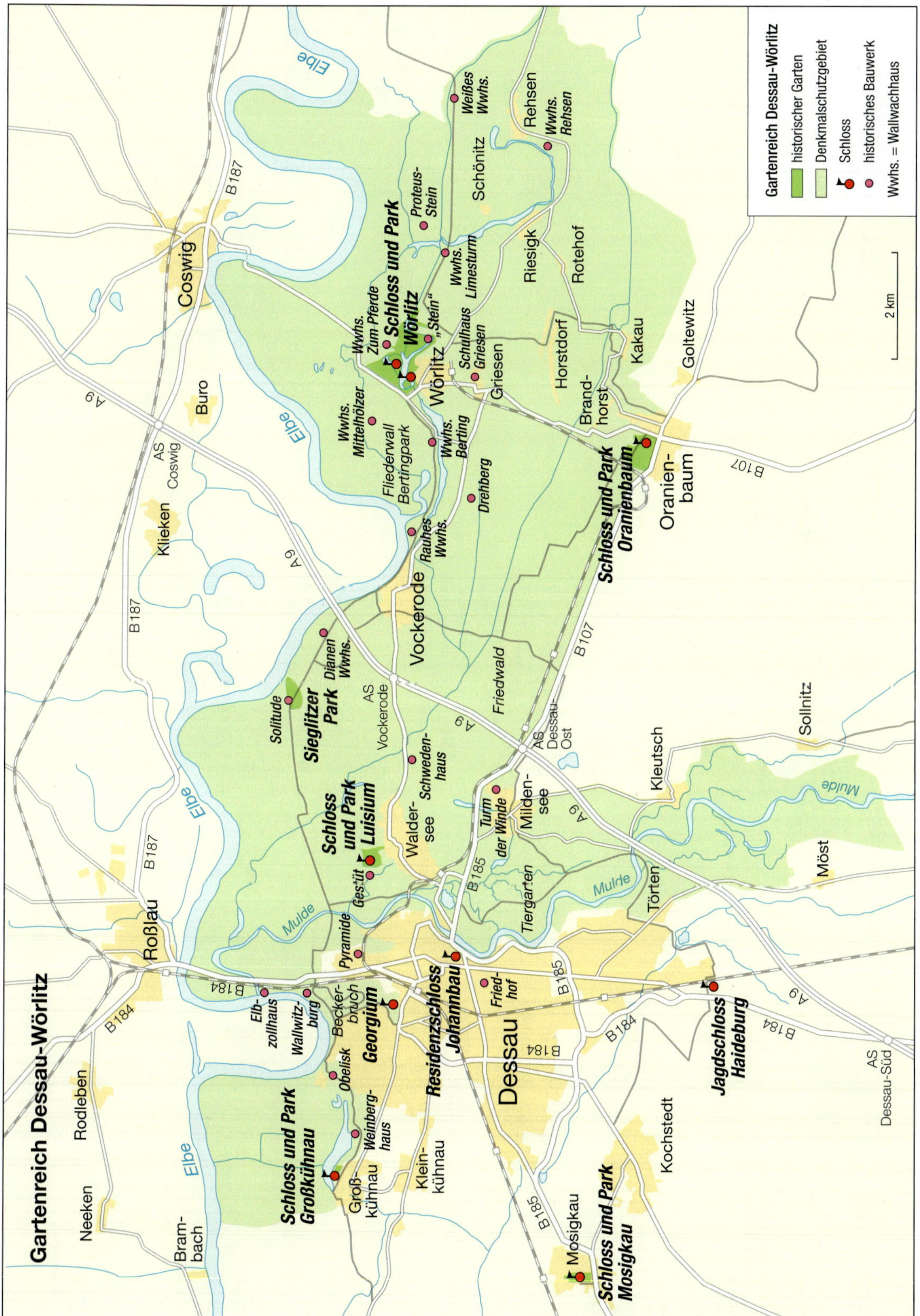

Gartenreich Dessau-Wörlitz
Gartenreich Dessau-Wörlitz
historischer Garten
Denkmalschutzgebiet
Schloss
historisches Bauwerk
Wwhs. = Wallwachhaus
2 km
Schloss und Park Großkühnau
Schloss und Park Luisium
Sieglitzer Park
Schloss und Park Wörlitz
Schloss und Park Oranienbaum
Schloss und Park Mosigkau
Jagdschloss Haideburg
Residenzschloss Johannbau
Georgium
Dessau
Roßlau
Coswig
Vockerode
Wörlitz
Oranienbaum
Elbe
Mulde

Europa heute
500 km
Alb. = Albanien
And. = Andorra
BH. = Bosnien und Herzegowina
K. = Kosovo (zzt. nur von 62 Staaten anerkannt)
Li. = Liechtenstein
Lib. = Libanon
Lux. = Luxemburg
Mc. = Monaco
Mol. = Moldawien
Mt. = Montenegro
Mz. = Mazedonien
Slw. = Slowenien
SM. = San Marino
Europäisches Nordmeer
Barentssee
Atlantischer Ozean
Nordsee
Ostsee
Schwarzes Meer
Kaspisches Meer
Aralsee
Mittelmeer
Island
Reykjavík
Färöer-Inseln
Irland
Dublin
Großbritannien
London
Norwegen
Oslo
Schweden
Stockholm
Finnland
Helsinki
Estland
Tallin
Lettland
Riga
Litauen
Wilna
Russland
Moskau
Weißrussland
Minsk
Ukraine
Kiew
Polen
Warschau
Dänemark
Kopenhagen
Niederlande
Amsterdam
Belgien
Brüssel
Lux.
Deutschland
Berlin
Tschechien
Prag
Slowakei
Bratislava
Österreich
Wien
Li.
Schweiz
Bern
Ungarn
Budapest
Frankreich
Paris
Mc.
Slw.
Kroatien
BH.
Sarajevo
Serbien
Belgrad
K.
Mt.
Alb.
Tirana
Mz.
Rumänien
Bukarest
Mol.
Chisinau
Bulgarien
Sofia
Griechenland
Athen
Kreta
Türkei
Ankara
Bosporus
Zypern
Nikosia
Lib.
Syrien
Irak
Iran
Georgien
Armenien
Aserbaidschan
Kasachstan
Usbekistan
Turkmenistan
Italien
Rom
SM.
Korsika
Sardinien
Sizilien
Malta
Tunesien
Algerien
Marokko
Spanien
Madrid
Portugal
Lissabon
And.
Balearen
Ob
Ural
Wolga
Don
Dnjepr
Donau
Oder
Elbe
Rhein
Po
Loire
Tajo
Tigris
Euphrat

Exkursionsziele in Sachsen-Anhalt

Bildquellen

Abbildungsverzeichnis
Cover: REUTERS/Enrique Shore; **3 ob. re., 22 M1, 36** akg-images; **3 un. li., 51 M3** SZ Photo/Süddeutsche Zeitung Photo; **4 ob. re., 83 M4, 98** bpk/RMN - Grand Palais/Angèle Dequier; **4 un. li., 110 M1** Kulturstiftung DessauWörlitz,Heinz Fräßdorf; **5 Mi. 120 M1, 134** akg-images/Erich Lessing; **Auftakt 10** akg-images/© Banco de México Diego Rivera Frida Kahlo Museums Trust/VG Bild-Kunst, Bonn 2017; **13 M2** picture alliance/ZUMAPRESS.com **13 M3** akg-images; **13 M4** akg-images/British Library; **14 M1** akg-images; **14 M2** INTERFOTO/PHOTOAISA/ M.C.Esteban; **15 (1), 37 o. r.** akg-images/Erich Lessing; **15 (2)** akg-images/IAM; **16 M1** bpk/Dietmar Katz; **18 M2** imago/Leemage; **18 M3** bpk/Staatsbibliothek zu Berlin/Dietmar Katz; **19 M3** akg-images; **21 M4** INTERFOTO/Granger, NYC; **23 M3** akg-images; **24 M1** akg-images; **24 M2** bpk/The Trustees of the British Museum; **25 M4** akg-images/akg/De Agostini Picture Lib. © Banco de México Diego Rivera Frida Kahlo Museums Trust/VG Bild-Kunst, Bonn 2017; **26 M1** akg-images; **27 M2** Fotofinder/McPHOTO/Sbampato; **27 M3** INTERFOTO / imageBROKER /Horst Mahr; **29 M3** akg-images; **30 M1** INTERFOTO/Bildarchiv Hansmann; **30 M2** Dermot Tatlow/laif; **33 M3, 37 Mi.** imagebroker/ H.-D. Falkenstein; **38 M1** akg-images; **38 M2** Haus der Geschichte/Klaus Pielert; **Auftakt 40** akg-images; **43 M2** imagebroker.com; **43 M3** akg-images; **43 M4** Shutterstock/IR Stone; **44 M1** akg-images; **45 M2, 70 l.** akg-images; **46 M2, 70 ob. re.** akg-images; **47 M4/M6** Laura Stefana Richter, Mannheim; **48 M1** akg-images; **51 M1, 71 l.** FOTOFINDER.COM/UIG; **51 M2** akg-images; **52 M1** akg-images; **54 M1** akg-images; **55 M2** akg-images; **57 M3** Staatsbibliothek Bamberg/Gerald Raab; **57 M4** INTERFOTO/Toni Schneiders; **58 M1** akg-images; **60 M1** imago/Christian Schroedter; **60 M2** Lutherstadt Wittenberg Marketing GmbH, Wittenberg; **61 (1)** imago/UIG; **61 (2)** INTERFOTO/Heiner Heine; **61 (3)** Fotolia/babelsberger; **61 (4)** Blickwinkel/© INSADCO/Bernd Kröger; **61 (5)** imago/epd; **61 (6)** imago/Rainer Weisflog; **64 M1** bpk/Gemäldegalerie, SMB, Kaiser Friedrich-Museums-Verein/Volker-H. Schneider; **68 M1, 71 r.** akg-images; **72 M1** akg-images; **Auftakt 74** © Bridgemanimages.com; **77 M2** bpk/adoc-photos; **77 M3** © Bridgemanimages.com; **77 M4** bpk; **78 M1** culture-images/Lebrecht Music & Arts; **82 li.** mauritius images/United Archives; **82 M3** ASTERIX®-OBELIX®/© 2016 LES EDITIONS ALBERT RENE/GOSCINNY - UDERZO; **84 M1** INTERFOTO/IFPAD; **86 M1** ddp images; **86 M2** Hans Szyszka/Novarc Images/F1online; **88 M1, 99 l.** © Bridgemanimages.com; **90 M1** akg-images; **91 M3** INTERFOTO/Granger, NYC; **92 M1** bpk/Archiv Mehrl; 92 M2 bpk; **94 M1** IAM/akg-images; **94 M2** bpk/RMN - Grand Palais/Mathieu Rabeau; **97 M2, 99** akg images; **100 M2** Shutterstock/Tom Payne; **101 M4** picture-alliance/ZB; **Auftakt 102** Kulturstiftung DessauWörlitz,Heinz Fräßdorf; **104 M2** Fotolia/Africa Studio; **107 M2** Kulturstiftung DessauWörlitz, Heinz Fräßdorf; **108 M1** akg-images; **109 M3** Germanisches Nationalmuseum, Nürnberg/GNM 2010; **110 M2** Kulturstiftung DessauWörlitz,Heinz Fräßdorf; **111 M3/M4** Kulturstiftung DessauWörlitz,Heinz Fräßdorf; **Auftakt 112** akg-images; **115 M2** bpk; **115 M3** picture-alliance/dpa; **118 M1** akg-images/Erich Lessing; **118 M2** akg-images; **121 M3** INTERFOTO/Sammlung Rauch; **122 M1, 135 l.** epd-bild/akg-images; **128 M1 re.** akg-images; **128 M1 li.** akg-images; **129 M2** akg-images; **129 re. un., 135** INTERFOTO/PHOTOAISA; **131 M5, 135 r.** bridgemanimages.com; **132 M1** ullstein bild - Roger-Viollet; **136 M1** akg-images; **138 M2** akg-images; **139 M1** mauritius images/age/Ken Welsh; **140 M1** akg-images; **141 M2** akg-images; **142 M1** bpk/Deutsches Historisches Museum/Arne Psille; **143 M1** action press/Photo Josse Christophelaction press; **143 M2** INTERFOTO/Sammlung Rauch; **144 M1** akg-images.

Karten/Grafiken/Illustrationen:
Cornelsen/Carlos Borrell Eiköter, Berlin: 12 M1, 20 M1, 28 M1, 32 M1, 42 M1, 53 M3, 56 M1, 61 M3, 63 M1, 67 M1, 67 M2, 69 M2, 76 M1, 80 M1, 96 M1, 104 M1, 106 M1, 114 M1, 168, 169, 170, 171, Umschlagkarte; **Cornelsen/Elisabeth Galas, Bad Breisig:** 52 M2, 124 M1, 137 M2; **Cornelsen/Erfurth/Kluger, infografik, Berlin:** 93 M4; **Cornelsen/Klaus Kühner, Hamburg:** 85 M2; **Cornelsen/Hans Wunderlich, Berlin:** 19 M1, 111 M5; **Cornelsen/Markus Kluger:** 91 M4, 116 M1; **Cornelsen/Peter Kast, Wismar/Carlos Borrell Eiköter, Berlin:** 171.